당신의 1분은 얼마인가

당신의 1분은 얼마인가

세계 최고 MBA 와튼스쿨의 시간관리 수업

무란 지음
송은진 옮김

와이즈맵

세계 최고 MBA 와튼스쿨은
왜 시간에 투자하는가

1881년에 설립된 와튼스쿨Wharton School은 미국 펜실베이니아대학 (University of Pennsylvania)의 상경대학이다. 특히 와튼스쿨의 MBA(경영전문대학원)는 미국 최초이자 세계 최초로 설립된 MBA 과정으로 2015년 미국 MBA 순위에서 하버드 경영대학원(HBS), 스탠퍼드 경영대학원(SGSB)과 함께 1위를 차지했다.

세계 MBA 과정의 선두주자라는 명성에 걸맞게 이곳을 거쳐 간 명사의 면면도 범상치 않다. 투자의 귀재 워런 버핏Warren Buffet, 월가의 영웅 피터 린치Peter Lynch, 부동산 재벌이자 전 미국 대통령 도널드 트럼프Donald Trump, 테슬라의 CEO 일론 머스크Elon Musk, GE의 전 CEO 레지널드 존스Reginald H. Jones 등이 와튼스쿨을 거쳐 갔다.

와튼스쿨이 현대 문명과 비즈니스 분야 발전에 걸출한 공헌을 한 것은 의심할 여지가 없는 사실이다. 오랜 세월 동안 와튼스쿨에 뿌리

깊이 자리 잡은 지혜와 경험은 일반인들에게도 유의미하다. 와튼스쿨에서 시작되어 실천적 경험으로 증명되었으며 개인의 삶과 인생 전체에 중요하게 작용하는 것으로 '시간관리'가 대표적이다. 와튼스쿨의 시간관리는 지금처럼 경쟁이 치열하고 빠르게 흘러가는 시대에 성공과 승리를 거머쥘 수 있는 관건이다.

시간을 무엇보다 중요시하는 태도는 펜실베이니아대학교를 설립한 벤저민 프랭클린Benjamin Franklin에서부터 시작되었다. 미국 역사상 가장 다재다능한 인물로 손꼽히는 그는 일찍이 100여 년 전에 세상을 향해 "시간은 돈이다"라고 설파했다. 그의 이념을 이어받은 와튼인은 가장 짧은 시간에 가장 큰 효과를 일으키는 방식을 꾸준히 추구했다. 덕분에 '시간 효과의 최대화'라는 인식이 재학생부터 졸업생까지 모든 와튼인의 마음속에 깊숙이 자리 잡았다. 그들은 늘 시간에 대해 매우 '인색'하다. 언제나 자신의 가치관에 비추어 가장 가치 있다고 생각하는 일을 선택하고 그에 알맞은 타당한 시간 계획을 내놓는다. 이로써 시간 낭비를 최소화 하고, 각자 시간의 효과를 키우는 것이다.

시간의 효율과 효과를 최대화 한다는 생각은 와튼인의 비즈니스 정신에도 고스란히 반영된다. 그들은 시간에 대해 오직 '어떻게 하면 더 효과적으로 사용하는가?'를 생각하고 또 생각한다. 즉 시간을 들인 내용에 근거해서 그 가치를 결정하는 것이다. 그렇다면 대체 어떻게 해야 와튼인처럼 아주 짧은 시간조차도 효율을 극대화 할 수 있을까?

사실 워런 버핏이나 피터 린치처럼 성공한 사람들이라고 해서 특별한 묘책이 있지는 않다. 그들이 일반인과 다른 점이라면 늘 시간의 효율을 중요시하고 자기 시간을 최대한 활용하며 산다는 것이다. 무엇보다 그들은 이러한 태도를 꾸준히 유지하면서 한시도 느슨해지거나 태만하지 않았다.

성공하는 사람들은 시간의 '양'에 집착하지 않으며, 제한된 시간의 '질'을 향상하는 데 집중한다. 이 같은 시간 조직화, 도식화, 고효율화 방식은 수많은 와튼인이 비즈니스 분야에서 두각을 드러내고 걸출한 성과를 내도록 돕고 있다.

이 책《당신의 1분은 얼마인가》는 시간을 질적인 방면에서 관리하기를 제안한다. 독자들은 이 책을 통해 와튼스쿨에 뿌리내린 시간관리 방식을 익히면서 와튼인 특유의 시간 가치관을 이해하게 될 것이다. 와튼스쿨의 시간관리 기법과 지식은 비즈니스의 투자 개념과 결합해 '시간 투자'라는 개념을 사용하고 '최고 효율, 최대 효과'를 도출하는 각종 방식을 포함한다. 정확하게 이해하고 효과적으로 이용했을 때, 개인의 삶에 강한 추진 작용을 일으킬 것은 의심할 여지가 없다.

다만 사람의 생각이나 취향은 저마다 다른 법이다. 각기 처한 환경과 분야가 다르므로 이 책에서 제안하는 내용은 개인의 특성, 일의 내용에 맞춰 선택적으로 활용해야 한다. 와튼스쿨의 탁월한 시간관리 원칙을 바탕으로 하되 자신에게 가장 알맞은 방식으로 조정해 가장 적합한 부분에 적용하기를 바란다.

사실상 시간관리란 상당히 '개인적인' 문제다. 이 책을 통해 더 효과적으로 시간을 활용해서 자신에게 주어진 시간을 완전히 불태운다면 당신 역시 수많은 와튼인처럼 남다른 삶을 살 수 있을 것이다.

시간관리 체크리스트

현재 자신의 시간을 얼마나 현명하게 관리하고 있는지 아래의 체크리스트를 보고 가장 가까운 항목에 체크(v)해보자.

(아니다=2, 그런 편이다=1, 그렇다=0)

항목	2	1	0
1. 날마다 해야 할 일들의 목록(일과표)을 작성한다.			
2. 가장 높은 보상을 가져올 일의 순서대로 우선순위를 정한다.			
3. 보통 일과표의 모든 일을 끝낸다.			
4. 공부와 정해진 목표를 위해 일과표를 항상 새롭게 작성한다.			
5. 책상은 깨끗하게 잘 정리되어 있다.			
6. 물건들을 제자리에 놓아둔다.			
7. 하고 있는 일이 방해받고 있을 때 효과적으로 대처한다.			
8. 책장이나 자료함에서 원하는 것을 쉽게 찾을 수 있다.			
9. 단호하게 결정하고 행동하는 편이다.			
10. 하루 중에 방해받지 않는 자신만의 조용한 시간을 활용하고 있다.			
11. 장황하게 얘기를 늘어놓는 사람들에게 효과적으로 대처하는 편이다.			
12. 문제가 발생한 후 해결하는 것보다 발생하지 않도록 신경을 쓰고 있다.			
13. 시간을 최대한 잘 활용한다고 생각한다.			
14. 여유 있게 마감시간을 지킨다.			
15. 약속, 모임, 행사에 시간을 정확히 지킨다.			

16. 하고 있는 일을 곧잘 위임한다.			
17. 지시한 일들에 대해서 후배들이 성의 있게 따라준다.			
18. 방해를 받고 난 후 조금의 시간 낭비도 없이 하던 일을 다시 할 수 있다.			
19. 장기적인 목표를 이루기 위해 단계적으로 무엇인가를 정해놓고 매일 하고 있다.			
20. 일에 대한 걱정 없이 자유로운 시간을 즐길 수 있다.			
21. 사람들이 당신에게 연락이 닿을 수 있는 가장 좋은 시간을 알고 있다.			
22. 가장 중요한 일을 창의력이 가장 왕성한 시간에 하고 있다.			
23. 하루 정도 당신이 없더라도 다른 사람들이 당신을 대신해서 주어진 일을 할 수 있다.			
24. 프로젝트를 제때에 시작하고 끝낸다.			
25. 하루의 계획한 일들을 정해진 시간에 따르고 있다.			
소　계			
합　계			

※ 위의 질문에 모두 답한 다음 체크한 항목별 숫자를 모두 합산하고 아래 결과와 비교해보자.

[체크 합산 결과]

0~10점: 시간관리를 아주 잘한다.

11~20점 : 시간관리를 비교적 잘한다.

21~30점 : 귀중한 시간을 놓치고 있다.

31~40점: 시간을 대충 보내고 있다.

41~50점 : 집중력이 없고 지금 스트레스를 받고 있다.

차례

— Chapter 1 —

와튼스쿨의 시간 투자 6원칙

Chapter 2

당신의 1분은 얼마인가 : 시간 가치

Chapter 3

더 단순하게 일할 방법은 무엇인가 : 프로세스 최적화

Chapter
1

와튼스쿨의 시간 투자 6원칙

시간을 잘 사용해서 자기 경쟁력을 키우는 습관은 모든 성공한 사람들의 공통점이다. 와튼스쿨에 입학한 학생이라면 누구나 듣게 되는 인생의 제 1원칙이 있다. 바로 '시간을 투자해서 자본을 확보하고, 자본을 키워 성공으로 바꾼다'라는 내용이다. 우리 인생에서 시간관리가 중요한 까닭은 가치를 더할 수 있는 일에 시간을 할애하도록 돕기 때문이다.

1분의 가치를 금액으로 산출하라

시간은 우리와 가장 밀접한 동시에 가장 쉽게 무시되는 자원이다. 시간 비용을 이야기하는 사람은 많지만, 실제로 시간을 돈으로 계산하는 사람은 과연 얼마나 될까?

벤저민 프랭클린Benjamin Franklin의 서점, 한 손님이 점원에게 물었다.
"이 책은 얼마인가요?"
"1달러입니다."
그러자 손님은 놀란 표정으로 다시 물었다.
"너무 비싸군요! 혹시 조금 저렴하게 살 수 있을까요?"
"죄송하지만, 더 싸게 드릴 수는 없습니다."
손님은 그 책을 잠시 바라본 후, 고개를 들고 점원에게 물었다.
"혹시 프랭클린 씨 계십니까?"
"네, 인쇄실에서 일하시는 중입니다."

"오, 그를 좀 만나고 싶군요."

잠시 후, 불려 나온 프랭클린이 손님에게 무슨 일인지 물었다.

"죄송하지만, 책의 가격을 얼마까지 깎아주실 수 있나요?"

"1.25달러입니다."

"네? 1.25달러요? 방금 점원이 1달러라고 했는데요!"

"맞습니다. 하지만 당신이 지금 저의 시간을 빼앗았으니 그 손실을 생각하면 당연히 1달러보다 더 많이 받아야 합니다."

손님은 기가 막혔지만, 자신이 시작한 협상을 끝내기 위해 마지막으로 물었다. "좋습니다. 그러니까 이 책의 최저가가 얼마란 말입니까?"

"이제 1.5달러입니다."

"뭐라고요? 방금 당신 입으로 1.25달러면 된다고 했잖소!"

"네, 그랬죠." 프랭클린은 냉정한 표정으로 대답했다. "하지만 그 이후로 빼앗긴 시간 가치를 따지면 당연히 1.25달러보다 더 받아야 합니다."

손님은 아무 말 없이 돈을 지불한 후, 책을 들고 서점을 나갔다.

생각보다 많은 사람이 사례에 등장하는 손님처럼 산다. 그들은 시간의 가치를 인지하지 못하고 시간이 무한하다는 착각에 빠져 있다. 실제로 시간은 유한할 뿐 아니라, 성공한 사람들이 가장 귀하게 여기는 자원이다. 성공한 사람들은 시간의 가치를 잘 알고 있기에 누구와의 교류든 늘 간단명료하고 신속하게 진행하며, 자신의 시간을 낭비하게 만드는 타인의 간섭을 철저하게 차단한다.

시간의 가치를 따지는 일은 와튼스쿨 학생이라면 누구나 진지하고 성실하게 수행해야 하는 훈련 중 하나다. 교수들은 학생들이 귀중한 시간의 가치를 무시해서 치러야 할 대가를 깨닫도록 유도한다. 사실상 와튼스쿨의 모든 사람이 시간을 시와 분, 심지어 초 단위로 데이터화, 화폐 가치화 하면서 시간 그 자체의 가치를 따져가며 산다.

시간의 경제적 가치를 기회비용으로 이해하라

벤저민 프랭클린은 "시간은 돈이다"라는 말로 시간 비용의 개념을 누구보다 직설적으로 표현했다. 이는 결코 물질적이거나 통속적인 말이 아니며, 인류 사회가 발전하면서 그 함의는 더 뚜렷해지고 있다. 오늘날처럼 시장 경제가 고도로 발달한 시대에 시간이 지닌 '경제적 가치'는 점점 더 높아지고 있기 때문이다.

자신의 시간 가치를 이해하려면 우선 '기회비용'의 개념부터 알아야 한다. 경제학에서 기회비용은 법학자들이 말하는 '가능 이익'과 유사하다. 예를 들어 교통사고 사망 피해자의 배상금을 산출하려면 그가 계속 건강하게 살았을 때 얼마만큼의 경제적 이익을 거둘 수 있는가를 따져보는데 이것이 바로 가능 이익이다.

생활 속 기회비용도 같은 이치다. 예를 들어 학업 때문에 일하지 않는 사람이 있다고 하자. 언뜻 보기에는 그의 시간 비용이 '0'인 것 같지만, 사실은 그렇지 않다. 비록 지금은 일하지 않지만, 하려고만 하면 일할 수 있으니 이 사람의 시간 가치는 그가 일을 할 때 얻을 수 있는 최대 수익으로 보아야 한다.

기회비용의 개념이 없는 사람은 시간 비용으로 사물의 가치를 측정할 때 오류가 생긴다. 한 변호사가 사건 두 개를 동시에 의뢰받았을 때, 하나를 선택하고 다른 하나를 포기했다면 당연히 포기한 사건에 해당하는 시간 비용만큼 보수가 올라가야 한다. 그래야 변호사가 시간을 낭비하지 않았다고 할 수 있다. 이처럼 개인의 시간 비용을 이해하면 업무 효율 향상에 도움이 될 뿐 아니라, '시간은 돈'이라는 사실을 더 여실히 이해할 수 있다.

당신의 '시급'을 따져라

'시간 가치'란 한 시간이나 하루 등의 단위 시간이 생산하는 가치를 의미한다. 특정 시간대에 얻은 가치 총량(생산량, 이익액 등)은 다음의 공식으로 표현할 수 있다.

$$가치\ 총량 = 시간\ 가치 \times 시간$$

또 시간 가치를 물리학적 요소를 빌려 표현할 수도 있다.

$$업무\ 효율 = 힘 \times 거리 \div 시간(특정\ 시간\ 내\ 업무량)$$

이상의 공식들은 시간 가치라는 개념을 보다 명확하게 보여준다. 사람이 하는 모든 활동은 시간의 관점으로 따져볼 수 있으며, 자신의 시간 가치를 최대화하려면 '시급'에 주목해야 한다. 대부분 사람이 연봉이나 월급을 자신이 얻는 경제적 이익이라고 생각하지만, 이는 착각이다. 시간의 진짜 가치를 결정하는 것은 바로 시급이다. 나의 한 시간이 타인의 그것보다 더욱 가치가 있는가? 이야말로 개인의 행복을 결정하는 가장 중요하고 직접적인 문제다.

이른바 시급, 즉 시간당 수입은 사실상 단순히 소득에 그치지 않는다. 와튼스쿨의 시간관리 제1원칙은 '일상의 모든 일에서 매시간의 가격과 비용을 계산하는 습관을 들이는 것'이다. 이를 늘 염두에 두고 꾸준히 계속한다면 시간에 대한 관념에 거대한 변화가 생길 것이다.

간단한 사례를 들어보자. 월급이 4,000달러인 교사가 일주일에 버는 돈은 1,000달러이다. 일주일 업무 시간은 20시간이므로 이 사람의 시급은 50달러이다. 한 기업의 마케팅 팀장은 월급이 1만 달러이다. 그는 근무시간에도 바쁘지만, 밤에도 고객과 만나 식사하는 등 접대가 계속되어 한 주의 업무 시간이 대략 80시간가량이다. 계산해보면 주급은 2,500달러이고 시급은 31달러에 불과하다. 다시 말해 이 마케팅 팀장은 교사의 두 배가 넘는 소득을 올리지만, 업무 시간이 길고 강도도 세기 때문에 시급은 교사보다 훨씬 적다.

시간의 금전적 가치와 소비행위를 비교하라

수지가 맞는다고 생각했던 일도 시간 비용을 꼼꼼히 따져서 계산해보면 전혀 그렇지 않은 경우가 종종 있다. 지금 하려는 일이 정말 시간을 투자할 만한 가치가 있는지 판단하려면 어떻게 해야 할까?

영국 워릭대학교(University of Warwick)의 경제학 교수 이안 워커Ian Walker는 시간과 돈의 상관과계를 입증하는 공식을 창안했다. 개인 시간의 금전적 가치를 계산하는 데 유용한 이 공식은 다음과 같다.

$$V = \frac{W(100-T) \div 100}{C}$$

여기서 V는 한 시간의 가치, W는 시급, T는 세율, C는 생활비를 의미한다. 이 공식에 따르면 영국에서 1분의 금전적 가치는 남성이 평균 10펜스(약 0.15달러), 여성이 8펜스(약 0.12달러)다.

자신의 시간 가치를 알면 음식을 직접 만들어 먹어야 하는지 배달을 시켜야 하는지, 외출할 때 버스나 택시 중 어느 것을 타야 하는지 알 수 있다. 예를 들어 워커 교수의 연봉은 2만 5,000파운드이고 공식으로 계산해보면 그의 한 시간이 지닌 금전적 가치는 6.44파운드다. 이는 모든 한 시간의 가치이지 업무 시간 내 한 시간의 가치가 아니다. 워커 교수는 식사를 직접 만들어 먹을 때 한 끼에 10파운드가량의 시간을 소비한다. 여기에 재료비와 식사 후 설거지 등 뒤처리에 들어가는 시간까지 더하면 배달 음식보다 훨씬 많은 돈이 들어가는 셈이다. 즉 워커 교수는 식사를 직접 만들지 말고 배달을 시켜 먹어야 합당하다.

일반적으로 어떤 일을 할 때, 그에 관한 구체적인 지식이 부족하고 기술이 미숙하면 시간당 가치도 낮다. 이런 경우, 자기 시간의 금전적 가치를 잘 계산해서 직접 해야 할지 아니면 전문가에게 맡겨야 하는지 판단할 수 있다.

시간은 곧 돈이다. 이를 명확하게 이해하고 자신의 시간을 좀 더 의미 있는 일들에 집중해야 현명한 선택이라 할 수 있다. 초보적인 시간 관리를 넘어 삶을 고효율의 궤도에 안착시키고 싶다면 지금 당신의 머릿속에 '시간은 돈'이라는 인식을 뿌리내려야 한다. 이야말로 시간 관리의 기본 원칙이다.

시간자산을 복리로 증대시켜라

현명한 사람은 부_富가 하룻밤 사이에 생기거나 한 번에 얻어지는 것이 아니라는 사실을 절대 잊지 않는다. 이는 재물뿐 아니라 시간에도 똑같이 적용되므로 반드시 기억해야 한다. 이 사실을 모르는 사람은 부든 시간이든 '벼락부자'처럼 얻을 수 있다는 착각에 빠져 현실과 동떨어진 생각을 하고 그런 방법만 찾아다닌다.

상사가 신입사원에게 '서류를 고객에게 전달하라'고 지시했다. 상사는 고객이 서류를 급하게 요구했고 아무래도 시간이 빠듯할 것 같아 신신당부했다. "갈 때는 택시를 타고, 돌아올 때는 버스를 타게." 하지만 이유를 따로 말하지는 않았다.

그 결과, 직원은 상사의 당부와 정반대로 갈 때 버스를 타고, 돌아올 때 택시를 탔다. 고객은 한참이나 늦게 서류를 받았고, 이 이야기를 들은 상사는 화가 머리끝까지 났다. 그는 회사로 복귀한 신입사원을 불러 왜 시킨 대로 하지 않았느냐고 물었다. 그러자 신입사원은 당당하게 대답했다. 고객의 회사까지 택시를 타면 너무 낭비인 것 같아 버스를 타고 갔는데, 돌아올 때는 너무 힘이 들어서 택시를 탔다고.

들인 돈으로만 따지자면 이 신입사원이 사용한 비용은 어차피 똑같다. 하지만 시간 비용으로 계산해보면 큰 잘못을 저질렀는데 이는 그가 시간 비용의 개념이 없고, 업무 중 시간의 중요성을 전혀 알지 못한 탓이었다.

만약 이 신입사원이 상사의 지시대로 일찍 서류를 전달했다면 고객과 회사는 각자 원하는 이익을 얻었을 것이다. 이 이익을 생각한다면 갈 때 드는 택시비는 '돈으로 시간을 사는' 비용이 된다. 하지만 신입사원은 시간을 투자해서 얻을 수 있는 이익에 대한 인식이 없었고, 시간이 삶의 중요한 자산이 될 수 있다는 사실을 전혀 몰랐다.

화폐의 시간 가치 계산, 주식 가격의 합리성, 충분한 노후자금 등을 계산 또는 추산할 때는 반드시 시간 요소를 중요하게 고려해야 한다. 물리학자 알버트 아인슈타인Albert Einstein은 "시간과 복리複利의 협공은 원자폭탄보다 무섭다"라며 시간의 자산적 가치를 날카롭게 지적했다.

시간과 자산의 관계, 72의 법칙

복리와 시간의 관계에 관한 매우 유용한 공식으로 아인슈타인이 고안한 '72의 법칙(The Rule of 72)'이 있다. 대부분 사람은 72의 법칙을 일정 기간에 원금이 2배가 되는 이자율을 계산하는 데 사용한다. 그러나 와튼스쿨은 이 법칙이 시간 계산에서도 중요하게 쓰일 수 있음을 발견했다. 72의 법칙을 제대로 이해하면 돈을 불리기 위한 시간 계획을 더 정확하게 세울 수 있고, 동시에 시간이 어떤 방식으로 복리에 영향을 미치는지 알 수 있다. 구체적인 방법은 다음과 같다.

먼저 72를 이자율로 나누면 원금이 2배가 되는 데 필요한 시간을 계산해낼 수 있다. 예를 들어 연 6퍼센트의 복리로 투자했을 때 원금이 2배가 되려면 약 12년이 필요하다. 반대로 72를 목표 기간으로 나누면 그 기간 안에 원금을 2배로 만드는 데 필요한 이자율을 얻을 수 있다.

72÷이자율=원금이 2배가 되는 시간
72÷목표 기간=원금이 2배가 되는 이자율

복리는 등차급수(1, 2, 3, 4…)가 아니라 등비급수(1, 2, 4, 8, 16, 32…)로 증가하는 방식이다. 예컨대 1달러를 고정 이자율 6퍼센트 복리로 투자했을 때, 1달러가 2달러로 불어나려면 약 12년이 필요하다. 하지만 2달러에서 3달러로 늘어나는 데는 약 7년, 3달러에서 4달러로 불리는 데는 5년이 걸린다. 즉 우리가 이자율을 고수하는 시간이 길어질수록 돈이 더 빠르게 불어나는 셈이다.

이렇듯 시간은 개인의 성장이나 투자에서 우리 모두가 가진 가장 중요한 자본이 된다. 우리는 시간 자본을 지식과 인격적 특성에 투자하며, 이런 것들은 모두 우리가 벌어들이는 임금 소득을 결정하는 매우 중요한 요소가 된다. 거꾸로 우리가 임금 소득을 가지고 투자 계획을 세울 때도 시간 자본의 개념을 반드시 고려해야만 한다.

시간 가치에 대해 알았으니 이제 그것을 효과적으로 운용하는 법을 익혀서 더 많은 복리의 효과를 누릴 수 있도록 해야 한다.

시간 비용의 개념을 세워라

경제학에서 비용은 무척 중요한 개념이며 와튼스쿨에서도 이 비용의 개념이 학생들의 머릿속 깊이 자리 잡도록 지도한다. 또 시간 자체의 자본성을 기억하고, 시간 역시 경영의 대상으로 보며 항상 '비용'으로 처리해야 한다고 강조한다.

일상생활에서 우리는 돈 한 푼 아끼겠다고 시간을 허비하는 우매한 행동들을 자주 본다. 1달러를 아끼려고 30분 동안 줄을 선다든지, 택시비 10달러가 아까워서 세 정거장을 걸어가는 식이다. 이런 행동들은 전혀 수지가 맞지 않는다. 와튼스쿨에 이런 이야기가 있다. "팁을 주는 이유는 종업원이 음식을 빨리 가져오게 하기 위해서다. 팁으로 타인보다 먼저 식사를 시작해 시간을 버는 것이다."

경제학에서는 휴식도 비용이며, 그 기회비용은 일을 포기해서 얻을 수 있는 효과다. 이런 이유로 진짜 성공한 사람들은 휴식을 매우 중요하게 생각한다. 휴식으로 심신의 에너지, 유익한 사교, 심리 강화 등 커다란 효과를 얻을 수 있기 때문이다. 교외로 나가 탁 트인 초원을 거닐고, 도서관이나 미술관에 가고, 좋은 강의를 듣고, 친구와 터놓고 이야기를 나누는 행위는 모두 기분을 좋게 하고 이후에 일할 때 효율을 더 높여줄 수 있다.

핵심을 절대 놓치지 마라

현명한 사람은 초점을 잃지 않고 중요하지 않은 자질구레한 일들로부터 멀어지려면 반드시 핵심으로 직진해야 한다고 생각한다. 단한 번만 배에 오를 수 있다면 그 핵심인 '배'를 선택하는 일이 무엇보다 중요하다. 경제학자들은 경쟁에서 승리하려면 반드시 핵심을 놓치지 말아야 한다고 강조한다. 한 번에 한 가지 일을 하면서 일정 기간이나 시기에 단 하나의 핵심을 관철하는 습관을 들이자. 웨스팅하우스일렉트릭Westinghouse Electric Company의 CEO 사무실 문에 붙은 '문제를 가져오지 말고, 답을 가지고 와라'라는 글귀 역시 이와 일맥상통하는 이야기다.

2080의 법칙

우리는 이처럼 귀하고 가치가 큰 시간 자원을 가장 좋은 성적을 낼 수 있는 부분에 집중해야 한다. 가만히 관찰해보면 당신이 받은 도움의 80퍼센트가 당신의 친구 20퍼센트로부터 얻은 것이며, 성장의 80퍼센트가 당신이 한 일 20퍼센트에서 이루어졌음을 발견하게 될 것이다.

자신의 시간이 복리로 작용하게 하려면 반드시 자기 삶에 중요하게 작용하는 그 '20퍼센트'를 찾아야 한다. 80퍼센트의 이익을 제공하는 사람들, 80퍼센트의 성장을 실현하는 일 등 이런 부분들을 찾아내야 시간의 복리 효과가 더 확실히 발휘될 수 있다.

시간 자산이 복리로 작용할 때 일어나는 그 거대한 영향력을 이해하고 능숙하게 이용하게 될 때, 당신이 시간에서 얻는 이윤이 눈덩이처럼 불어날 것이다.

시간 투자의 수익률을 끌어올려라

많은 사람이 현재 자신의 경제 상황을 개선하고 싶어 한다. 가난에서 벗어나 안정과 자유를 얻기를, 자신의 후손들까지 더 나은 환경에서 경제적인 여유를 누릴 수 있기를 간절히 바란다. 하지만 그러면서도 일하는 방식을 근본적으로 바꾸지 않으니 바람이 실현될 가능성은 거의 없다. 시간 가치가 높은 사람처럼 사고하지 않고, 시간 가치가 낮은 사람처럼 사고하기 때문이다.

바로 그 사고의 차이가 자기 시간 가치에 대한 인식의 변화를 방해한다. 낡은 인식과 관념은 현 상황에 머무르게 할 뿐이다. 아마 그들도 속으로는 시간이 왜 이렇게 속절없이 흘러가는지, 왜 유독 자신에게만 각박하게 구는지 답답할 것이다. 시간 가치에 대한 인식을 전환하고 싶다면 다음의 상황을 생각해보자.

당신은 시급으로 25달러를 버는 사람이다. 하루는 사장이 당신에게 제안했다. "내가 좋은 기회를 주지, 매주 10시간 더 추가 근무를 하면 수당으로 500달러를 주겠네!"

500달러라니, 믿기 어려울 정도로 좋은 기회이지 않은가! 아마 당신은 주저하지 않고 추가 근무를 할 것이다. 매주 500달러나 더 벌 수 있으니까! 이날부터 당신은 매주 40시간의 정규 근무 외에 10시간을 더 일에 매진하게 되었다.

이제 어떤 상황이 이어질까? 가장 가능성 있는 시나리오는 이러하다. 신이 나서 일하던 당신은 몇 주가 흐른 후, 사장의 제안을 곰곰이 다시 생각해본다. 그러면서 이전에는 한 번도 생각해본 적 없던 자신의 시급을 진지하게 따져본다. 왜 이런 변화가 생겼을까? 바로 자기 시간의 진정한 가치가 얼마인지 알아차리게 되었기 때문이다.

이제 당신은 자기 시간을 내다 팔아서 보상으로 바꾸는 일은 더 이상 고려하지 않는다. 대신 어떻게 하면 자기 시간의 가치를 최대화 할지 고민한다.

와튼스쿨은 자신 혹은 타인에 의해 시간 가치가 변화하면 그에 대해 더 수준 높고 정확한 인식이 형성된다는 결론을 내렸다. 구체적인 내용은 다음과 같다.

시간에 대한 태도가 달라진다

자기 시간에 대한 가치가 바뀌면 시간을 대하는 태도가 달라진다. 주로 다음의 다섯 단계를 경험할 수 있다.

① 더 적극적으로 일한다

맡은 일을 더 적극적으로 하고, 시간을 더 가치 있는 일에 투입한다.

② 포부가 커진다

조금 더 일할 수 없을까? 시간 가치를 키워 얻는 이익을 실감하면서 계획만 잘 세운다면 이렇게 밤낮 가리지 않고 일하는 것도 몇 년이면 된다는 사실을 깨닫는다. 그래도 수입은 배로 증가할 테니까.

③ 새로운 시각이 생긴다

이전과 비교하면서 궁금증이 생길 것이다. 똑같은 일을 하는데 정규 근무 40시간은 왜 그렇게 가치가 낮지? 더 많은 돈을 주는 추가 근무는 오래 계속되지 않고 곧 끝날 것이다. 그 순간 당신은 원래의 40시간 노동으로 얻는 보상이 너무 적다는 걸 깨닫는다. 지금껏 사장에게 '착취'당했다고 여길 정도로.

④ 사고를 전환한다

시간당 500달러를 버는 사람은 대체 어떻게 일하는 걸까? 이제 당신은 이전에 없던 새로운 사고가 생기고 그 영향으로 태도와 습관에서 큰 변화가 발생한다. 이는 곧 당신의 세계관이 바뀌는 것과 마찬가지다. 이후로는 시간과 관련한 결정들을 더 심사숙고하게 되며 이렇게 생각할 것이다. "내 시간을 함부로 소비하거나 저렴한 가격에 팔 수는 없지. 나는 내 시간을 더 큰 일에 쓸 거야!"

⑤ 빠른 속도로 전진한다

정규 근무 40시간을 직접 할 필요가 있을까? 당신은 어느 순간 깨달을 것이다. 다른 사람을 고용해서 일을 맡기고, 나는 에너지와 시간을 더 중요한 일에 집중하는 편이 낫지 않을까? 지금 시간당 20달러 버는 사람이 있을 테고, 그들에게 시간당 30달러를 버는 기회를 제시한다면 하겠다는 사람이 많을 텐데!

자신의 시간 가치를 꾸준히 상승시키려면 새로운 습관들을 길러야 한다. 이 습관들은 당신의 삶 모든 순간에 시시각각 영향을 미치고, 당신은 자신이 끊임없이 전진하는 사람들과 함께하고 있음을 발견하게 될 것이다. 설령 실패하더라도 더 이상 자신을 시간 가치가 낮은 사람으로 인식하지 않는다. 성공의 경험이 있으므로 자신의 시간이 낮게 평가되는 상황을 용납하지 않는 것이다. 이제 시간에 대한 새로운 인식이 생긴 당신은 정확한 결정을 내리고, 새로운 계획을 세움으로써 자신의 삶을 새로운 정점에 올려놓을 수 있다.

임금 인상에 대한 인식을 확립한다

앞서 소개한 사례는 상당히 인상적이지만, 사장이 먼저 돈을 더 많이 벌 기회를 주었다는 전제가 있다. 실제로 이런 일이 발생할 가능성은 너무나 낮다. 우리는 타인이 기회를 제공해주기를 기다리기보다 스스로 시간 가치를 인식할 기회를 만들어야 한다.

안타깝게도 많은 사람이 자신의 시간 가치를 타인에게 묻는다. 예컨대 대다수 구직자가 고용주 측에서 자신의 시간 가치를 결정해주기를 기다린다. 그리고 그것을 자기 시간의 가치라고 여기는 것이다. 하지만 당신의 시간에 합리적인 가치를 부여하는 사람은 바로 당신 자신이다.

일과 임금에 관하여 이런 말이 있다. "무슨 일을 하든지 사장이 주는 돈은 당신이 그만두지 않을 딱 그만큼이다." 일반 직장인이든 임시직이든 임금은 늘 시장에서 공급하는 것이었지, 그 사람의 진정한 가치가 결정하는 것이 아니었다. 사실상 이런 방법은 회사가 저렴한 가격에 노동력을 얻는 가장 기본적인 방법이다. 그들은 평범함을 장려하고 우수함을 제한함으로써 직원들이 자신의 시간 가치를 올릴 수 없도록 만든다.

바로 이런 이유로 반드시 자기 시간과 노동, 임금에 관한 인식을 확립하고 스스로 자신의 가치를 결정하는 사람이 되어야 한다. 그렇지 않으면 당신은 영원히 타인의 '저렴한 하도급자'로 남을 것이다.

계획적으로 임금 인상을 실현한다

임금 인상이라는 목표를 실현하려고 한다면 다음의 제안이 도움이 될 수 있다.

① 원하는 목표를 정하고, 여기에 얼마나 들지 계산한다

새집으로 이사하고 싶은가? 배우자와의 여유로운 노후를 꿈꾸는가? 자녀들이 좋은 대학에 들어가서 편하게 공부하기를 바라는가? 당신의 꿈이 무엇이든 꿈을 실현하려면 돈이 필요하다. 당신의 꿈을 현실로 만드는 첫걸음은 그 꿈에 드는 돈이 얼마인지 계산하는 일이다.

② 매주 10시간을 투자해 새로운 가치를 창조한다

꿈을 실현하려면 매년 20만 달러 정도를 더 벌어야 한다는 계산이 나왔다고 하자. 그렇다면 당신은 매주 약 4,000달러 이상을 더 벌어야 한다. 즉 이 10시간은 시간당 400달러를 벌어야 한다는 이야기다.

③ 자신의 수요를 만족하는 일을 찾는다

아무리 돈을 더 받고 싶어도 고용주가 허락하지 않는다면 별수 없다. 직장을 옮기거나 직접 사업을 하는 수밖에. 우선 퇴근 후에 할 수

있는 일부터 찾아보자. 과정이 순조롭고 가능성이 보인다면 현재 직장을 그만두고 전력을 다해도 좋다.

④ 다양한 업무 방식을 파악한다

일하면서 당신은 여러 각도의 사고방식을 접하고 다양한 업무 방식을 파악하게 될 것이다. 그리고 이전에 '시간을 돈으로 바꾸는' 방식은 당신의 잠재적 시간 가치를 절대 충분히 발휘할 수 없음을 깨닫는다.

⑤ 새로운 생각, 새로운 친구, 새로운 방식으로 자신의 시간 가치를 꾸준히 올린다

장담컨대 그 '별도의' 10시간이 당신의 삶 전체를 바꾼다. 직장을 그만두지 않고 현재의 임금 수준을 유지하더라도 그 10시간이 있기에 당신의 시간이 더 가치 있는 상품이 되었음을 깨닫게 될 것이다. 또 이를 바탕으로 인간관계가 변화하고, 인생에 새로운 계획, 새로운 친구, 새로운 발전 방향이 등장할 것이다.

인식을 바꾸고 시간관리 기술과 계획을 개선해 삶의 전반을 받치는 기본 체계로 삼자. 이는 분명히 실현 가능한 계획이다. 동시에 당신의 시간 가치를 확대하고 더 높은 임금을 얻게 하는 가장 유효한 계획이다.

휴식을 업무보다 중시하라

시간을 관리하는 가장 효과적인 방법이 시간 절약이라고 착각하는 사람이 많다. 알다시피 현대 사회를 사는 대부분 사람은 늘 바쁘다. 각양각색의 일정표와 할 일 목록들, 컴퓨터와 휴대폰의 일정 관리 앱이 시간 낭비를 막고 절약하도록 돕는다지만, 시간은 늘 부족하기만 하다. 이는 시간관리가 절약만으로 되는 일이 아님을 의미한다. 하고자 하는 일을 여유롭게 완수하는 이상적인 상황을 원한다면 시간관리는 기본이고, 여기에 개인의 에너지 관리까지 반드시 함께해야 한다.

와튼스쿨의 시간관리 이론을 접하기 전, 딜런은 늘 기진맥진한 상태였다. "삶은 마라톤이야, 전력 질주가 아니지!", "이건 장기적으로 할 일이니까 꾸준히 하는 데 집중하자!", "이제 와서 포기할 수는 없지, 저 앞에 결승점이 보이잖아!", "잠은 퇴직한 후에 실컷 자면 돼!"

혹시 당신도 딜런처럼 생각하지 않는가? 이런 사람들은 중요한 일을 완성하거나 아이디어를 실현해야 할 때, 위와 같은 '자기 응원'을 머릿속에 계속 주입한다. 시간관리에 관심이 많은 사람은 대체로 일과 생활의 모든 부분을 잘 해내려는 마음이 있다. 일은 당연히 순조로워야 하고 건강이나 인간관계, 가정의 행복도 절대 놓칠 수 없다. 그 바람에 스트레스가 있어도 애써 무시하고 늘 유쾌한 마음가짐을 유지하고자 한다.

딜런은 스스로 자신에게 던진 과도한 요구에 지쳐 '삶의 권태기'에 빠지고 말았다. 당시 그는 대형 프로젝트 하나에 벌써 2년이 넘는 시간을 투자했고, 완벽한 성공을 위해 마지막 몇 개월은 업무 강도를 한층 더 높인 상태였다. 그 과정에서 내내 다소 고집스럽게 '전천후' 역할을 기꺼이 담당했다. 긴 여정의 막바지가 되자 마치 자신이 마지막 300미터 지점을 달리고 있는 마라토너가 된 기분마저 들었다. 결승점이 눈앞에 있으니 숨을 고르거나 쉴 시간 따위는 없었다.

이렇게 자신을 쉬지 않고 달리게 하자 뜻밖에도 시간이 그를 잔인하게 징벌했다. 강제로 멈춰서 쉬도록 만든 것이다. 그는 자신이 해야 할 일이 무수히 많다는 사실을, 게다가 2년 넘게 진행한 프로젝트가 곧 완성될 것임을 분명히 알았지만, 어찌 된 일인지 전에 없었던 무력하고 고통스러운 상태에 빠지고 말았다. 누구보다 일과 생활에 열정이 넘치는 그였으나, 내내 쉬지 않고 달린 바람에 성공을 목전에 둔 상태에서 철저히 '붕괴'하고 만 것이다.

시간을 절약한다는 명분으로 자신을 일에 완전히 내던지는 방식은 절대 삶을 더 나아지게 할 수 없다. 와튼인은 일과 생활에서의 휴식이 무엇보다 중요하다고 여긴다.

당신은 미래의 언젠가 아주 중요한 전력 질주의 상황에 놓이게 될 것이다. 새로운 대형 프로젝트나 큰 계획이 당신을 흥분시키겠지만, 그 일을 하느라 생활에 필요한 시간을 줄이는 방식은 당신의 시간 가치를 올리는 데 전혀 도움이 되지 않는다. 중요한 일에 매진하면서도 반드시 자기 생활을 유지하면서 회복기를 가져서 에너지를 보충해야 한다. 다음에 소개하는 다섯 가지 방법이 회복을 도울 수 있다.

휴식을 계획한다

쉬어야 한다고 느끼든 느끼지 않든 휴식이나 여가 활동을 위한 시간을 미리 계획하고, 반드시 계획대로 한다.

생각한 시간의 2배를 쉰다

'그래, 꼭 시간을 내어 쉬어가면서 일해야지. 지금부터 한 시간 동안 마음 놓고 쉬어야겠어!'라고 결심했다면 당신이 스스로 얼마만큼을 쉬어야 한다고 여기든지 무조건 그 두 배를 쉬기를 권한다. 대부분 사람은 고된 노동이 건강에 미치는 부정적 영향을 과소평가하는 경향이 있다. 설령 일하면서 무엇과도 비교할 수 없는 즐거움을 얻었다고 해도 그 과정에서 당신은 이미 대량의 에너지와 체력을 소모했다.

친구, 가족과 만남을 가진다

주말을 이용한 짧은 여행 계획에 친구나 가족이 동행한다고 해서 쉬지 못할 이유는 없다. 어쩌면 혼자가 더 편하다고 생각할 수 있지만, 혼자 있다 보면 자기도 모르게 일 생각에 빠지거나, 심지어 아예 일을 하게 될 수도 있다. 친구나 가족을 일종의 '감시자'로 활용해서 편안한 분위기에서 온전한 휴식을 즐기자. 만약 아이들이 있다면 그들보다 더 훌륭한 감시자는 없으니 반드시 함께하라.

여가 활동과 휴식의 장점을 생각한다

원했든 아니든 푹 쉰 후에 일터로 복귀하면 머리가 맑아지고 기분이 좋아진다. 창의력도 훨씬 향상되었을 것이다. 한 번이라도 이런 경험을 한 사람은 쉰다고 일이 밀리지 않으며 오히려 더 좋은 상태로 일하는 데 도움이 된다는 걸 안다.

어쩌면 이미 눈코 뜰 새 없이 바쁜 생활에 익숙해져서 쉬려고 해도 어떻게 쉬어야 하는지 모를 수 있다. 그렇다면 차분하게 앉아 여가 활동이나 휴식으로 얻을 수 있는 장점, 자신을 가장 기쁘고 즐겁게 만드는 활동들을 종이에 쭉 적어본다. 독서, 요가, 와인 마시기, 코미디 영화 보기 등 모두 좋은 선택이 될 수 있다.

정해진 업무를 완수하면 보상한다

매일의 업무량을 정하고 그것을 다시 작은 목표들로 분해한 후에 그에 따른 할 일 목록을 정리한다. 각 사항의 뒤에는 반드시 즐거운 보상을 덧붙여야 한다. 보상은 맛있는 한 끼일 수도 있고, 좋아하는 스타의 소식을 찾아보거나 친구와 함께 쇼핑하러 가는 것일 수도 있다.

생각보다 많은 사람이 큰일 하나를 통째로 완성해야 비로소 쉴 자격이 생긴다고 여긴다. 하지만 대형 프로젝트나 중요한 업무는 어쩌면 한 달, 심지어 수개월, 수년의 시간이 지나야 완성되고, 무수히 많은 작은 일들로 구성되어 있다. 각 단계의 이정표에 도달하는 것만으로도 자신을 칭찬하고 휴식의 기회를 줄 만한 충분한 이유가 된다.

큰 시험이나 프로젝트를 계획하고 있다면 결과까지 가는 길 곳곳에 일종의 '휴게소'를 설치하기를 잊지 말아야 한다. 이미 그렇게 하고 있다면 앞에서 소개한 다섯 가지 방법과 비교하면서 점검해볼 필요가 있다. 혹시 부족한 부분은 없을까? 일과 휴식을 모두 잘못된 방법으로 하고 있지는 않나? 끊임없이 생각하고 점검하면서 시간과 에너지가 균형을 잃지 않도록 해야 성공할 수 있다.

시간 투자 마인드를 설계하라

시간은 두 가지 특성이 있는데 바로 흐름성과 유동성이다. 마치 액체처럼 끊임없이 흐르는 시간은 그에 상응하는 양의 부富로 바꿀 수 있다. 즉 모든 부와 자원의 배후에는 그만큼의 시간이 응집해 있다. 따라서 세상의 모든 자원과 부는 사람이 가진 제한된 시간인 셈이다.

우리는 시간이라는 귀한 자원을 최대로 점유하기 위해 시간관리 도구를 이용하고 타인과 협력하며 건강을 관리한다. 시간을 확장하는 방법 가운데 가장 효과적인 것은 바로 타인의 시간을 이용하는 것이다. 이 방법은 와튼인이 능력을 키우는 직접적인 방법일 뿐만 아니라, 시간 투자에 대한 가장 큰 동기이기도 하다.

와튼스쿨의 경영학 교수 버트 브라우닝은 꼭 필요한 상황이 아니라면 절대 직접 강단에 서지 않는 독특한 강의 방식으로 유명하다. 오랜 경력과 연구업적을 인정받는 그는 '조교 세 명을 지원받는' 교수다. 브라우닝 교수는 일반 경영론 과정을 단 한 번도 직접 강의한 적 없으며 늘 조교들에게 필요한 내용을 주고 설명하도록 한다.

한번은 한 학생이 이런 강의 방식에 의문을 품고 질문했다. 교수의 명성을 듣고 강의를 선택했는데 직접 강의를 들을 수 없으니 무척 실망스럽다는 이야기였다. 그러자 브라우닝 교수는 조금도 주저하지 않고 직설적으로 대답했다. 그에 따르면 자신의 시간과 학생들의 시간은 모두 매우 소중하며, 양측 모두 시간 투자의 최대화를 실현하려면 자신의 수업 방식이 가장 적합했다. "이것이 바로 경영학에서 말하는 동기입니다. 나의 동기는 타인의 역량을 빌려서 시간과 에너지를 두 배로 만드는 것이죠."

동기는 시간관리에서 무엇보다 중요한 요소지만, 가장 쉽게 무시되곤 한다. 무슨 일이든 동기가 명확해야 더 현명한 결정을 내릴 수 있는 법이다. 가장 중요한 일에 많은 시간을 투입할수록 얻을 수 있는 발전과 보상이 크고 성취의 수준이 높으며 자기 긍정의 효과도 훨씬 크다. 이렇게 해서 시간관리를 통해 자신을 끊임없이 상승하는 나선 궤도에 올려두고 계속해서 더 높은 목표를 향해 발전할 수 있다.

거의 모든 사람이 명확한 동기의 중요성을 잘 알고 있다고 말하지만, 실제로 동기를 신중하게 고려하고 확정하는 사람은 매우 적다. 가장 흔한 이유는 바로 '게으름'이다. 우리는 생활 개선이나 자기계발에 의미가 없거나 작은 일은 곧잘 하면서도 정작 아주 중요한 일, 예컨대 '시간 투자의 동기 찾기' 같은 일에는 소홀하다. 이런 일들은 장기간 꾸준히 해야 효과가 눈에 보이는데 근시안적 사고에 빠져 즉각 효과를 볼 수 있는 일을 하는 편을 훨씬 더 선호하기 때문이다.

또 다른 이유는 동기를 찾았으나 꾸준하지 않아 자신감도 흥미도 잃었기 때문이다. 또 어떤 동기에 기반해 결정한 거대한 목표들이 나중에 보니 다소 허황하다는 느낌이 들어서 지레 포기하기도 한다.

어떤 일을 해야 하는지 알면서도 머뭇거리기만 하고 행동하지 않는 사람이 많다. 이는 생각을 행동까지 이어주는 동력이 부족하기 때문이다. 그 동력을 찾아내기만 하면 뇌가 자동으로 목표 달성에 필요한 자원들을 확보하고 목표 실현을 주도할 것이다.

원하는 미래는 성장의 욕망을 자극한다. 당신이 시간을 투자하는 동기는 무엇인가? 이 질문에 대한 답은 전혀 어렵지 않다. 다음은 브라우닝 교수가 제안한 시간 투자의 동기를 찾는 과정이다.

진짜 원하는 것을 확정한다

브라우닝 교수는 애초에 할 필요가 없는 일을 훌륭하게 해내는 것처럼 시간 낭비는 없다고 잘라 말한다. 그렇다면 '해야 할 일'이란 무엇인가? 그 대답을 찾으려면 인생의 목표, 자기 분야에서 이루려는 바, 빠르게 향상해야 하는 부분 등을 진지하게 사고해보아야 한다. 유명한 경영컨설턴트인 스티븐 코비Stephen Covey도 같은 생각을 밝혔다. "성공의 계단을 오르기 전, 우선 당신의 계단에 잘못된 부분은 없는지 확인해야 한다."

자신이 진짜 원하는 것에 관해 혼자 생각해볼 수도 있지만, 친구나 상사 등 주변 사람과 이야기해 봐도 좋다. 대체 무엇을 해야 하는지, 어떤 순서로 완성해나가야 하는지 확실히 알 때까지 말이다.

믿기 어렵겠지만, 생각보다 훨씬 많은 사람이 직장에서 아무 가치도 없는 업무를 하면서 하루를 보낸다. 이런 사람들은 업무에 관해서 상사나 동료와 깊고 성실하게 탐구해본 적이 없을 가능성이 크다. 그들과 이야기를 나누어야 하는 까닭은 바로 그들이 당신보다 당신이 무엇을 할 수 있는지, 무엇을 해야 하는지 더 잘 알기 때문이다.

동기를 글로 쓴다

어느 정도 생각이 정리되었다면 그 내용을 반드시 글로 옮긴다. 종이 위에 쓰고 나면 동기가 더 선명하고 구체적으로 보일 것이다. 동기는 글로 기록되지 않으면 일종의 공상이나 바람에 불과할 뿐, 어떠한 생명력도 없다. 기록된 동기가 없으면 모호하고 혼란스러워 방향을 잃고, 이어지는 행동들이 잘못과 실수로 뒤범벅되기 십상이다.

목표 달성의 기한을 정한다

기한이 없는 동기는 절박하지 않고, 뚜렷한 시작과 끝이 없다. 시간 투자의 동기를 찾아도 따로 기한을 설정하지 않으면 진취적으로 일하지 못하고 질질 끌기만 해서 효율이 떨어진다.

동기 목록을 작성한다

동기는 한 번 결정되면 불변하는 것이 아니다. 물리학의 '에너지 보존 법칙'처럼 처음에는 강한 동기 부여가 있어도 시간이 흐르면 그 힘이 약화하기 마련이다. 따라서 동기에 끊임없이 힘을 더해주어야 하는데 이 힘의 가장 좋은 원천이 바로 삶을 개선하는 데 필요한 일들이다.

평소 동기를 강화할 수 있는 일들이 떠오를 때마다 '동기 목록'에 덧붙이자. 그런 식으로 어떤 단계의 목표가 실현될 때까지 계속해서 목록을 충실하게 만든다. 이 목록은 당신이 더 멀고 높은 곳을 바라보게 하고, 당신 인생에 지속적인 동력을 제공한다. 새로 더해진 동기들 역시 반드시 글로 옮긴 후에 기한을 설정해야 목표를 실현할 가능성이 크게 상승한다.

동기 목록을 계획으로 만든다

직접 작성한 동기 목록을 살피면서 대략으로나마 무엇을 먼저 하고, 무엇을 나중에 할지 생각해야 한다. 동기를 하나하나의 구체적인 작업으로 나누어보면 거대해 보이던 동기가 실제로는 생활과 관련된 작은 작업들로 해결된다는 사실에 놀랄 것이다. 동기를 기록하고 그것을 실현하는 행동계획을 결정하면 업무 효율이나 속도가 생각을 머릿속에만 두고 있는 사람보다 훨씬 올라간다.

동기 목록을 계획으로 만들면 다음 단계는 행동을 통해 그것을 실현하고 구체화하는 것이다. 일단 행동을 시작하면 도중에 멈추지 말고 끝까지 해야 한다. 이러한 결단력과 높은 강도의 자기 훈련으로 시간 관리를 통해 가장 성공적이고 효율적인 사람 중 한 명이 될 수 있다.

시간이 돈을 벌게 하라

　시간을 관리하고 그로부터 투자 효과를 얻기 기대한다면 비결은
'생산성이 가장 높은 일'을 하는 것이다. 당신의 시간을 잡아먹는 '시
간 킬러'를 제거하려면 먼저 할 일을 정리해서 핵심을 찾아낸 후에 구
체적인 결정을 내려야 한다.

　문제는 대부분 사람이 시간관리를 '모든 시간에 대한' 관리로 오해
한다는 사실이다. 실제로 우리가 관리해야 하는 대상은 반드시 해야
할 일에 필요한 시간을 제외한 '나머지 시간'이다. 보통 당신의 나머
지 시간을 먹어치우는 시간 킬러는 당신 자신이다. 그러므로 자신만
의 시간관리 방식을 만들고 반드시 지켜야만 시간관리가 순조로울 수
있다.

　한때 킴벌리는 시간관리의 효과를 믿지 않았다. 그도 그럴 것이 한
동안 각종 시간관리 도구를 동원해서 열심히 살았는데 결과적으로 이

전보다 더 엉망이 되었기 때문이다. 안 그래도 정신없이 바쁜데 시간 관리 도구들까지 일일이 확인하려니 더 복잡하기만 했다. 오히려 거기에 시간을 너무 많이 할애하는 바람에 기본적인 업무조차 완성하기가 어려웠다.

고민하던 킴벌리는 친구 버나드를 찾아가 이야기를 나누었다. 킴벌리의 이야기를 가만히 듣던 버나드는 킴벌리가 모든 시간을 자유롭게 계획해서 사용할 수 있다고 착각하고 있다고 했다. 그러다 보니 고정 업무를 할 시간이 줄어들어 혼란을 피하기가 어려웠다. 버나드는 킴벌리에게 반드시 해야 하는 일에 들어가는 시간을 제외해야 올바른 시간관리를 할 수 있으며, 그러려면 일정 계획표 쓰기부터 시작해야 한다고 조언했다.

'파킨슨의 법칙(Parkinson's Law)'에 따르면 사람은 어떤 일이든 최종 기한에 맞춰 업무 속도를 조정하는 경향이 있다. 예컨대 어떤 일을 한 달 안에 완성해야 한다면 자기도 모르게 업무 속도를 늦춰서 주어진 한 달을 꼬박 쓰는 식이다. 그런데 같은 일을 일주일 만에 완성해야 하는 상황이라면 어떻게든 업무 속도를 빠르게 조정해서 일주일 안에 완벽하게 해낸다. 파킨슨의 법칙은 우리가 일정 계획표를 만들어야 하는 이유를 보여준다. 일정 계획표는 당신이 특정한 시간에 특정한 일을 하게 돕고, 그 시간 구간 안에서 도달할 수 있는 최고의 업무 효과를 알게 해준다.

일정 계획표로 자유를 얻다

생각보다 많은 사람이 일정 계획표가 자신의 소중한 '자유'를 앗아

간다고 생각하며 쓰기를 꺼린다. 물론 미리 만들어놓은 계획에 딱딱 맞춰 일하면 융통성이나 순발력이 떨어질 수도 있다. 그렇다고 일정 계획표가 사람을 노예처럼 붙잡아놓는다고 생각하면 완전히 틀렸다. 이런 오해는 모두 '자유'에 대한 잘못된 이해에서 비롯된다. 실제 우리의 삶에는 다양한 자유가 존재하는데 그중에서도 두 가지를 혼동하고 구분하지 못하면 오해가 쉽게 생겨난다.

- 사람들이 흔히 말하는 자유는 '선택의 자유'다. 즉 원하는 것을 하고, 원하지 않는 것은 하지 않는 그런 자유인 것이다. 자유로운 사람은 자기 생각과 감정을 거스르기를 압박받지 않는다. 이런 의미에서 선택의 자유는 '소극적 자유'다.
- 와튼인이 평생 기억하며 반복해서 강조하는 자유는 '자아실현과 자기 제어의 자유'다. 이는 스스로 목표를 향해 나아가는 자유이므로 '적극적 자유'라 할 수 있다. 인간의 '자유 의지(Free Will)'가 반영되는 상당히 높은 수준의 자유인 동시에 '스스로 되고자 하는 사람이 되려는' 자유다.

두 번째 자유에 대한 이해도가 떨어지는 사람은 그것이 첫 번째 자유와 상반되며 심지어 '비非자유'라고 생각할 수 있다. 더 원대하고 아름다운 목표를 실현하기 위해 현재의 욕망을 기꺼이 포기하기 때문이다.

예를 들어보자. 햇볕이 좋은 일요일 오전, 당신은 업무에 필요한 기술을 배우려고 컴퓨터 학원에 가기보다 친구들과 교외로 나가서 신나게 놀고 싶을 것이다. 첫 번째 자유를 중요하게 생각하는 사람이라면 당연히 자유롭게 나가 노는 편을 선택했을 것이다. 하지만 그랬다가는 직장에서 실력이 부족한 사람으로 낙인찍혀서 이후의 중요한 업무에서 배제될 확률이 높다. 사람은 학습을 통해 더 커다란 자유를 얻을 수 있다. 현재의 쾌락을 포기하고 습득한 새로운 지식은 목표를 실현하는 데 큰 힘이 된다.

자유에 관한 이야기를 이렇게 길게 하는 까닭은 시간관리에 대한 사고의 폭을 확장하기 위해서다. 시간관리는 당신이 '비자유를 통해 더 커다란 자유를 얻도록' 돕는다. 여기서 말하는 '더 커다란 자유'란 시간적인 자유뿐 아니라 경제적 자유도 포함한다. 겨우 '소극적 자유' 안에 자신을 집어넣고서 "자유는 하고 싶은 대로 하는 거야!"라고 외쳐봤자 시간관리의 본질에서 멀어질 뿐이다. 자유를 '자신이 설정한 인생 목표를 완수하는 능력'으로 보기만 해도 시간관리를 통한 '자기 향상(Self-advancement)'이 가능하다.

장담컨대 스스로 행위를 제어하지 않는 사람은 영원히 목표를 실현할 수 없다. 일정 계획표는 시간을 계획적으로 운영함으로써 행위를 제어하고 최종 목적지에 도달하게 하여 당신에게 더 높은 차원의 자유를 선물한다.

일정 계획표 작성법

일정 계획표를 작성하는 데 특별히 고정된 형식은 없으며 다음의 기본 원칙 몇 가지만 따르면 된다.

① 적절한 도구를 선택한다

A4 용지 한 장, 다이어리, 컴퓨터 등으로 작성할 수 있다. 하루를 출

퇴근 시간, 식사 시간, 수면 시간 등 큰 덩어리 몇 개로 나눈 후에 다시 각각의 시간 덩어리를 구체적으로 세분한다.

② 현실에 맞는 목표를 세운다

시간을 적절히 배치해서 목표를 실현하기 위해 일정 계획표를 쓴다. 따라서 불가능한 바람을 목표로 삼아서는 안 된다. 되지도 않을 일을 목표로 내세워봤자 결국 계획대로 해내지 못했다는 실망감과 좌절감에 휩싸이고 시간관리에 대한 자신감만 떨어진다.

③ 융통성을 발휘한다

전체 시간의 50퍼센트는 신중하게 계획하고, 나머지 50퍼센트는 융통성을 발휘할 시간으로 남겨둔다. 이때 각종 번거로운 일들, 전혀 예상하지 못한 일들에 대응하고 문제를 해결한다. 계획을 집행하다 보면 그 과정에서 이런저런 변화가 발생하고 급기야 원래 계획과 전혀 달라질 수도 있다. 이런 상황에서 시간 계획마저 너무 촘촘해 융통성을 발휘할 시간이 없다면 일정 계획표의 실용성과 유동성이 크게 떨어진다. 사실 50:50도 고정된 비율은 아니다. 계획한 50퍼센트를 무리 없이 잘 집행했다면 점진적으로 60퍼센트, 70퍼센트, 그 이상까지 늘려도 좋다.

④ 정기적으로 검토한다

1~2주일마다 일정 계획표를 전체적으로 검토하고 어떤 효과가 있었는지 확인한다. 만약 효과가 기대보다 낮다면 어떻게 개선할지 곰곰이 생각해보고 필요한 내용을 수정한다.

이전에 계획을 짜거나 일정 계획표를 작성해본 적 없는 사람은 자신에게 가장 적합한 방식을 찾기가 어려울 수 있지만, 모든 일이 그렇듯 일정 계획표 작성 역시 할수록 더 잘하게 될 것이다. 관건은 약 30일 동안 꾸준히 하고, 이 30일을 기준으로 자신의 시간관리 습관을 형성하는 것이다. 30일 동안 일정 계획을 잘 지킨다면 그 놀라운 효과에 자신감을 얻을 수 있다.

시간 사용을 관찰한다

이 책에서 언급한 모든 방법을 하려고 할 필요는 없다. 쇼핑하듯이 마음에 들거나 자신에게 가장 잘 어울리는 것을 선택하고 그중 몇 가지를 결합하거나 조정해도 무방하다.

하루 정도 자신이 어떻게 시간을 사용하는지 관찰해보자. 하는 일들, 모든 일의 시작과 끝 시간, 각각의 효율과 느낀 바를 가능한 한 꼼꼼하게 기록한다. 구체적으로 다음의 질문들에 대한 답을 쓰면 된다.

- 주로 어떤 방식으로 시간을 낭비하는가?
- 어떤 상황에서 효율이 가장 높은가?
- 언제 효과가 가장 좋은가?

어떤 목표를 달성하고 싶다면 순환도처럼 계획, 실행, 수정을 끊임없이 반복해야 한다. 어떤 단계에서든 순환도 안으로 들어가는 것이 중요하다.

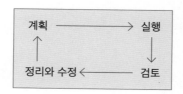

매일 꾸준히 한다

예를 들어 '자기 전'처럼 매일 일정한 시간을 정해서 다음의 일정 계획표 서식을 작성하고, 다음 날 그에 맞춰 움직인다. 이러한 '계획적 순환'을 일주일만 꾸준히 해도 시간관리 능력이 어느 정도 향상된다.

일정 계획표 작성이 일상에서 빼놓을 수 없는 습관으로 자리 잡으면 자신이 반드시 해야 하는 일에 얼마만큼의 시간을 쓰는지 눈에 보일 것이다. 그러면 이 시간을 제외한 나머지 시간을 파악하고 자유롭게 계획하는 일이 가능해진다. 이 시간이 바로 삶을 개선하고 향상하는 새로운 발전 공간이 된다.

시간관리가 얼마나 중요한지 말하는 사람은 많지만, 그것이 정확히 무엇을 관리하는지를 제대로 아는 사람은 소수에 불과하다. 개인의 삶, 자아, 효율, 에너지, 꿈이나 계획 등 물론 이런 것들도 틀렸다고 할 수는 없으나 핵심은 아니다. 시간관리의 진짜 대상은 바로 '자신과의 약속'이다.

일정 계획표

날짜 _____

꼭 하고 싶은 일

1. _____
2. _____
3. _____
4. _____
5. _____
6. _____
7. _____

반드시 해야 하는 일

1. _____
2. _____
3. _____
4. _____
5. _____
6. _____
7. _____

할 수 있는 일

1. _____
2. _____
3. _____
4. _____
5. _____
6. _____
7. _____

당신의 1분은 얼마인가

: 시간 가치

영국의 역사학자 시릴 파킨슨Cyril N. Parkinson은 "어떤 일이든 주어진 시간이 소진될 때까지 늘어진다"라고 했다. 와튼스쿨은 이 말을 '효율이 낮은 까닭은 시간이 너무 많기 때문'으로 해석했다. "효율은 중요하다, 효과는 그보다 더 중요하다." 이 말은 와튼인이 무슨 일을 하든 반드시 고수하는 기본 원칙이다. 그들은 언제나 이 원칙을 바탕으로 고효율, 고효과를 추구한다.

일론 머스크는 왜 5분 단위로
시간을 관리할까?

테슬라Tesla, 스페이스XSpaceX, 솔라시티SolaCity 등 혁신적인 기업을 운영하고 있는 일론 머스크Elon Musk는 와튼스쿨에서 수학했다. 24시간이라는 한정된 시간 속에서도 그가 글로벌 기업들의 CEO 자리를 지킬 수 있는 것은 바로 그의 철저한 시간관리 습관 덕분이다. 그는 시간을 '5분 단위'로 계획하고 경영하는 습관을 가지고 있다. 머스크는 각 업무에 소요되는 시간을 계산한 뒤 5분 간격으로 나눈 계획표에 업무를 배치한다.

그는 이 계획표를 통해 오늘 해야 할 일과 일정관리를 동시에 해낼 수 있다. 그의 시간관리 목표는 불필요한 행동을 줄이고 철저한 계획을 통해 업무 시간을 최대한 많이 확보하는 것이다. 하지만 그는 업무 외에도 가족과 보내는 시간과 독서도 빼놓지 않고 하고 있다. 이는 그가 시간관리를 통해 고효율, 고효과를 이룰 수 있었기 때문에 가능했다.

많은 사람이 '시간 이용률 최대화'라는 목표를 달성하기 위해 '전력 질주'하고 있다. 하지만 현실이 자신의 능력을 넘어서는 수준을 요구할 때, 하는 수 없이 '임시방편', 예컨대 수면과 휴식을 줄이고 그만큼의 시간을 업무에 투입하는 방법을 선택한다. 이 방법은 단기간이라면 효율 향상에 분명히 효과적이지만, 장기간에 걸쳐 계속된다면 심각한 부작용을 일으킬 수 있다. 기진맥진한 상태가 일상이 되어 결국 과부하가 발생해 걷잡을 수 없는 상황이 되는 것이다. 이는 매우 전형적인 '저효율, 저효과 시간관리'다.

와튼스쿨을 졸업하고 퍼스널 능력 관리 컨설턴트로 활동하는 리넌 포웰은 많은 사람이 시간을 '정지한 채 움직이지 않는 것'으로 착각한다고 지적했다. 예를 들어 치과 치료를 받을 때는 하루가 일 년 같지만, 친구와 카페에서 이야기를 나누는 30분은 완전히 다른 느낌이다.

우리는 특정한 시간대이거나 특정한 일을 할 때, 상대적으로 편안하고 일도 잘된다. 예를 들어 포웰은 재무관리를 하면 시간이 빠르게 날아가는 것 같지만, 영수증 처리 작업을 하면 시간이 너무 느리게 기어가는 느낌이라고 털어놓았다.

이런 차이는 시간 자체에서 비롯된 것이 아니며, 개인의 집중력, 열정, 활력 등의 에너지와 밀접한 관련이 있다. 포웰은 각자의 생리적, 심리적 주기에 맞춰 일할 필요가 있다고 강조한다. 예컨대 긍정적인 에너지로 가득할 때 새로운 업무를 시작하거나 사람을 만나면 효율이 높아진다. 이런 때는 뭘 해도 즐겁고 신나기 때문에 더 즐겁게 일할 수 있다.

개인의 성취는 몇 살까지 무엇을 하며 살았느냐가 아니라, 제한된 시간 안에 얼마만큼의 에너지를 투입해서 어느 정도의 효과를 거두었는가로 평가해야 한다. 고효과를 추구하는 사람이라면 탁월한 성취, 건강, 즐거움이 모두 효과적인 에너지 관리를 기반으로 만들어진다는 사실을 명심해야 한다.

그렇다면 어떻게 해야 건강과 행복, 생활을 해치지 않으면서 고효율, 고효과를 실현할 수 있을까? 포웰은 수년에 걸친 연구를 통해 다음의 네 가지 방법을 제시했다.

시작도 하기 전에 힘 빠지지 않는다

출근하자마자 A4 용지 한 장에 바늘 하나 들어갈 틈도 없이 빼곡하게 적힌 업무 계획을 본다면, 그 순간 어쩌면 그대로 벽에 머리를 들이받고 싶은 충동이 일지도 모른다. 그 비슷한 충동이라도 든다면 당신의 에너지는 업무를 시작하기도 전에 이미 전부 도망갈 것이다.

많은 사람이 자신의 효율을 터무니없이 높게 생각하거나, 중요해 보이지만 사실은 그렇지 않은 일에 너무 많은 시간을 허비한다. 시간 관리는 전쟁이 아니며, 무슨 결투라도 벌이듯이 하는 것이 아니다. 스스로 너무 많은 요구와 너무 높은 기준을 제시하지 말고, 매일 적당한 업무량을 안배해야 한다. 이는 다음 날 에너지가 가득한 상태로 업무를 시작할 수 있는 기본 전제다. 업무 계획을 짤 때는 다음의 네 가지를 기억하면 '보기만 해도 힘이 빠지는' 상황을 피할 수 있다.

① 나는 대략 언제쯤 이 일을 시작하는가?
구체적으로 몇 분, 몇 초까지 정확하게 계획할 필요는 없다. 업무란

한 가지가 끝나야 다음 일을 시작할 수 있는 경우가 대부분이므로 시작과 끝 시간을 구체적으로 말하기 어렵다. 대략 어느 정도의 시간대인지만 설정해두면 된다.

② 오전(또는 오후, 오늘) 안에 전부 할 수 있을까?

개인 능력의 측정에 관한 문제다. 업무 계획을 짤 때는 반드시 '내가 이 일들을 감당할 수 있을까?'를 생각해보아야 한다. 계획한 일들을 충분히 감당하고, 모든 사항을 성공적으로 완성할 수 있어야 자신감을 잃지 않고 다음 일정을 계속할 수 있다.

③ 어떤 일을 먼저 혹은 나중에 할 것인가?

업무 계획에서 순서는 무척 중요한 문제다. 일의 순서는 각 업무가 최종 목표달성에 미치는 영향과 공헌도, 사항 자체의 경중에 따라 결정되어야 한다. 이에 관해서는 뒤에서 다시 다룬다.

④ 오늘 완성하지 못한 일은 내일 어느 때에 끼워 넣을 것인가?

아무리 성실하게 에너지를 관리하고 계획에 따른다고 해도 의외의 사건들이 개입하면서 계획한 업무를 완성하지 못하는 일이 생길 수 있다. 그렇다면 미완성 업무를 다음 날의 어느 시간대에 끼워 넣어야 완성할 수 있을지 고려해야만 한다.

스트레스를 줄인다

업무 환경 자체에 스트레스 요소가 많거나 관료주의적 분위기가 만연했다면 쉽지 않은 일이기는 하다. 하지만 우리의 뇌, 신체와 감정은 모두 '수용력'에 한계가 있으므로 너무 강하게 압박하면 기어코 문제가 발생한다. 반드시 감정, 체력, 생각, 정신의 네 가지 방면에서 자신을 살피고 좋은 상태를 유지해야 한다.

① 감정: 감정과 관련해서 다음의 세 가지 사실을 기억하자.

- 외부의 압박이 아무리 크더라도 자신의 감정을 잘 통제한다면 에너지를 키울 수 있다.
- 기분 좋은 상태일 때, 효과가 가장 크다.
- 심호흡으로 이완하기, 타인을 칭찬하기, 긍정적으로 말하기, 이 세 가지 습관이 좋은 감정 상태를 만든다.

② 체력: 몸은 당신이 최선을 다할 수 있는 밑바탕이다.

- 건강한 신체가 더 많은 에너지를 생산한다.
- 체력이 좋아지면 업무 효율도 함께 향상한다.

③ 생각: 생각이 행동의 효율을 결정한다.

- 일할 때는 반드시 업무에 집중해야 한다.
- 각종 과학기술이 일과 생활에 미치는 부정적 영향을 차단한다.
- 주의 집중은 에너지 분산을 막아 단시간에 많은 업무를 할 수 있게 돕는다.

④ 정신: 정신 상태와 효율은 정비례 관계다.

- 일과 생활이 개인적으로 소중히 여기는 것, 의미와 목적이 있는 것과 부합할 때, 정신적 에너지가 가장 활발하게 작용한다.
- 다음의 세 가지를 습관화한다.
  - 가장 잘하고 좋아하는 일을 한다.
  - 생활에서 가장 중요한 부분에 시간과 에너지를 배분한다. 특히 가정, 건강, 친구에게 관심을 기울인다.
  - 일상의 모든 행위에서 자신의 핵심 가치관을 잃지 않는다.

감정, 체력, 생각, 정신의 방면에서 이상의 내용을 잊지 않고 실천한다면 스트레스가 크게 줄어들고, 이어진 업무 효율도 상승할 수 있다.

에너지가 넘치는 시간을 찾는다

사람들은 자신이 어느 시간대에 가장 에너지 넘치는지 안다. 아침에 일어나자마자 사고가 가장 활발한 사람이 있는가 하면, 한밤중에 더 창의적인 사고가 가능한 사람도 있다.

만약 자신이 어떤 유형인지 파악하기 어렵다면 1~2주 정도 시간대별로 상태를 기록해보자. 어느 시간대에 업무 효율이 가장 높거나 활력이 넘치는지, 또 언제 가장 집중하기 어렵거나 일하기 싫은지, 언제 커피 한 잔을 마시고 싶거나 쉬고 싶은지 매일 기록한다. 이렇게 하루를 에너지 변화 주기에 따라 나눠보면 에너지가 가장 충만한 시간대를 쉽게 찾을 수 있다.

하루의 에너지 상태 평가

예시)

1. 상 - 기상 시간대(6:30~9:00)
2. 상 - 독점 시간(9:30~10:30)
3. 상 - 오전(10:30~12:00)
4. 상 - 이른 오후(2:00~4:00)
5. 하 - 늦은 오후(4:00~6:00)
6. 중 - 저녁(6:30~8:30)
7. 중 - 밤(9:00~12:00)
8. 하 - 사이 시간(각 시간대가 교차하는 전후 약 20분)

사람마다 시간대에 따라 에너지 수준도 각기 다르다. 우선 시간대별로 에너지 수준을 '상, 중, 하'로 구분하고, 업무의 난이도에 따라 각 시간대에 배치한다.

예시에서 '독점 시간'은 '타인의 간섭을 받지 않는 시간'이다. 앞 사례의 포웰은 이 시간대에 전화, 우편, 방문 등 일체의 간섭을 차단하고 에너지를 온전히 집중해서 가장 중요한 일을 한다고 밝혔다. 그에게 독점 시간은 완전하게 자신에게 전속된 계획과 생각의 시간이다. 포웰은 이 시간대에 그날의 업무 내용을 확인하고, 몇 가지 복잡한 문제를 사고하며, 이후 며칠 동안 필요한 자원 확보를 계획한다. 구체적인 업무를 처리하지는 않아도 시간관리와 개인 효율 향상에 중요한 작용을 하는 일들을 처리하는 것이다.

에너지가 가장 충만한 시간대에는 가장 좋은 상태여야만 완성할 수 있는 일을 해야 한다. 특히 중요하지만 좋아하지 않는 일을 하면 효과적이다(포웰은 가장 싫어하는 영수증 처리 업무를 한다). 효율이 가장 높을 때, 이런 일을 하면 상대적으로 빠르게 완성할 수 있다.

이상의 세 가지 방법대로 하면 더 에너지 있는 상태에서 일과 생활을 꾸려나갈 수 있다. 시간관리에서 고효과를 거두려면 반드시 풍부한 에너지가 기반이 되어야 한다.

의욕만 앞선 시간관리가 실패하는 원인

누구나 효율이 향상하기 바란다. 하지만 중요한 사실 하나를 간과하는데 바로 그 누구도, 심지어 기계조차도 효율이 100퍼센트일 수 없다는 점이다. 백번 양보해서 설령 100퍼센트에 도달했다고 해도 절대 유지할 수 없다. 그런데도 스스로 과도한 고효율을 요구하고 무조건 밀어붙이면 과부하 상태로 작동하는 기계처럼 빠르게 소모되어 곧 폐기되고 말 것이다.

주위를 둘러보면 '할 일 목록'을 몇 장씩 쓰는 사람들이 있다. 이들은 애초에 불가능한 일들을 쓰고 또 쓰는데, 사실 이런 행위는 일종의 시간 낭비에 불과하다. 사람의 능력과 효율은 모두 상한선이 있다. 류비셰프A. A. Lyubishchev처럼 성공한 사람도 그렇다.

구소련의 곤충학자, 철학자, 수학자로 유명한 류비셰프는 평생 70편이 넘는 논문을 발표했다. 분야도 다양해서 과학사, 농업, 유전학, 식물학, 철학, 곤충학, 동물학, 진화론, 무신론 등 여러 영역을 섭렵한 사람이었다. 이렇게 엄청난 성과를 거두었음에도 그는 자신의 업무 효율에 "한계가 있다"고 말했다.

"매일 14~15시간씩 일한다는 사람도 있지만, 나는 그렇게 많은 시간을 일할 수 없습니다. 보통 하루에 7~8시간을 온전히 업무에 쓸 수 있다면 만족합니다. 가장 많이 일한 때는 1937년 7월 한 달인데, 그달에 총 316시간을 일했더군요. 중간 휴식 시간을 제외하면 오로지 업무에 쓴 시간은 매일 7시간 정도에 불과합니다."

류비셰프는 업무 시간에 관해 이렇게 덧붙였다. "모든 사람은 기본적으로 매일 식사하고 잠을 자야 하므로 일정 시간을 이런 활동에 투입해야 합니다. 내 경험에 따르면 보통 매일 약 12~13시간을 이외의 활동, 그러니까 출퇴근, 사회생활, 오락 활동 등에 사용합니다."

류비셰프의 삶은 와튼스쿨의 명언 "최선을 다해 성공한 사람이 되어야 한다. 동시에 최선을 다해 보통 사람이 되어야 한다"와 일맥상통한다. 보통 사람으로서 우리는 업무 이외에도 매일 많은 일을 해야 한다. 가족과 시간 보내기, 휴식, 오락과 문화 활동, 운동 같은 것들 말이다.

시간관리를 통해 개인의 효율을 향상하기 전에 반드시 기억해야 할 내용이 있다. 바로 '보통 사람에게는 일정한 휴식 시간이 필요하다'라는 사실이다. 이는 우리가 계획을 짤 때, 반드시 일정 시간을 따로 빼놓아야 하는 이유다. 기억하자. 분명히 당신이 처리해야 하는 의외의 사건이 발생한다. 더불어 적절한 방식으로 쉬거나 몸을 이완하는 시간을 확보해야 에너지를 회복해서 효과를 키울 수 있다.

안타깝게도 이렇게 당연한 시간 배분이 어려운 사람들이 있다. 일과 생활을 동시에 하는 그들은 업무 외의 다른 활동을 하는 데 충분한 시간을 쓰는 일이 낯설고 어색하기만 하다. 와튼스쿨은 이런 사람들을 위해 다음의 세 가지 방안을 제시했다.

추구하는 바를 파악하라

대부분 시간을 학습과 업무에 쓴다면 당신은 일의 성취를 지향하는 사람이다. 또 대부분 시간을 삶을 즐기는 데 쓴다면 당신은 개인적인 만족을 중요하게 생각하는 사람이다. 이처럼 사람은 저마다 추구하는 바가 다르다. 일과 학습에서 분투하며 더 큰 즐거움을 느끼는 사람이 있는가 하면, 일상의 잡다한 일 속에서 더 많은 행복을 얻는 사람도 있다.

우선 자신이 무엇을 추구하는 사람인지 정확히 파악해야 한다. 우리는 인생에서 수많은 선택을 내려야 하며, 선택은 포기를 의미한다. 이는 시간관리에서도 마찬가지로 한 가지를 하기로 선택했다면 다른 한 가지는 포기해야 한다.

자신이 더 많이 추구하는 바를 확정했다면 이제 추구 사항과 비非 추구 사항에 투입할 시간을 '황금비율'로 배분해야 한다. 예를 들어 자유롭게 쓸 수 있는 10시간이 있는데 추구하는 바가 업무적 성취인 사람이라면 6.18시간은 일에 쓰고, 나머지 3.82시간은 삶을 즐기는 데 쓰는 것이다. 반대로 행복한 삶을 추구하는 사람이라면 거꾸로 6.18시간은 일상의 즐거움에, 나머지 3.82시간은 일과 학습에 쓴다.

목표를 너무 높게 잡지 마라

생각보다 많은 사람이 시간관리를 통해 고효율을 추구하는 과정에서 '중도 포기'한다. 대부분의 경우 목표를 너무 높게 설정했기 때문이다. 이런 사람들은 그 높은 목표를 달성하기 위해 내놓아야 하는 대가에 대해 명확한 인식이 없다. 강조하건대 행복하고 건강한 삶은 자신을 정확하게 아는 기초 위에 건립된다. 자신의 장단점을 명확히 알고, 헛된 공상에 빠지지 않으며, 스스로 자신에게 터무니없이 높은 요구를 하지 않아야 한다.

종이와 펜을 가져와서 그다지 재미는 없지만 중요한 일들을 쭉 적어보자. 학생이라면 영어 단어 암기일 수 있고, 직장인이라면 상사에게 제출할 내년도 회계 계획서 작성일 수 있다. 그중에서도 가장 중요한 일을 선택해서 향후 일주일 혹은 한 달 동안 매일 적어도 두 시간 정도 집중해서 실천한다면 빠르게 발전할 수 있다.

'시간 분할법'으로 2시간 집중하기를 훈련하라

사실 좋아하지도 않는 일에 두 시간을 집중하기란 훈련을 거치지 않으면 절대 쉽지 않다. 이럴 때는 '시간 분할법'이 해결책이 될 수 있다. 예를 들어 어떤 일에 두 시간, 즉 120분을 집중하기로 했다고 하자. 그러면 우선 일을 여섯 개로 나누고, 각각 20분씩 배분한다. 이 20분이 당신이 집중하는 기본 시간 단위다. 한 단위가 끝나면 5분 정도 자신을 '응원하고 격려'하는 일을 해본다. 예를 들어 커피나 우유 한 잔을 마시는 식이다. 이 5분 중 마지막 1분 동안 새롭게 힘을 내고 회복 상태를 점검한 후, 새로운 20분을 시작한다.

이미 눈치챘겠지만, 그러니까 120분을 온전히 집중하려면 150분을 배치해야 한다. 간단한 방법이지만, 무척 효과적이며 꾸준히 하기가 어렵지 않다.

이상의 세 가지 방안은 당신이 효율의 진짜 의미를 이해하고 시간 관리에서 에너지의 중요성을 인식하는 데 도움이 될 것이다. 고효율, 고효과를 얻는 삶에서 노력과 즐거움은 모두 똑같이 중요하다.

'올바르게' 일하기와 '올바른 일' 하기

현대 경영학을 창시한 학자로 평가받는 피터 드러커Peter F. Drucker는 "효율은 일을 올바르게 하는 것이고, 효과는 올바른 일을 하는 것이다"라고 말했다. 물론 효율과 효과는 어느 한쪽도 포기할 수 없다. 하지만 그렇다고 효율과 효과를 똑같이 보아서는 안 된다.

드러커의 말은 두 가지 병렬한 개념, 즉 '효율과 효과', '올바르게 일하기와 올바른 일 하기'를 이야기한다. 이중 사람들이 실제 업무 방식이나 시간관리에서 더 주목하는 부분은 전자들, 즉 '효율'과 '올바르게 일하기'다. 하지만 정작 중요한 것은 효율이 아니라 '효과'이고, 올바르게 일하기가 아니라 '올바른 일 하기'다. 드러커 역시 "절대 없어서는 안 되는 것은 효과이지 효율이 아니다"라고 말했다.

와튼스쿨을 졸업한 몽고메리는 미국의 한 대형 병원에서 일한다. 그는 다양한 업무를 처리하면서 일을 고효율로 탁월하게 처리하려면 상당히 유기적이고 복잡한 방법이 필요하다는 사실을 깨달았다. 마치 의사가 내리는 진단처럼 말이다. 보통 진찰실로 들어간 환자는 어제부터 열이 난다면서 감기에 걸린 것 같다고 말한다. 하지만 의사는 환자의 말을 덥석 믿지 않고, 병력을 살펴보면서 몇 가지 질문을 던진후, 최종 진단을 내린다. 진짜 감기일 수도 있지만, 더 심각한 질병일지도 모르기 때문이다. 의사는 오직 자신의 전문지식에 근거해서 진단을 내리지 환자가 스스로 내린 결론에 따라 진단하지 않는다.

한번은 와튼스쿨의 기업지배구조 연구센터가 한 제조업체로부터 경영 확장 가능성과 기회를 평가해달라는 의뢰를 받았다. 연구센터는 수주에 걸친 자료 수집과 분석 끝에 확장이 아니라 폐업 혹은 매도가 필요하다는 결론을 내렸다.

만약 의사나 기업지배구조 연구센터가 초점을 오직 효율에만 맞추었다면 어땠을까? 의사는 오진의 가능성이, 연구센터는 의뢰한 회사를 심각한 경영위기에 빠뜨릴 가능성이 분명히 있다. 효과를 얻을 수 있는 부분을 정확히 보고 그에 따라 올바른 일을 해야만 시간과 에너지를 모두 정확한 곳에 사용할 수 있는 법이다.

이는 전자제품 역사의 흥망성쇠와도 비슷하다. 흑백텔레비전 시장이 포화하고 컬러텔레비전 시대가 막 시작하는데 여전히 흑백텔레비전을 주력상품으로 선택한 업체는 생산효율이 높아질수록 손해가 더 커지기만 할 것이다. 비록 효율 향상이 올바르게 일하는 방법이라 해도 올바르지 않은 일을 했기에 거대한 손실을 피하기 어렵기 때문이다.

'올바르게 일하기'와 '올바른 일 하기'의 차이를 여전히 이해하기 어렵다면 다음의 내용이 도움이 될 것이다.

효율과 효과의 차이를 이해하라

효과를 키우고 싶다면 우선 효율과 효과의 차이가 어디에 있는지부터 알아야 한다. '올바르게 일하기'는 효율을 강조하며, 우리가 '더 빠르게' 목표를 향해 나아가도록 한다. 반면에 '올바른 일 하기'는 효과를 강조하고, 우리가 '더 굳건하게' 목표를 향해 나아가게 한다. 바꿔 말하자면 효율은 일을 잘해내는 가장 좋은 방법에 초점을 맞춘다. 반면에 효과는 시간 이용의 최적화를 강조하며 여기에는 하거나 하지 않는 어떤 일이 포함된다.

와튼스쿨이 수많은 비즈니스 엘리트를 배출한 가장 큰 비결은 항상 일을 시작하기 전에 '올바른 일을 하라'라고 교육한 데 있다. '올바르게 일하기'는 반드시 '올바른 일 하기'가 전제되어야 한다. 이 전제가 확보되지 않으면 '올바르게 일하기'는 어떠한 의미도 없다. 정리하자면 먼저 '올바른 일'을 찾은 후에 '올바르게 일해야만' 유의미하다.

이는 행위의 목적성과도 연관된 내용이다. 예를 들어 디자이너는 반드시 대중의 수요에 근거해 상품을 디자인해야 한다. 상품의 품질, 외양, 실용성을 모두 시장 표준에 도달하게 하는 것은 올바르게 일하는 방식이다. 하지만 만약 이 상품을 원하는 구매자가 없다면 이는 올바른 일이라고 할 수 없다. 일하는 방식이나 구체적인 방법이 아무리 좋아도 결과적으로 아무것도 얻지 못하기 때문이다.

'올바른 문제'를 찾아라

따지고 보면 우리가 일하는 과정은 곧 문제를 하나하나 해결하는 과정이라 할 수 있다. 당신이 해결해야 하는 문제가 명확한 것이라면 그 문제를 해결하는 방법 역시 명확할 것이다. 다만 어떤 방향 혹은 어떤 부분부터 착수하더라도 제대로 하려면 이 이전에 그것이 올바른 문제인가를 확인해야 한다.

만약 자신이 잘못된 문제에 시간과 에너지를 쓰고 있다는 사실을 깨달았다면 어떻게 하겠는가? 의사는 환자가 말하는 가벼운 증상들이 어떤 심각한 건강 문제를 반영한다고 판단하면 즉각 환자에게 알리고 더 상세한 검사를 진행한다. 마찬가지로 문제 자체에 잘못을 발견했을 때, 우리는 사실을 더 깊이 이해하려는 노력을 기울여야 한다. 자료를 찾고 이전의 일들을 조사하면서 진짜 '올바른 문제'를 찾는 것이다. 이것이 바로 올바른 일을 하는 전제다.

처음부터 최종 목표를 향해라

자신의 위치를 정확하게 알고 최종 목표를 향해 전진해야 내딛는 걸음마다 방향이 정확할 수 있다. 눈코 뜰 새 없이 바쁘게 일했는데 나중에 보니 원래의 목표와 동떨어져 있는 상황을 발견하는 것만큼 슬픈 일은 없다. 이는 누구보다 오래 일하기는 하는데 이상하게 효율이 낮은 사람들에게서 자주 볼 수 있는 오류다. 그들은 많은 시간과 에너지를 아무 소용도 없는 일에 낭비하곤 한다.

모든 일이나 업무에는 최고 수준의 결과가 있는데 이것이 바로 우리가 노력해서 달성하기 원하는 최종 목표가 된다. 따라서 사전에 이 최종 목표를 명확하게 이해하고 기억해야 한다. 그래야 언제 무슨 일을 하든 방향을 잃지 않고, 당신이 하는 모든 일이 최종 목표를 달성하는 데 유의미할 수 있다.

목표가 부실하면 제대로 된 행동을 할 수 없고, 실제적인 결과를 얻기도 어렵다. 와튼인은 일을 시작하기 전에 무엇에 도달하고 싶은지,

목표에 도달하기 위해 반드시 어떤 일을 해야 하는지, 중요하지 않은 것은 무엇인지 정확하게 파악한다. 그들은 처음부터 최종 목표를 가슴에 품고 나아가기 때문에 비교적 적은 노력으로도 탁월한 효과를 거둔다.

물론 일시적으로 '목표 불명'의 상황이 발생할 수도 있다. '올바른 길(올바른 일)'이 어딘지 알 수 없을 때는 와튼스쿨에 전해지는 명언을 기억하자. "올바른 길이 대체 어디에 있는지 모를 수 있다. 하지만 잘못된 길에서 너무 많이 걸어가지는 마라." 목표를 잃었을 때, 적어도 시간과 에너지라도 절약하려면 하는 일을 잠시 멈추는 것도 좋은 선택이다. 이렇게 하면 엉뚱한 길로 가서 진짜 최종 목표와 너무 멀어지지 않을 수 있다. 너무 멀리 가면 최종 목표를 찾았을 때, 시간과 에너지를 더 많이 써서 되돌아와야 한다.

효율과 효과의 중요성을 제대로 이해했다면 두 가지를 모두 향상하는 것이 최고임을 깨닫게 된다. 하지만 그렇게 하기 어려운 상황이라면 효과를 더 우선하고, 나중에 다시 효율을 올릴 방법을 찾아야 한다.

그가 2시간이나 일찍 출근하는 이유

일을 시작하기 전에 충분히 준비하면 상대적으로 더 쉽게 성과를 거두어 시간 가치를 최고로 발휘할 수 있다. 바쁘다는 핑계로 사전 준비에 소홀하면 결과적으로 일이 많아져서 더 바쁘고 시간만 낭비할 뿐이다. 사전 준비의 중요성을 절대 무시해서는 안 된다.

와튼스쿨 출신으로 한 기업의 CEO인 래플리는 누구보다 사전 준비에 철저한 사람이다. 그는 매일 아침 6시가 되기 전에 사무실에 도착해 30분 동안 경영서적을 읽는다. 이어서 분기별로 반드시 완성해야 하는 주요 업무들의 상황을 파악하고 필요한 조치나 제도를 생각한다. 또 일주일 업무를 쭉 훑어보면서 반드시 해야 하는 일들을 하나하나 기록한다. 아침 8시가 되면 래플리는 출근한 비서와 함께 식당으로 내려가 커피를 마시면서 의견을 전달하거나 특정한 사안을 논의한다. 이후 최종 결정을 내리고 각 부서에 전달해 구체적으로 이행될 수 있도록 한다.

래플리의 업무 방식은 회사 전체의 효율을 향상했고 덕분에 그의 회사는 오랫동안 업계를 선도해왔다. 당신이 언제, 어떤 업무를 하더라도 사전 준비는 꼭 필요하다. 사전 준비가 있어야만 목표가 명확하게 보여 맹목성을 피하고 일을 체계적으로 할 수 있기 때문이다.

같은 일을 하는데 동료는 처음부터 끝까지 리듬이 흐트러지지 않고 쭉쭉 진행하는 반면, 당신은 자꾸만 흐름이 끊기고 이것저것 빠뜨리는 일이 잦다면 사전 준비가 부족했는지 되돌아보아야 한다. 또 항상 바쁜데 특별한 성과를 거두지 못하고 발전도 없다면 역시 사전 준비 상태를 점검해야 한다.

사전 준비는 업무의 내용뿐 아니라 업무에 필요한 도구나 수단, 주의사항에 대한 준비까지 모두 포함한다. 와튼인은 평소에 사전 준비에 대한 인식을 강화하고 특히 중요한 일을 시작하기 전에는 반드시 준비 작업을 더 철저하게 해야 한다고 강조한다.

사전 준비의 개념을 강화하라

간단히 말해서 사전 준비란 먼저 할 수 있는 부분을 완성하는 것, 그것도 최대한 비어있는 시간을 활용해서 하는 것을 가리킨다. 업무 계획을 확립하는 순간부터 각 사항에 필요한 준비 작업에 착수해야 한다. 예컨대 출장 일정이 나오면 즉각 필요한 준비 사항들을 생각하고, 복잡한 내용이라면 메모하면서 빠진 것이 없도록 해야 한다. 물론 항공편 예약처럼 단순한 일 정도는 그냥 머릿속에 넣어두어도 무방하다.

사전 준비는 가능한 일찍, 즉각 할수록 좋다. 다음 주에 항공편을 예약해도 충분할 것 같더라도 가능하면 오늘 당장 하자. 다음 주에 느닷없이 무슨 일이 터져 바빠질지 모르기 때문이다. 귀찮아서 자꾸 미루면서 며칠 내내 '예약해야 하는데…'라는 생각이 머릿속 한구석을 차지하게 두느니 얼른 해치우고 마음 편히 쉬는 편이 낫다. 스스로 자신의 준비 작업이 미흡하다고 느끼면 쉬어도 쉬는 것 같지 않다. 할 일을 다 하지 못했다는 심리적 스트레스가 내내 마음을 불편하게 만든다.

세 가지 질문으로 점검하라

사전 준비 단계에서 각 사항을 확인할 때, 다음의 세 가지 질문에 답해보자.

- 이 사항을 취소할 수 있을까?
- 다른 사항과 합칠 수 있을까?
- 더 간단하게 바꿀 수 있을까?

이상은 와튼스쿨의 도널드 번햄 교수가 개인의 효율 향상과 관련해 제안한 질문이지만, 시간관리에도 적용이 가능하다.

예비자료도 중요하다

사전 준비의 대상은 업무와 연관된 내용만이 아니다. 각종 도구나 시설, 설비를 점검하고 준비하는 것까지 모두 사전 준비 대상이 된다. 어이없게도 컴퓨터 오류나 고장으로 준비해둔 자료를 모두 날리는 경우가 종종 일어난다. 경험이 많은 직원은 이런 일을 대비해서 사전에 여러 장치에 자료를 저장하고 복사해서 만일을 대비한다.

사전 준비의 목적은 '재난을 미리 방지하기 위해서'라고 보아도 좋다. 힘들게 준비한 자료를 전부 날리고 울면서 다시 만드는 데 드는 시간만큼 허무한 낭비는 없다.

더불어 사전 준비에는 '정리'도 포함된다. 다른 사람에게 보이지 않는 부분까지 완벽하게 하기는 어렵더라도, 적어도 필요할 때 즉각 문건이나 도구를 찾아 쓸 수 있도록 정리해두어야 한다.

저장고가 넘치면 역효과가 난다

펜, 종이, 잉크, 테이프 등 업무에 필요한 소모품을 다 썼는데 미리 준비해둔 여분이 없다면 골치 아프다. 무엇보다 일의 흐름이 끊겨 효율이 크게 저하되는데 그렇다고 너무 많이 쌓아두면 정리도 제대로 안 되고 공간만 차지할 것이다. 비품을 효과적으로 관리하려면 우선 상황을 파악해야 한다. 많이 소모하는 물건은 한 번에 대량 구매해서 비축해도 좋지만, 자주 쓰지 않는 물건들은 한 세트 정도만 더 준비해두어도 충분하다.

어떤 물건을 얼마 동안 쓰는지 정확하게 알려면 포장지에 구매일을 써두고, 다 쓸 때쯤 날짜를 확인해서 사용주기를 파악할 수 있다.

시간은 가장 쉽게 무시되는 자원 중 하나다. 시간이라는 자원의 효과를 최대화하려면 꼼꼼한 사전 준비가 꼭 필요하다. 주도면밀한 준비가 뒷받침되어야만 일을 정식으로 시작했을 때, 효율이 높아지고 더 커다란 효과를 얻을 수 있다.

시간에도 품질이 나뉜다

"네가 휴대폰을 쥐고 있는 시간이면 책을 한 권 쓸 수 있겠다!" 혹시 누군가 당신에게 이와 유사한 말을 하지 않았는가? 책 한 권 쓰는 것이 휴대폰을 하는 것보다 시간을 더 잘 이용하는 일임을 부인할 수는 없으나 이 말이 성립하려면 "시간은 호환된다"라는 가설이 필요하다. 하지만 유감스럽게도 실제로는 전혀 그렇지 않다.

와튼스쿨을 졸업한 아담 모스는 베스트셀러 작가다. 그는 저서《당신의 시간 효율을 올리는 법》에서 '시간 품질 등급'이라는 개념을 제시했다. 현실에서 우리는 늘 의외의 상황에 부딪힌다. 버스나 지하철을 놓치는 바람에 의도치 않게 잠시 쉬어갈 시간을 얻을 수도 있고, 기상이변으로 공항에 발이 묶여서 소중한 시간을 고스란히 허공에 날려버리는 일도 있다.

이런 상황에서 반응은 저마다 다르다. 기왕 시간이 생긴 김에 책이나 한 권 읽겠다는 사람도 있고, 눈 감고 부족한 잠을 자겠다는 사람도 있다. 또 업무와 관련 없는 인터넷 뉴스를 보면서 스트레스를 풀려는 사람도 있다. 모두 각자의 선택이며 이 역시 시간을 사용하는 행위다. 다만 각자의 '시간 품질'이 다를 뿐이다.

모스는 책에서 다음과 같이 말했다. "시간에 따라 품질 등급도 각각 다르다. 지하철역에 거의 도착했는데 중요한 메모를 집에 두고 왔음을 깨달았다면 종일 일에 집중하기가 어려울 수 있다. 또 계속 방해받으면 업무를 제대로 처리하기가 힘들다. 심리나 감정적 요소도 크게 영향을 미친다. 기분이 좋아서 적극적으로 일할 때도 있지만, 우울하고 피곤해서 종일 텔레비전만 볼 수도 있다."

모스의 말은 우리가 시간을 '유효하거나 무효하게' 사용하고 있음을 의미한다. 만약 시간을 더 효율적으로 이용하고 싶다면 이 문제를 명확하게 인식해야 한다.

'유효시간'과 '무효시간'을 구분하라

시간을 더 효율적으로 이용하기 위한 첫 단계는 유효시간과 무효시간의 개념을 이해하는 것이다.

① 유효시간은 3시간 남짓이다

유효시간이란 업무(작업, 학업) 시간이다. 9시에 출근하고 5시에 퇴근하는 사람은 총 8시간을 근무한다. 여기에서 점심시간 1시간을 빼면 7시간이 남는다. 하지만 7시간 내내 책상 앞에 앉아 일하지는 않으며 업무와 관련 없는 시간이 조각조각 흩어지기 마련이다. 동료들과 잡담하는 데 총 1시간, 화장실 몇 번 다녀오는 데 0.5시간, 업무 중에 멍하니 있는 30분 등 이런저런 시간을 전부 합해서 제외하면 '진짜' 유효시간은 3시간 정도에 불과하다. 바로 이 3시간이 당신의 삶에서 무엇과도 비교할 수 없는 커다란 작용을 일으킨다.

② 무효시간이 생활의 대부분을 차지한다

무효시간이란 잡담, 멍하니 있기, 화장실 가기 등에 쓰는 시간이다. 무의식중에 낭비해 버리는 시간이지만, 어느 정도는 필요하기도 하다. 휴식이나 오락에 쓰는 시간은 무효시간에 속하지만, 이런 일들을 안 하고 살 수는 없다. 오히려 성공한 사람일수록 쉬는 시간을 중요하게 생각한다.

자신의 유효시간과 무효시간을 구분하고 이해하면 시간 배분에 분명히 유리하다. 와튼인에게 성공적인 시간관리란 조각난 시간을 연장해 무효시간을 개선하는 것을 의미한다. 이렇게 하면 개인의 모든 1분에 가치가 담기고 제한된 시간 안에 더 많은 일을 할 수 있다.

자신에게 질문을 던져라

대부분 시간이 무효시간이고, 이 무효시간을 개선하는 것이 시간관리의 핵심 과제임을 알았으니 이제 자문해보아야 한다. 인생은 짧고 시간은 이토록 귀한데 무의미한 일을 하느라 시간을 낭비해야겠는가? 텔레비전 시청, 휴대폰 하기, 연예계 소식 찾아보기 등 당신을 즐겁게 만드는 일들은 참으로 쉽지만, 반드시 자신에게 물어보자. 지금 더 중요한 일들이 있지 않나? 왜 하지 않는가? 어쩌면 대답하기 어렵거나 싫을 수도 있지만, 그 답을 찾을 때마다 당신은 더 효율적인 사람이 될 수 있다.

이는 모든 시간에 항상 가장 중요한 일만 해야 한다는 이야기가 아니다. 다만 이런 질문들로 자신이 알차고 충실하게 생활하고 있는지 점검해보라는 의미다.

다양한 일을 하라

한 가지 문제에 에너지를 전부 투입하면 효율이야 당연히 올라가겠지만, 실제로 이렇게 하기는 쉽지 않다. 예를 들어보자. 운동하면서 물을 마시고 타인과 이야기를 나눌 수 있다. 또 어느 날 멋진 글 한 편을 쓰고 좋아하는 책을 읽을 수도 있다. 또 맛있는 음식을 먹으면서 친구들과 즐거운 시간을 보낼 수도 있다.

우리는 각각의 시간에 여러 가지 일을 할 수 있다. 핵심은 도중에 예상치 못한 이유로 하던 일이 불발되거나 지겨워지면 선택할 수 있는 다른 사항이 있다는 사실이다.

이 선택사항들의 존재는 당신을 더 창의적으로 만들고, 창의력은 당신이 학습한 내용을 업무에 적용할 수 있게 돕는다. 이런 이유로 동시에 서로 다른 방향의 다양한 일을 하면 더 커다란 창의력과 아이디어를 얻을 수 있다.

할 일 목록을 만들어라

몇 가지 일을 동시에 하는 것은 그리 어렵지도 않고 흔히 있는 일이다. 대부분 사람은 단시간 안에 해내야 하는 여러 사항을 머릿속에 넣어두고 생활한다. 하지만 오직 기억에만 의존했다가는 분명히 한두 개씩 빠뜨리는 일이 발생한다. 절대 잊으면 안 된다는 스트레스가 압박감으로 작용할 수도 있다. 이 문제를 해결하는 방법은 간단하다. 종이 한 장에 할 일을 쭉 나열하는 것이다.

다음 단계에 해야 하는 일을 목록으로 만든 후에 분류하고 조직하면 좀 더 효율적으로 일할 수 있다. 각 항목 아래에는 그에 따른 여러 과제가 포함되어 있다. 예를 들어 '글 한 편 쓰기'는 펜을 들고 글씨를 쓰는 행위만 필요한 것이 아니다. 자료를 수집하고, 글의 구조를 생각하고, 어울리는 문체와 단어들을 정리하고, 구체적인 내용에 관해 주변에 질문하는 등의 일이 모두 필요하다. 할 일 목록의 각 항목 아래 작은 과제들에 적절한 시간을 배정해서 처리해야 한다.

할 일 목록을 생활화하라

할 일 목록을 작성했으면 다음 단계는 그것을 잊지 않는 것이다. 가장 좋은 방법은 각 항목과 관련한 사물을 잘 보이는 곳에 두는 것이다. 아담 모스는 책상 위에 쌓인 책더미 맨 위에 지금 읽는 책을 둔다. 책을 읽고 싶을 때, 언제든 책더미 위에서 책을 가져와서 읽을 수 있도록 말이다. 관심 있는 자료, 보고 싶은 영화는 컴퓨터에 따로 폴더를 만들어서 언제든 금방 열어 볼 수 있도록 한다.

아무리 게으른 사람이라도 이 방법으로 진짜 중요한 일들을 유효시간에 배치하면 효율이 향상될 수 있다. 정해진 업무를 완성한 후에는 저품질 시간에 저품질의 일을 하면서 자신만의 시간을 누리면 된다.

업무 시작 전 25분이 모든 걸 결정한다

아침에 하루의 계획을 세우는 사람은 많아도, 업무 시작 전 25분이 하루의 효율을 결정한다는 사실을 아는 사람은 많지 않다. 회사에 도착해서 어영부영 시간을 버리거나 아직도 멍한 채로 정신을 차리지 못한다면 온종일 그럴 가능성이 크다.

오버데일은 와튼스쿨에서 4년간 공부한 후, 월스트리트의 한 증권 회사에 입사했다. 처음에는 업무가 너무 복잡하고 좀처럼 익숙해지지 않아 스트레스가 이만저만이 아니었다. 주변의 동료들은 마치 태엽을 감아놓은 인형처럼 잠시도 쉬지 않고 일했고, 오버데일의 업무 효율은 그들의 절반에도 미치지 못했다. 상사가 딱히 뭐라고 하지는 않았지만, 계속 이런 식이라면 어느 날 책상이 없어져도 할 말이 없었다.

그는 회사에서 '여유 있게' 일하면서도 효율이 높은 직원이 되고 싶었지만, 도무지 방법을 몰라 답답하기만 했다. 어느 날 그는 와튼스쿨

동문회의 인터넷 게시판에 고민글을 올렸고, 한 교수가 그에게 '출근 의례'를 만들기를 조언했다. 교수의 조언을 여러 번 곱씹고 몇 차례 시도와 수정을 거친 끝에 오버데일은 마침내 자신만의 '출근 의례'를 완성했다. 지극히 개인적인 이 출근 의례는 그의 업무 효율을 크게 향상해주었고, 얼마 지나지 않아 모든 업무가 정상궤도에 올랐다.

'의례'란 일정한 방식과 프로세스를 따라 치르는 행사로 매우 공들인 설계와 합리적으로 계획된 양식을 따르는 행위라는 점에서 특별하다. 다른 행위 모델처럼 항상 염두에 두고 의지력을 발휘해 실행하기보다는 오랫동안 꾸준히 습관으로 자리 잡아 자기도 모르게 따르게 되어야 한다. 식사 후에 자연스럽게 이를 닦는 것처럼 해야지 가슴에 새겨가며 해야만 한다고 스스로 채근할 필요는 없다.

이런 이유로 의례는 일종의 자발적 행위다. 의례를 따라 행동하면 불필요한 부분에 에너지를 낭비하지 않고 진짜 필요한 부분에만 에너지를 분출하고 확장할 수 있다. 무엇보다 다양한 방면에서 고효율을 유지하는 데 도움이 된다.

25분을 카운트다운하라

회사에 도착하자마자 타이머를 25분으로 맞추고 그동안 천천히 본격적인 업무 상태로 진입하자. 육상경기에서 출발선에 선 선수가 출발신호원이 외치는 '제자리에…, 차려…'를 들으며 숨을 고르는 시간과 비슷하다고 보면 된다. 이 25분이 끝나면 용수철처럼 튀어 나가서 '달리기' 시작해야 한다.

오버데일은 이 25분이 없다면 시간의 '어두운 동굴'에 빠지게 될 거라고 경고했다. 예를 들어 원래는 간단히 메일만 확인하려고 했는데 이것저것 하다 보니 메일 확인에만 40분이 걸린다든지, 물 한 잔마시려고 했을 뿐인데 탕비실에서 만난 동료들과 한참 수다를 떠는식이다. 그래놓고 다시 책상으로 돌아와서는 왜 그렇게 시간을 낭비했는지 후회하고 자책한다.

출근 의례를 만들 때는 반드시 타이머를 이용하자. 아무리 내용이충실하고 좋아도 출근 의례가 25분을 넘기면 너무 익은 과일처럼 맛도 영양가도 없다.

오늘의 업무 계획을 적는다

오버데일은 회사에 도착해 책상에 앉자마자 하루의 업무 계획을적는다. 단순히 일정을 나열하는 식이 아니라 총 세 단계로 진행한다.

- 1단계: 오늘 해야 하는 일을 전부 종이에 쓴다.
- 2단계: 그중에서 '가장 중요한 일' 하나에 표시한다.
- 3단계: 시간을 어떻게 배정할지 계획한다.

우리는 자신이 보유한 시간 자원을 과대평가하는 경향이 있다. 그래서 업무 계획을 쓸 때, 이것도 할 수 있고 저것도 할 수 있을 것 같아서 전부 쓰다 보면 시간 자원을 투입해야 할 일들이 너무나 많다. 녹초가 될 정도로 열심히 일해도 미완성한 업무가 생기고 이 때문에좌절감마저 느끼는 까닭이다.

이런 이유로 업무 계획을 완성한 후에는 반드시 다시 점검해야 한다. 회의가 다른 업무를 방해하지는 않는지, 타인과 교류할 업무나 외근이 있는지 등을 확인할 필요가 있다. 이런 일들은 자신의 통제보다 타인의 협조와 진행이 훨씬 중요하므로 다른 일들을 최대한 줄여서 스트레스를 피해야 한다.

중요한 사항은 작은 과제들로 잘게 나눈다

전 단계에서 표시한 그 '가장 중요한 일'은 보통 너무 힘들거나 어렵고 도무지 어떻게 처리할지 모르겠는 일이다. 당장 그 일을 제대로 파악하지 못하면 나중에는 생각할 시간이 더 없을 것이다.

한 가지 사항을 작은 과제들로 분해하는 이유는 업무의 절차를 확인하고 각 과제에 구체성, 명확성, 실현 가능성을 부여하기 위해서다. 그 과정에서 어떻게 할지 모르는 과제가 있다면 주변에 물어서 알아보는 것도 좋은 방법이다.

고효율이 가능한 업무 환경을 만든다

효율적인 업무 환경은 당신의 업무 효율을 향상한다. 다음의 원칙 두 가지를 잊지 않는다면 매일 아침 간단하게 고효율 업무 환경을 조성할 수 있다.

- 원칙1: 모든 물품과 도구를 정해진 자리에 둔다.
- 원칙2 : 사용한 후에는 원래 자리로 돌려놓는다.

하지만 이 정도로는 고효율 업무 환경을 조성하기가 충분치 않으며 개인 상황에 따라 필요한 부분을 준비하면 된다. 참고로 오버데일은 자신의 습관을 다음과 같이 소개했다. "나는 본격적으로 업무를 시작하기 전에 미리 큰 컵에 물을 가득 따라 놓는다. 업무에 집중하다가 물을 마시려는데 컵이 비어있으면 맥이 끊기고 에너지만 더 낭비되기 때문이다. 또 오른손 근처에는 항상 종이와 펜을 둔다. 갑자기 전달된 소식, 새로운 정보, 꼭 해야 하는 일이 생기면 적어두기 위해서다. 바로 기록하면 나중에 잊지 않을 수 있고, 지금 하는 일에 미치는 영향도 최소화할 수 있다."

업무에도 워밍업이 필요하다

오늘의 가장 중요한 일을 제대로 파악했고 처리방식이나 해결책도 명확하다면 '중요한 일 우선' 원칙에 따라 그 일 먼저 완성해야 한다. 그런데 중요한 일이지만 처리하기가 까다로울 수 있다. 예를 들어보자. 오늘 당신의 가장 중요한 업무는 '고객 만족을 위한 기획안'을 쓰는 것이다. 하지만 특별한 아이디어도 없고 애초에 이 분야에 대해 아는 것이 별로 없다면 '중요한 일 우선' 원칙은 무색해진다.

이럴 때는 워밍업을 통해 더 안정적으로 업무를 시작해야 한다. 운동하기 전에 워밍업을 해야 안전하듯이 업무에도 반드시 워밍업이 필요하다. 오버데일은 몇 가지 자질구레한 일로 업무 워밍업을 한다고 말했다. 이메일을 열어보고, 같이 일할 동료들과 의견을 교환하고, 몇 군데 필요한 전화를 돌린다. 그러면서 그 '가장 중요한 일'을 어떻게 처리할지 조언을 구하고 방향을 잡는다.

업무 워밍업은 업무 의례 25분 안에 모두 끝나야 한다. 카운트다운이 끝나면 자질구레한 일들은 전부 내려놓고, 5분 정도 쉬고 나서 그 '가장 중요한 일'을 시작하자.

건강 상태를 개선하려면 매일 1만 보씩 걷고, 독서 취향을 바꾸려면 이제껏 열어보지도 않았던 책들에 도전해야 한다. 아무리 큰 변화라도 매우 작은 동작에서부터 시작되는 법이다. 핵심은 그 작은 동작을 멈추지 않고 꾸준히 계속해나가는 것이다. 매일 업무를 시작하기전, 25분 동안 자신만의 '출근 의례'를 묵묵히 계속하자. 출근 의례는당신의 업무 효율을 향상하는 시작점이 될 것이다.

목표, 시간 가치를 높이는 디딤돌

살면서 가장 슬픈 일은 원했던 결과에 도달하지 못한 것이 아니라 자신의 노력이 무의미했음을 깨닫는 것이다. 의미 없는 노력은 효율과 효과를 저하할 뿐 아니라 전진의 동력을 상실케 한다.

와튼스쿨을 졸업한 오웬은 동창들처럼 경영이나 금융 분야로 진출하지 않고 퍼스널 컨설팅 전문가가 되었다. 특히 시간관리에 관심이 큰 그는 사업이나 투자로 돈을 벌기보다 사람들이 시간을 더 잘 관리하도록 돕는 편이 훨씬 흥미롭고 보람 있다고 생각했다.

오웬은 시간관리 컨설팅에 '느낌'이라는 개념을 더했다. 다소 뜬금없고 허무맹랑해 보일 수 있지만, 느낌이야말로 사람이 살아가는 동력이다. 오웬에 따르면 시간관리는 먼저 가장 좋은 느낌을 떠올리는 것부터 시작해야 한다.

오웬도 좋아하는 것이 몇 가지 있다. 번뜩이는 창의력 발휘하기, 남

에게 자신을 증명하기, 타인의 마음을 헤아리기, 멋진 가정 꾸리기 등
이런 것들은 그의 삶을 더 풍요롭게 하는 일이자 인생의 목표다. 모든
일과 생활이 이 목표를 중심으로 돌아가고, 이 목표를 이루기 위해 노
력한다고 해도 과언이 아니다. 오웬은 이런 일들이야말로 행복을 실
현하고 성공으로 나아가게 해준다고 믿는다.

지금 오웬은 대부분 목표를 실현했다. 노력하는 과정에서 어려움도
있었지만, 나아갈 방향을 몰라 우왕좌왕하는 단계는 이미 넘어선 지
오래다.

와튼스쿨은 학생들에게 해야 할 일이 생기면 힘들어도 끝까지 완
성하고 문제를 해결해야 한다고 교육한다. 덕분에 와튼인은 일하면서
곤경을 마주해도 유연하게 받아들인다. 이는 그들이 전 세계 경제, 경
영, 금융과 투자 분야에서 탁월한 성과를 올리고 높은 대우를 받는 비
결이기도 하다.

최대의 노력을 기울여 앞만 보고 달리면서 자신이 제대로 된 방향
으로 가고 있는지 확인하는 방법이 있을까? 와튼스쿨은 다음과 같은
방법을 제안했다.

큰 그림에 주목하라

온갖 방법을 동원해서 어렵고 복잡한 문제를 해결해야 하는데 주
의력이 분산되는 바람에 큰 목표를 잊는다면 늪 속에서 보이지도 않
는 길을 찾으려고 허우적대는 것과 마찬가지다.

어느 순간 복잡한 문제들에 포위되었다는 느낌이 든다면, 우선 한
발 뒤로 물러서야 한다. '큰 그림', 즉 작은 과제들로 조합된 하나의 완

전체를 통해 지금 당신이 노력을 쏟는 그 일에 대해 깊게 사고해보아야 한다. 자신에게 다음의 두 가지 질문을 던져보자.

- 지금 하는 일이 머릿속의 큰 그림과 부합하는가?
- 지금 하는 일은 나를 목표로 이끌어주는가?

만약 이 질문에 대해 '아니오'라는 대답이 나온다면 지금 시간 낭비 중인 것이다. 일하면서 수시로 지금 하는 일에서 잠시 숨을 고르면서 다음의 기본적인 질문을 던지고 대답해보자.

- 지금 하는 일이 문제를 해결하는 데 어떤 작용을 하는가?
- 지금 하는 일은 나의 사고를 북돋는가?
- 이것은 지금 가장 중요한 일인가?
- 크게 도움이 되지 않는다면 왜 해야 하는가?

이상의 질문들을 자문자답해서 큰 그림에 집중해야만 고효율로 일을 처리할 기회를 더 많이 확보할 수 있다.

최종 목표를 향해 전진하라

'최종 목표'란 무엇일까? 예를 들어보자. 1,000조각짜리 퍼즐을 맞출 때, 최종 목표는 뿔뿔이 흩어진 조각들을 한 폭의 멋진 그림으로 완성하는 것이다. 1,000개의 조각은 이 최종 목표를 위하여 존재한다. 도중에 조각을 잘못 놓아서 몇 번을 엎고 다시 하더라도 최종 목표는 바뀌지 않는다.

우리가 하는 일도 퍼즐 맞추기와 비슷해서 하나의 확정적인 최종 목표를 중심으로 진행해야 한다. 그 과정에서 몇 가지 실수나 잘못을 저지를 수는 있지만, 최종 목표에서 멀어져서는 안 된다.

최종 목표는 일과 생활을 전체적으로 고려해서 자신이 진짜 원하는 것이 무엇인지 명확하게 파악한 후 확정해야 한다. 무슨 일을 하든 출발할 때 이미 목적지를 알고 있어야 하는 법이다. 자신이 어디에 있고 무엇을 하는지, 지금 매일 하는 일이 최종 목표로부터 멀어지게 하지 않을 거라는 확신이 필요하다. 그래야만 내딛는 모든 걸음의 방향이 정확할 수 있다.

최종 목표를 확정하라

와튼스쿨은 최종 목표의 확정과 관련하여 다음의 세 가지를 기억하라고 강조한다.

① 나는 무엇을 가장 좋아하는가? 나를 가장 즐겁고 행복하게 하는 것은 무엇인가? 진실한 태도로 자신을 돌아본다면 이 질문들에 대한 답을 찾을 수 있고, 이는 곧 인생의 가치관으로 이어진다.

② 존경하고 선망하는 인물들을 머릿속에 떠올리고 그 이유를 찾아보자. 진지하게 생각을 거듭하면 그들의 공통점이 보일 것이다. 그 공통점이 곧 당신이 도달하고자 하는 경지임을 깨닫게 될 때, 대략적으로나마 최종 목표를 정할 수 있다.

③ 존경하고 선망하는 인물들로부터 본받을만한 가치가 있는 점을 선별하고 필요와 상황에 따라 보완한다. 그들을 당신이 나아가야 하는 성공의 척도로 삼아서 한 걸음, 한 걸음 위로 올라가면 '자아'를

찾고 자신만의 최종 가치를 실현할 수 있다.

최종 목표는 개인의 내면 깊은 곳에 숨겨져 있지 않으며 상식적인 '이상理想' 가운데 있다. 당신이 그것을 인식하기만 하면 전력을 다해 주목하고 실현할 수 있다.

목표를 더 현실적이고 확실하게 만들어라

피터 드러커는 "시간을 관리하지 못하는 사람은 아무것도 관리할 수 없다"라고 말했다. 최종 목표를 실현하려면 가까운 단계의 작은 목표들도 설정해야 한다. 이 단계는 10년이 걸릴 수도, 6개월이 걸릴 수도 있지만, 지나고 나면 삶은 다시 새로운 단계, 예컨대 대학 졸업, 승진 등에 들어서게 될 것이다. 이때 목표는 대학 졸업 후 대학원 진학, 마흔 이전에 집 장만처럼 구체적이어야 한다.

목표들이 공수표가 되지 않으려면 와튼스쿨이 제공한 질문지를 활용하는 것이 좋다. 다음에 소개한 내용은 질문지를 15개 문항으로 간략화한 것이다. 계획을 세울 때, 이 질문들을 끊임없이 자문하면 사고를 가다듬고 깊이를 더하는 데 도움이 될 것이다.

다음의 질문들에 모두 명확한 답변을 내놓을 수 있다면 계획이 제대로 짜였다는 의미다. 이 계획은 당신이 최종 목표를 향해 비약적으로 전진하도록 도울 것이다.

바쁘고 긴장된 생활이지만, 그럴수록 더 최종 목표를 잊어서는 안 된다. 큰 그림에 주목하고 자신의 가치관을 찾아 강화하자. 그래야만 계획에 따라 원하는 대로 고효율, 고효과를 실현할 수 있다.

효과적인 계획을 위한 질문

① 장기, 중기, 단기 목표는 명확하고 실행 가능한가?

② 다음 주에 시작하려는 일에 대해 명확한 개념이 있는가?

③ (하루 업무를 시작하기 전) 오늘의 업무 순서가 타당한가?

④ 과정이 아니라 목표에 집중하고 있는가?

⑤ 활동량이 아니라 성과를 심사의 근거로 삼는가?

⑥ 효율이 가장 높은 시간대에 가장 중요한 일을 하는가?

⑦ 매일 일정 시간을 할애해 계획을 짜고 업무 관련 사항들을 생각하는가?

⑧ 오후 업무에 지장이 없도록 점심 식사량을 조절했는가?

⑨ 불필요한 업무는 타인에게 위임할 수 있는가?

⑩ 업무 권한을 타인에게 넘겨줄 수 있는가?

⑪ 필요 없는 자료나 간행물 등을 책상 위에 두어 시간을 낭비하는 상황을 피할 수 있는가?

⑫ 예외적인 상황을 제외하면 퇴근 이후에 업무로부터 완전히 멀어질 수 있는가?

⑬ 차라리 일찍 출근하더라도 야근은 하지 않는가?

⑭ 중요한 자료를 손에 넣자마자 바로 결정을 내릴 수 있는가?

⑮ 자주 발생하는 업무 문제나 심리적 위기에 대해 항상 경각심을 유지하며 예방 조치를 취하고 있는가?

오늘은, 여기까지

아무리 많은 시간관리 기술을 터득하고 연마해도 단시간에 고효율을 실현하기는 쉽지 않다. 다른 일도 대부분 그렇지만, 고효율은 지속적인 노력이 꼭 필요하다. 가만히 앉은 채로 효율이 올라가기를 기다린다면 어떠한 변화도 경험할 수 없다. 고효율, 고효과를 실현하는 삶을 살고 싶다면 시간 계획을 더 깊이 이해하고 에너지를 최적화하는 방법을 생각해야 한다.

와튼스쿨 교수 리들리는 열일곱 살 무렵 그 누구보다 열심히 살았다. 당시 고등학생이던 그는 더 높은 학업 성적과 사회 경험 점수를 얻기 위해서 거의 20시간을 공부와 일에 투자했다. 수업이 없는 시간에는 일하러 달려갔고, 밤에는 자원봉사를 했다. 이런 노력 덕분에 그는 전국 규모의 활동에 참여할 기회를 여러 차례 얻었고, 최우수 단체들과 함께 일했으며, 나중에는 직접 사업을 시작해 큰 성공을 거두었다.

그런데 나이가 들고 경영 분야의 전문지식이 쌓이면서 리들리 교수는 생각이 달라졌다. 무조건 많이 노력한다고 해서 반드시 성공하는 건 아니며 때에 따라 '여기까지'라는 끝나는 지점을 지정해서 더 좋은 결과를 얻을 수도 있음을 알게 된 것이다.

어떤 기업이 쉴 새 없이 일만 한다고 해서 수많은 경쟁업체를 제치고 두각을 드러낼 거라는 보장은 없다. 반면 창업한 지 얼마 안 된 작은 기업이 수많은 대기업은 해내지 못한 성공을 거두기도 한다. 2012년 페이스북Facebook은 이미지 공유 SNS 플랫폼 인스타그램Instagram을 10억 달러(약 1조 1,500억 원)에 인수했다. 직원이 13명에 불과한 이 회사의 성공은 그들의 고효율에서 비롯한 결과였다.

리들리 교수는 성공은 머리를 파묻고 죽어라 일만 한다고 되는 일이 아니라, 당신에게 얼마만큼의 융통성이 있는가에 달려 있다고 지적했다. 이 '융통성 여부'가 곧 사람들이 시간관리에 대해 오해하는 부분이다. 아직도 바쁘게 움직이면 고효율이라고 생각하는 사람이 많다. 하지만 바쁜 것과 고효율은 전혀 다르다. 고효율은 당신이 자신의 에너지를 어떻게 관리하는가에 관한 문제이며, 시간을 어떻게 쓰는가에 관한 문제가 아니다. 다시 말해, 최소한의 에너지를 이용해서 최대의 수익을 올리는 방법을 깨우쳐야 한다.

안타깝게도 대부분 사람이 이를 알지 못한다. 이에 리들리 교수는 덮어놓고 일만 하는 시간을 줄여서 업무 효율을 향상하는 방법을 제안했다.

더 이상 야근하지 마라

혹시 '주 40시간 노동'이 언제부터 시작되었는지 생각해본 적 있는가? 1926년, 미국 포드 자동차(Ford Motor Company)의 창립자 헨리 포드Henry Ford는 대규모 생산공장 노동자들을 대상으로 한 실험에서 재미있는 결과를 얻었다. 노동자들은 매일 길게는 10시간, 짧게는 8시간씩 일했는데, 매주 근무일을 6일에서 5일로 단축했더니 생산력이 크게 향상했다.

와튼스쿨에서도 여러 번의 연구에서 유사한 결과, 즉 업무 시간이 길수록 효율과 효과가 낮아진다는 결과를 얻었다. 와튼스쿨에서 발표된 〈야근 시간이 업무에 미치는 부정적 영향〉이라는 보고서에 따르면 집단 구성원이 2개월가량 매주 60시간씩, 심지어 그 이상을 일하면 생산력이 계속 떨어져서 주어진 시간 안에 업무를 완성할 수 없다. 이런 상황에서 그들이 업무를 완성하는 시간은 같은 규모의 집단이 주 40시간씩 일하면서 업무를 완성하는 시간을 크게 넘어선다.

지난밤 밤새워 일한 사람의 하루가 어떨지는 굳이 말하지 않아도 알 것이다. 야근에 지친 사람이 긍정적이고 활기차게 세상을 대면할 리 없다. 과도한 피로가 유발하는 감정 하락은 당신을 평소보다 부정적으로 만들고 이는 곧 효율 저하로 이어진다. 더 큰 문제는 그러한 상태가 긍정적인 사고와 행동을 제약하는 동시에 자신감, 충동 억제력, 공감 능력 심지어 EQ까지 떨어뜨린다는 데 있다. 야근으로 인한 폐해가 이렇게나 크니 반드시 불필요한 야근을 피해야 한다.

혼자만의 시간을 선물하라

어떤 일에 과도하게 주목하고 집중하면 자신을 '상자' 속에 가두는 것과 마찬가지다. 가끔 일을 내려놓고 혼자만의 시간을 가지기 위해 상자 밖으로 나올 필요가 있다. 혼자만의 시간은 정신력과 체력을 회복하는 데 매우 효과적이다. 와튼스쿨에서 발표한 연구 결과에 따르면 사람이 어떤 일을 혼자 경험하면 더 정확한 기억이 형성된다고 한다. 하버드대학교 역시 연구를 통해 어느 정도 혼자 있음으로써 타인을 더 잘 이해할 수 있다는 결과를 얻었다. 물론 청소년기에 너무 오래 혼자 있으면 좋지 않다는 의견을 반박하기는 어렵다. 다만 어느 정도 혼자만의 시간을 가지는 것은 청소년의 감정 조절을 돕고 학업 성적을 올리는 데 분명히 도움이 된다.

80퍼센트를 완성하면 잠시 멈춰라

업무 완성이 100이고, 그중 80을 해냈다면 잠시 멈추는 편이 더 효율적이다. 업무를 도중에 포기하라는 거냐고 묻는 사람도 있겠지만, 그런 이야기가 아니다. 우리가 한 업무의 80퍼센트를 완성하면 관련 정보와 인식은 사라지지 않고 다음 날까지 고스란히 남는다. 덕분에 다음 날에는 우왕좌왕하지 않고 즉각 업무에 돌입해서 남은 20퍼센트만 완성하면 된다.

반대로 당일에 업무를 100퍼센트 완성한다면 다음 날에는 처음부터 새로운 업무를 시작해야 하니 다소 부담스러울 수 있다. 그래서 일종의 워밍업이 필요한데 자칫 너무 많은 시간을 낭비할 수 있고, 그 바람에 시작도 하기 전에 지치는 경우가 종종 있다.

알다시피 업무를 시작한 직후에는 아무래도 힘이 나지 않는다. 이때 전날에 약간 남은 일을 미리 정해둔 프로세스에 따라 진행하면 점차 컨디션을 끌어올릴 수 있고, 감정적으로도 부담스럽지 않다. 또 하루 중 비교적 이른 시간에 일을 완성해 자신감을 얻고 기분이 좋아져 다음 업무도 순조롭게 시작할 수 있다.

이 방법은 업무에 대한 의욕을 잃지 않는 데 상당히 효과적이다. 다만 전심전력을 쏟아부어도 80퍼센트까지밖에 완성할 수 없어서 어쩔 수 없이 멈춰야 하는 업무에는 적합하지 않다. 충분히 곧 완성할 수 있으나 '능동적'으로 일시 중단하기 위해 "오늘은 여기까지!"를 외쳐야 한다.

이상의 세 가지 방식은 당신의 업무 효율을 크게 향상시킨다. 더불어 바쁘거나 한가한 상황에서 에너지를 효율적으로 사용하고 회복하는 데 도움이 될 수 있다.

더 단순하게 일할 방법은 무엇인가

: 프로세스 최적화

기업 경영에서 프로세스 관리는 매우 중요한 부분이다. 기업의 효율이 저하하고 운영 체계가 과도하게 복잡하면 내부에 문제가 끊이지 않아 프로세스 개선이 시급한 과제로 부상한다. 경영 전문지식을 집중적으로 익히고 연구하는 와튼인은 이런 문제를 해결하는 데 누구보다 익숙하다. 와튼스쿨은 기업의 프로세스 최적화와 더불어 개인의 시간과 에너지 관리를 위해 워크플로우를 제안했다. 워크플로우는 개인의 업무 효율을 향상하고, 그 내용을 간소화하는 최적의 방법이다.

체계적인 프로세스가 제공하는 3가지

기업 경영에서 '비즈니스 프로세스 관리(Business Process Management, BPM)'는 무엇보다 중요하다. 와튼스쿨은 BPM을 개인의 업무에 적용해 시간관리와 업무 효율 향상을 실현하는 방법으로 '워크플로우 Workflow'를 제안했다. 워크플로우란 업무 절차나 작업, 활동을 시스템화한 것이다. 플로우차트처럼 업무의 흐름과 절차를 보여주어 현황을 파악하는 데 유리해서 업무를 체계적으로 관리할 수 있다.

기업 경영에서 BPM은 업무 효율을 결정하고 효과에 미치는 요소다. 최적화한 BPM을 보유한 기업은 각 업무를 순조롭게 전개하면서 고효율로 운영된다. 이는 기업뿐 아니라 개인에게도 똑같이 적용되는데 최적화한 워크플로우는 개인의 업무 효율을 향상하고, 시간관리의 효과를 극대화한다. 다음은 최적화한 워크플로우를 통해 얻을 수 있는 이점이다.

	직원 워크플로우	부서: 기술팀
		직무: 엔지니어링
		직원명: 대니얼

시간		업무 내용	설명
매일	7:30~7:50	- 조회	업무 순서 확정
	7:50~8:00	- 당일 업무 내용 및 중요도 확인	
	6.5시간	@생산 현장 - 오전 작업 현황 확인 - 문제 해결	업무 중요도에 따라 관련 업무까지 완성
		- 도면 읽기 - 기술 요건 확인	
		- 기계 생산 현황 업데이트 - 최신 기술 학습 - 생산 과정에서 발생한 문제 해결	
		- 기술설명서 편집 및 제작	
		- 필요 부품 반제품 제작	
		- 관련 작업 재확인	
		- 임시 업무 해결	
	16:50~17:00	- 당일 업무 상황 정리 - 잔여 업무 확인	잔여 업무 계획 1차 확정
매주	19:00~20:00 (월, 수)	- 기술 교육 참여	
	수	- 생산 작업라인 불합격품 처리 - 불합격 심사표 작성	
매월	2일	월 업무총괄표 제출	
	10일	월 성과심사표 제출	

※담당업무
1. 기계기술, 대외 연락 등 관련 업무
2. 기술설명서 등 관련 문건 제작
3. 부서 간 연락 및 협조, 자료 제작

전체 업무 현황을 파악할 수 있다

'프로젝트 관리'를 예로 들어보자. 한 명의 관리자는 프로젝트 개발, 신청, 조사와 연구, 설계, 발전, 테스트, 문서 작업, 보완 등의 업무를 담당한다. 전체 과정은 하나의 선처럼 쭉 이어지는데, 만약 여러 프로젝트를 동시에 진행한다면 동시에 여러 개의 선이 평행으로 이어진다고 보면 된다. 관리자는 진행 중인 프로젝트에 관해 수시로 동료, 상사와 소통하면서 진행도, 문제점, 예상 결과 등을 확인한다.

그런데 이런 일들은 '업무추적' 과정 가운데 세부적이고 다소 말초적인 내용에 속하므로 자칫 전체 흐름을 놓치기 쉽다. 매일의 업무에서 핵심 흐름을 파악하는 체계를 세운다면 더 편리한 시간관리의 기초를 다질 수 있다.

업무 계량화로 스트레스에서 벗어날 수 있다

중요한 업무를 맡아본 적 있는 사람이라면 업무 스트레스의 주범이 '평가 방법의 부재'라는 데 동의할 것이다. 평가 방법이 마련되어 있지 않으면 업무 결과를 예측하기 어렵다. 반면에 자신만의 워크플로우가 있는 사람은 업무 지표를 계량화해서 자신의 업무 현황을 보다 정확하게 평가할 수 있다. 효과적인 평가를 거치고 나면 업무 담당자는 일의 우선순위, 중요도 등의 요소를 조정하고 다음 단계 작업의 핵심을 찾을 수 있다.

예를 들어보자. 아무리 힘들고 버거우며 평가하기 어려운 업무라도 문서 작업 단계까지 거쳤다면 거의 85퍼센트 이상 완성했다는 의미다. 이제 담당자는 한숨을 돌릴 수 있다. 스트레스가 줄어들고 상황에 따라 업무의 속성도 조절할 수 있다. 일을 더 잘 마무리하기 위해서 휴식이나 사교를 포기할 수도 있고, 일이 막바지 단계라고 생각하면 자연스럽게 모임이나 오락 활동을 늘릴 것이다. 더 이상 매일 야근하며 밤을 새울 필요가 없다.

물론 워크플로우를 만들기 전에도 일하는 중에 모호하게나마 지금 어떤 작업을 할 때인지 알 수 있다. 예컨대 '아, 이제 문서 작업만 하면 된다!'라는 생각이 들면 이후에는 그다지 어려운 작업은 없으니 좀 여유로워질 것이다. 하지만 만약 두 개, 혹은 그 이상의 업무를 동시에 진행한다면 이제 크게 바쁠 일이 없다고 생각하면서도 왠지 뭔가를 하지 않은 것 같은 '강박증'에 시달릴 수 있다. 워크플로우를 통해 업무를 계량화, 프로세스화하면 이처럼 '끝을 모르는' 스트레스를 없애는 데 도움이 된다.

업무 습관이 더 좋아진다

세상에서 가장 쉬운 일이 무엇인지 아는가? 바로 습관이 된 일이다. 습관이 되어 아주 자연스러운 일을 할 때, 업무 수행 속도는 마치 컴퓨터의 그것처럼 크게 향상된다. 지금 직장인으로서 매일 아침 컴퓨터를 켜고 각종 소프트웨어를 여는 일이 어려운가? 장담컨대 그렇지 않을 것이다. 이런 동작들은 오랜 시간 수차례에 걸친 연습을 통해서 이미 잠재의식 속에 습관으로 자리 잡았기 때문이다.

마찬가지로 우리가 하나의 최적화 한 워크플로우를 만들고 이를 습관으로 들인다면 업무가 훨씬 수월하고 순조로워진다. 안타깝게도 최적화 한 워크플로우를 만들거나 개선하는 방법을 아는 사람이 많지 않다. 이와 관련해서 와튼스쿨은 두 가지 방법을 제안했다.

① 방법1: 업무를 철저히 분석하고 작업 순서도를 제작한다

업무 분석은 효과적인 워크플로우를 만들기 위해 해야 하는 일 중 가장 중요하다. 각 업무의 성질과 유형을 분석하고 그에 따른 여러 요소와 과정을 파악해서 전체 작업 순서도를 만든다.

- 업무 요소 업무의 속성, 방식, 실무를 명시한다.
  - 속성: 명칭, 직위 등 업무 요소의 특징을 설명한다.
  - 방식: 업무 처리 방법을 설명한다. 각각의 업무와 데이터는 모두 적정한 방법을 통해 처리한다.
  - 실무: 구체적인 작업을 설명하고 이를 통해 얻을 수 있는 결과를 예측한다.
- 업무 과정 업무 과정의 속성과 목표를 명시한다.
  - 속성: 구체적인 특징, 실무자가 수행해야 하는 구체적인 사항을 설명한다.
  - 목표: 최종적으로 달성해야 하는 결과를 묘사한다.

② 방법2: 최적화의 기준을 세운다

업무에 중복되는 단계와 중요 사항이 많은 편이라면 워크플로우가 꼭 필요하다. 예를 들어 직업 훈련사라면 훈련 계획부터 조직, 배치에 이르는 구체적인 프로세스가 필요하다. 또 학교 선생님의 워크플로우는 수업 준비, 수업 진행, 추적 관리 등으로 구성되어야 한다. 업무에 따라 각 워크플로우에서 구체적으로 해야 하는 작업이나 과제는 다를 수 있으나 전체적인 틀과 단계는 대체로 고정적이다.

워크플로우의 수준은 다음의 세 가지 기준으로 평가할 수 있다.

- 명료성 모든 단계가 명확하며 상응하는 집행표준이 있다.
- 단순성과 실행 가능성 복잡하지 않고 이해하기 쉬우며 개인이 충분히 조작할 수 있다.
- 제어 가능성 조작 과정 중에 업무의 향방을 예측할 수 있어서 담당자가 바뀌어도 워크플로우에 따라 조작하면 예측에서 크게 벗어나지 않는 결과를 얻는다.

우리가 매일 접하는 일은 종종 예측을 벗어나기도 한다. 이런 이유로 우리는 최적화한 워크플로우와 더불어 '비상시 처리 프로세스'가 필요하다. 이 두 가지를 함께 결합해서 사용해야만 개인의 시간관리를 더 고효율로 할 수 있다.

20%의 시간으로
80%의 일을 하다

'2080 법칙'은 유대인 문화에서 비롯됐다. 고대 유대인은 우주가 78:22의 비율로 운행하며 세상 만물 역시 모두 78:22의 비율로 존재한다고 믿었다. 예를 들어 공기는 산소가 78퍼센트, 이산화탄소와 기타 기체 22퍼센트로 구성되었고, 우리 몸은 수분이 78퍼센트, 이외의 물질이 22퍼센트다.

유대인들은 오래전부터 이어온 '78:22 법칙'을 자신들의 생존과 발전에도 적용했다. 이후 이 비율은 '2080 법칙'으로 널리 알려졌다.

미국의 기업인 윌리엄 무어William E. Moore는 창업 전에 글리든 페인트Glidden paint에서 영업 사원으로 일했다. 하지만 첫 달에 고작 160달러를 벌 정도로 고전을 면치 못했다. 몇 달 후, 우연한 기회에 유대인 상인의 '2080 법칙'을 알게 된 무어는 혹시나 하는 마음에 자신의 영업실적 도표를 분석했다. 그랬더니 정말 고객의 20퍼센트가 매출액의

80퍼센트를 만들어내고 있었다.

무어는 당장 구매액이 많지 않은 고객사 36개는 다른 영업 사원에게 넘기고 자신은 이 20퍼센트의 '알짜배기' 고객에게만 집중하겠다고 회사에 알렸다. 얼마 후, 그의 월수입은 1,000달러까지 치솟았다. 무어는 2080 법칙을 배운 이후 9년 동안 항상 이 법칙을 따랐다. 그 결과, 1946년에 켈리 – 무어 페인트Kelly-Moore Paint를 세웠다.

2080 법칙은 실제 경영 분야에서 매우 유명하고 널리 적용되고 있다. GE(General Electric Company)는 임금체계를 마련할 때, 장려금 제도를 도입해 직원들이 더 빠르고 우수하게 일하도록 격려했다. 장려금 대상자는 어려운 작업지표를 완수해낸 직원 20퍼센트다. 시간관리에도 2080 법칙은 중요하게 이용되고 있다. 사람들은 '투입'과 '산출'의 개념을 이야기하면서 대부분 '하나를 들여서 하나를 얻기'를 강조한다. 이와 달리 2080 법칙이 강조하는 것은 '하나를 들여서 여러 개를 얻기'다. 바로 이 점을 기억해야 시간관리 과정에서 더 많은 성과를 얻을 수 있다.

20퍼센트의 긍정 에너지가 80퍼센트의 영향력을 만든다. 그 20퍼센트를 찾아야 긍정 에너지를 얻고 성공을 거머쥘 수 있다. 2080 법칙은 상식이라고 말할 정도로 널리 알려졌으나 실제 업무에서 그 핵심적인 20퍼센트를 찾아내는 사람은 드물다. 정확히 말하자면 찾아내고 싶어도 어떻게 찾아야 하는지 모르는 사람이 대부분이다. 와튼스쿨에서 다음의 두 가지 요소가 2080 법칙이 시간관리와 성공에 긍정적으로 작용하도록 도울 수 있다.

생활 속 2080 법칙	
20퍼센트의 사람은 행동이 결과를 만든다고 생각한다.	80퍼센트의 사람은 지식이 곧 힘이라고 생각한다.
20퍼센트의 사람은 목표가 있다.	80퍼센트의 사람은 허황한 생각을 한다.
20퍼센트의 사람은 미래를 본다.	80퍼센트의 사람은 눈앞의 일만 본다.
20퍼센트의 사람은 단순한 일을 한다.	80퍼센트의 사람은 단순한 일을 원하지 않는다.
20퍼센트의 사람은 내일 할 일을 오늘 한다.	80퍼센트의 사람은 오늘 할 일을 내일 한다.
20퍼센트의 사람은 해낸다.	80퍼센트의 사람은 해내지 못한다.
20퍼센트의 사람은 미래를 계획한다.	80퍼센트의 사람은 아침에 일어나면 그날 일을 생각한다.
20퍼센트의 사람은 성공의 경험에 근거해 일한다.	80퍼센트의 사람은 하고 싶은 대로 일한다.
20퍼센트의 사람은 성공한 사람의 영향을 받는다.	80퍼센트의 사람은 실패한 사람의 영향을 받는다.
20퍼센트의 사람은 자신이 성공할 거라고 믿는다.	80퍼센트의 사람은 환경이 바뀌기를 원하지 않는다.
20퍼센트의 사람은 항상 칭찬하고 격려한다.	80퍼센트의 사람은 항상 비난하고 탓한다.
20퍼센트의 사람은 꾸준히 한다.	80퍼센트의 사람은 포기한다.
20퍼센트의 사람은 꿋꿋이 역경을 마주한다.	80퍼센트의 사람은 현실에서 도피한다.
20퍼센트의 사람은 성공한다.	80퍼센트의 사람은 성공하지 못한다.
20퍼센트의 사람은 머리를 써서 돈을 번다.	80퍼센트의 사람은 몸을 써서 돈을 번다.
20퍼센트의 사람은 긍정적으로 사고한다.	80퍼센트의 사람은 부정적으로 사고한다.
20퍼센트의 사람은 시간을 산다.	80퍼센트의 사람은 시간을 판다.
20퍼센트의 사람은 경험을 중요시한다.	80퍼센트의 사람은 학력을 중요시한다.

진짜 중요한 20퍼센트를 신중하게 확정한다

'급한 일이 아니라 중요한 일 하기'는 너무나 중요하지만, 가장 흔히 잊히기도 한다. 우리는 이 원칙을 일종의 업무 습관으로 들일 필요가 있다. 매일 정식으로 업무를 시작하기 전에 무엇이 가장 중요한 일인지, 무엇에 가장 큰 에너지를 투입해야 하는지 생각하는 것이다.

중요한 20퍼센트를 신중하게 확정하면 이 습관을 형성하는 데 도움이 될 수 있다. 우리는 매년, 매월, 매일 할 일을 확정하기 전에 시간을 어떤 일에 어떻게 사용할지에 대해서 전면적인 사고를 진행해야 한다. 이를 위해 다음의 질문들에 대답해보자.

① 나의 목표는 무엇인가?

직무, 직책, 삶의 형태가 제각각이지만, 우리는 모두 어깨에 무거운 책임을 지고 있다. 지금은 평범하게 일하는 사람도 10년이나 20년이 지나면 한 기업의 회장, 유능한 CEO, 훌륭한 과학자가 될 수도 있다. 지금 우리가 해결해야 하는 첫 번째 문제는 '앞으로 무엇을 할 것인가?'다. 이 문제를 해결해야만 목표를 향해 끊임없이 노력할 수 있고, 그와 무관한 일들은 완전히 배제할 수 있다.

② 나는 무엇을 해야 하는가?

업무 중 진짜 중요한 20퍼센트를 구별해내려면 자신이 '무엇을 해야 하는지'를 확실하게 알 필요가 있다. 당신이 반드시 해야 하는 일은 언제나 존재한다. 그중에서도 당신이 직접 해야 하는 일과 꼭 직접 할 필요는 없는 일을 구분해내는 것이 중요하다. 이 두 가지는 완전히 다르다. 후자, 즉 해야만 하지만 직접 할 필요는 없는 일이라면 다른 사람에게 맡기고 감독만 해서 완성하면 된다.

③ 나에게 가장 큰 보상을 주는 것은 무엇인가?

나에게 가장 큰 보상을 주는 일, 즉 타인보다 우수하게 만들어주는 일에 모든 에너지와 시간을 집중해야 한다. 여기에서 다시 한 번 2080 법칙이 강조된다. 당신에게 가장 큰 보상을 주는 일에 80퍼센트의 시간을 투입하고, 나머지 일은 20퍼센트의 시간을 들여 처리한다.

2080 법칙을 실생활에 적용한다

어떤 경로를 통해 2080 법칙을 배웠더라도 실제 생활에 구체적으로 적용하기는 쉽지 않다. 2080 법칙을 시간관리에 적용하고 싶다면 다음의 세 단계를 기억하자.

① 지금 하려는 일을 전체적으로 평가한다

목표, 수요, 보상 그리고 만족감의 네 방면에서 지금 자신이 하려는 일을 전체적으로 평가한다. 예를 들어서 다음 주에 시험을 본다고 하자. 오늘 저녁은 시험공부를 해야 하는데 보고 싶은 영화가 있다면 어떻게 하겠는가?

2080 법칙을 적용하는 사람이라면 영화 감상으로 얻는 단기적인 만족과 좋은 성적으로 얻을 수 있는 장기적인 만족, 이 두 가지 중에서 어느 쪽의 보상이 더 클지 평가할 것이다. 당연히 후자가 전자보다 훨씬 더 중요하다. 영화 감상은 저품질 시간대에 해도 충분한 행위이며 지금 가장 중요한 일은 시험공부다.

② 삭제와 위탁

불필요한 일은 삭제하고, 해야 하지만 꼭 직접 하지 않아도 되는 일은 다른 사람에게 맡겨라. 예컨대 부하직원에게 서류 복사를 부탁한다든지, 동료에게 나가는 길에 도시락을 사다 달라고 부탁하는 식이다. 이는 대부분 사람이 할 수 있고, 또 잘하는 일이다.

③ 목표에 도달하기 위해 반드시 해야 하는 일들을 기록한다

이전 두 단계를 최종 마무리하는 단계다. 작은 노트 한 권에 목표를 달성하기 위해 반드시 해야 하는 일을 하나하나 쓴다. 그 일들을 면밀히 분석해서 각각 완성하는 데 필요한 시간, 도움을 줄 수 있는 사람 등을 함께 쓴다. 이 작은 노트에 기록된 내용이 바로 2080 법칙을 적용한 시간관리다.

보다시피 2080 법칙은 대단히 어렵거나 고차원적인 것이 아니며 오히려 매우 단순하다. 하지만 그렇다고 쉽게 할 수 있다는 의미는 아니다. 수행 과정 내내 강한 의지가 뒷받침되어야지, 그렇지 않으면 끊임없이 쏟아져 나오는 온갖 중요하지도 않은 자질구레한 일에 파묻혀 흐지부지될 것이다.

업무를 최소화 하는 종이와 펜의 마법

업무 사항이 많고 복잡하면 효율이 떨어질 수밖에 없고 중요한 일
이 점점 뒤로 밀리기 시작한다. 그렇게 하나씩 밀려버리면 업무 전체
에 지장을 초래한다. 그럴수록 마음은 점점 불안하고 급해지며 일은
자꾸만 쌓인다. 결국 당신은 뭐라도 해보려고 하지만 아무것도 하지
못하는 지경에 놓이게 된다. 이런 상황에서 대체 어떤 시간관리 기술
이 당신과 당신의 업무를 구원할 수 있을까?

스티븐 프라이너는《지금 시작하라!》에 이렇게 썼다. "나는 종이와
펜으로 해야 하는 일들을 꾸준히 기록해왔다. 나의 유일한 시간관리
도구인 노트 한 권에 모든 할 일과 각각의 완성기한을 적고, 그중에서
가장 중요한 일을 확정한다. 미리 해둔 계획과 순서를 걱정하지는 않
는다. 그저 '목록'을 한 번 보고서 적절한 시간을 골라 일하면 된다. 한
가지를 완성하면 목록에서 지운다."

사실 프라이너가 말하는 '할 일 적기'는 매우 쉽고 특별한 점이 없어 보이는 시간관리법이다. 하지만 그가 이후에 새로 만들어낸 방법은 이전에 '적기'를 강조했던 방법과 비교해서 참고할 만하다.

할 일 적기

언뜻 보기에는 모두가 아는 방법인 '업무 목록 쓰기'와 다를 바 없는 것 같지만, 여기에서 이야기하는 방법은 분명히 특별한 점이 있다. 보통의 업무 목록 쓰기는 일하기 전에 각 사항을 하나하나 나열하는 것, 즉 '선 쓰기, 후 행동'을 강조한다. 그러나 여기의 '목록 만들기'는 '선 행동, 후 쓰기'를 강조한다.

먼저 종이와 펜을 준비한다. 어떤 종이든 관계없고 새로 공책을 살 필요는 더더욱 없다. 준비한 종이와 펜을 업무 중에 아무 때나 가져와서 쓸 수 있는 곳에 둔다. 오른손 주변을 추천한다. 이렇게 준비가 끝나고 업무를 시작하면 되는데 이때 하나의 원칙을 기억해야 한다. '지금 할 것을 하되 하기 직전에 먼저 적고, 다 하고 나면 바로 줄을 긋는다!'

그러니까 처음에는 목록에 아무것도 없으므로 목록을 보고 일하는 것이 아니다. 또 어떤 일을 먼저 하거나 나중에 할지 결정할 필요도 없다. 오직 두뇌와 의식이 이끄는 대로 하고 싶은 일이 있으면 그 일을 하면 된다. 책상 정리, 커피 한 잔 내리기 등 어떤 것이라도 괜찮다. 중요한 건 이렇게 사소한 일이라도 종이에 적는 것이다. 간단히 말해서 어떤 일을 하려면 즉각 종이에 쓰고, 완성한 후에 삭제선을 긋는 것이다.

생각 예열하기

무엇을 하겠다는 생각이 들면 바로 종이에 적고 수행한 후에 완성하면 선을 그어 지운다. 이를 '생각 예열'이라고 한다. 전원을 켜고 부팅하는 과정을 거쳐야 컴퓨터가 순조롭게 작동되듯이 사람의 뇌를 그런 식으로 작동시키는 것이다. 쓰고, 완성하고, 확인하고, 지우는 과정을 반복하면서 머릿속에 있는 일들을 하나씩 완성해 나가면 된다.

이처럼 '생각나는 대로 하는' 방식을 '중요한 일 우선'이라는 업무 원칙을 포기하라는 말로 오해하지 않기 바란다. 이 방법은 어떤 일이 가장 중요한지 깊이 생각한 후에 그에 따라 '먼저 할 일'을 선택하는 것이다.

어떤 일을 하는 중에 다른 일을 해야 한다는 생각이 들 수도 있다. 그러면 바로 옆에 놓아둔 펜을 들고 종이에 그 내용을 쓴 후에 다시 하던 중인 일을 계속한다. 일을 마치면 방금 생각났던 그 일과 지금 머릿속에 떠오른 일을 비교해보고 그중에서 상대적으로 더 중요한 일을 한다.

비우기와 어려운 일 하기

몇 시간이 지나면 종이 위에 선이 그어진 항목들이 적지 않을 것이다. 이때 당신은 자신이 꽤 많은 일을 한 것을 깨닫고 기분이 좋아지며 커다란 성취감을 느낄 수 있다. 이를 '비우기'라고 한다. 먼저 해야 할 일을 모두 쓰고 완성하니 심리적으로 더 안정되고 업무 효율도 상승할 수 있다.

그러나 다른 한 편으로는 '어? 정작 중요한 일을 계속 미뤄서 지금까지 안 했잖아?'라는 의문이 들 수도 있다. 맞다. 아무리 시시각각

'중요한 일 우선'이라는 원칙을 잊지 않으려고 해도 본능적인 타성 탓에 상대적으로 어려운 일은 자꾸만 뒤에 두는 경향이 있다. 어렵고 중요도까지 낮은 일이라면 아예 잊었을 가능성이 크다.

하지 않은 일이 생각났다고 놀라서 허둥대며 바로 할 필요 없다. 우선 차 한 잔을 마시면서 선이 가득 그어진 종이를 한 번 훑어본 후에 하지 않은 일을 쓰고 시작하면 된다. 이렇게 하면 이미 성취감이 있는 상태에서 잠깐 휴식 시간까지 가진 덕분에 머리가 맑아지고 에너지가 회복된 상태가 된다. 이때 어려운 일을 하면 창의력이나 영감이 샘솟아 훨씬 수월하고 빠르게 해낼 수 있다.

이상의 방법으로 일하면 하루 동안 적지 않은 일을 하게 된다. 큰일, 사소한 일, 자질구레한 일 등 뭐든지 완성하기만 하면 마음이 편안하고 안정된다. 퇴근 후에는 당일에 쓴 종이를 잘 놔두었다가 다음 날 이어서 쓴다.

압축해서 간소화하기

2~3일 정도 매일 '생각 예열 → 비우기 → 어려운 일 하기 → 퇴근 후 종이 챙기기'를 반복한다. 며칠 후에 최근에 쓴 종이들을 비교하면서 매일 반복한 일들을 다른 색 펜으로 표시한다. 이제 표시한 일들을 다른 종이에 쭉 쓴다. 이 일들은 당신이 매일 하는 일을 의미하며 대부분 커피 내리기, 이메일 발송, 자료 복사 등 아주 사소한 일일 가능성이 크다.

이제 이 사소한 일들을 가장 짧은 시간 안에 효율적으로 완성할 수 있는 순서에 따라 배치하고, 프로세스를 만든다. 이렇게 자주 하는 일들을 효율적으로 압축해서 간소화하는 단계를 '압축하기'라고 한다.

압축하는 과정에서 애초에 할 필요가 없는 일들을 발견할 수 있다. 이런 일들을 매일 반복하는 까닭은 그저 '나는 무언가를 하고 있다'라는 안정감을 얻기 위해서다.

사소한 일들을 가장 빠르게 완성하는 방법과 순서를 결정하면 매일 특정한 시간대에 배치해서 집중적으로 처리하도록 한다. 즉 한 번에 '비우기'를 해서 절약된 시간을 중요한 일에 쓰는 것이다. 사소하고 자질구레한 일을 하는 시간을 따로 고정해두면 기분상 '그 일들은 처리할 수 있어' 혹은 '그 일들은 처리했어'라는 느낌이 든다. 덕분에 진짜 중요한 일들에 더 집중할 수 있다.

이처럼 생각을 예열하고, 생각한 일들을 하나씩 비우는 방식의 궁극적인 목적은 가장 중요한 일에 전심전력을 쏟고 사소한 일들을 더 효율적으로 완성하기 위함이다. 이 방식은 당신이 더 많은 시간을 진정으로 가치 있는 일에 투자해서 최적화한 워크플로우를 완성하고 높은 업무 효율과 생산 가치를 얻을 수 있게 도울 것이다.

만약 대체 어디서부터 손을 대야 할지조차 모를 정도로 일이 많다면 이 방법을 써보자. 당신의 머리를 어지럽히는 초조와 걱정에서 벗어나 정상 업무 궤도로 빠르게 진입할 수 있다. 특히 지금 개인의 워크플로우를 최적화할 방법을 찾아내지 못한다면 시도해볼 가치가 있다. 효율이 크게 향상하는 변화를 발견하게 될 것이다.

내게 주어진 시간 찾아내기

업무 일정을 만들고 정말 그대로 실행해내는 사람은 그리 많지 않다. 시간관리에 계속 실패하다 보면 회의를 느끼고 아예 포기하게 되기도 한다. 기업 관리 컨설턴트로 활동하는 프레이 발망 박사는 오랜 경험을 바탕으로 더 간편한 시간관리법을 개발했다. 그는 시간관리에 '비계획'의 개념을 도입해 사람들이 업무와 생활에서 더 효율적으로 움직이도록 도왔다.

한 설계 엔지니어가 기한 안에 고객에게 설계도를 보내야 했다. 그는 다음 주까지 설계도를 완성하기로 하고 매일 3시간을 이 일에 투자하기로 했다.

하지만 '비계획 일정표'를 보면서 따져보니 매일 할 일이 너무 많아서 3시간은커녕 2시간도 내기가 어려웠다. 현재로서는 7일 동안 3시간씩 설계도 제작 업무를 한다는 건 애초에 불가능한 일이었다. 그는

'일주일 안에 설계도 완성하기'라는 목표가 전혀 승산이 없음을 인정하지 않을 수 없었다. 이제 그에게는 목표를 수정하거나 앞으로 일주일의 일정을 수정하는 단 두 가지 선택만 남았다.

다음 주에 완성하려는 목표를 결정하고, 언제부터 시작할지 생각해본 적 있는가? 더 현실적으로 시간을 이용해서 목표를 실현하려면 미리 계획하는 것이 현명한 행동이다. 하지만 생각보다 많은 사람이 '미리 계획하기'를 꺼린다. 계획을 세우면 마치 자신이 미래의 어떤 일이나 활동에 묶인 것 같아서 큰 스트레스를 받기 때문이다. 이런 이유로 미래를 위한 계획을 점점 더 거부한다.

이런 사람들에게는 '비계획 일정표'를 활용하는 편이 확실히 효과적이다. 비계획 일정표란 간단히 말해서 '일주일 동안 해야 하는 일의 목록'을 가리킨다. 여기에 적힌 일들에 들어가는 시간을 제외하면 목표 실현에 투입할 수 있는 시간이 보인다.

- 어떤 일에 얼마만큼의 시간이 들어가는지 알고 있어야 진짜 중요한 목표에 쓸 수 있는 시간이 어느 정도인지 감을 잡을 수 있다.
- 한 주가 끝나고 일주일을 되돌아보면서 실제로 시간을 어디에 썼는지 보면 개인의 시간관리에 크게 도움이 된다.

발망 박사는 비계획 일정표를 만들고 활용할 때, 다음의 네 가지를 주의하라고 당부했다.

예측할 수 있는 활동을 기록한다

내 시간이 전부 어디로 흘러갔는지 몰라 황당한 상황을 피하려면 비계획 일정표를 쓰기로 한 다음 날부터 바로 시작해야 한다. 큰일이든 작은 일이든 앞으로 일주일 안에 발생해서 당신의 시간을 점유할 것으로 예상하는 모든 활동을 쓴다.

- 언제 어떤 일을 하는지 정확하게 안다면 '점심 약속, 수요일, 12:00~13:00' 같이 상세히 쓴다.
- 확실한 시간을 알지 못하면 소요 시간이라도 예상해서 해당 날짜에 쓴다.
- 하기로 한 일들을 모두 써야 한다. 저녁 휴식, 모임 등 일상적인 활동과 쇼핑이나 주유처럼 매주 하는 일들이 여기에 속한다.
- 생활에서 발생하는 모든 일을 꼼꼼히 생각해보고 적는다. 업무, 회의, 사교활동, 식사, 집안일, 수면, 출퇴근이나 외출 시간까지 빠지지 않게 써야 한다. 저녁에 보는 텔레비전 드라마나 특정 프로그램이 있다면 역시 잊지 말고 쓴다.

그 정도 일은 쓰지 않아도 충분히 기억한다고 생각한다면 자신을 과대평가하는 것이다. 아마 생각보다 훨씬 쉽게, 다소 어이없이 할 일을 잊을 수 있으니 달력에라도 적어두고 잊지 않도록 하자. 목표 실현을 위해 해야 할 일들을 쓸 필요는 없다. 비계획 일정표는 단지 앞으로 일주일 동안 어떤 일에 시간이 어떻게 배정되었는지만 확인하는 용도다.

일주일의 시간 이용 패턴을 파악한다

완성된 비계획 일정표는 당신의 일주일을 보여준다. 직접 보니 어떤 느낌이 드는가? 할 일들을 보니 생각만 해도 머리가 지끈거리는가? 아무 일도 없이 비어있는 시간이 걱정되는가? 혹시 자신을 위한 시간이 너무 적어서 속상한가? 스스로 자신의 일주일을 살피면서 어떤 감정이 드는지 관찰하고, 비계획 일정표의 어떤 요소가 그 감정을 유발했는지 생각해본다.

비계획 일정표는 우리가 진짜 중요한 목표에 얼마만큼의 시간을 쓸 수 있는지 알려준다. 쉽게 말해서 아무것도 쓰이지 않은 비어있는 칸이 목표를 완성하는 데 쓸 수 있는 시간을 의미한다. 물론 그 시간을 전부 목표 실현에 쓰는 사람은 없겠지만, 그래도 대략적으로나마 시간을 얼마나 쓸 수 있는지는 파악할 수 있다.

이외에 비계획 일정표를 통해 자신의 시간관리 현황과 수준을 알 수 있다. 와튼스쿨의 한 대학원생은 평소에 8시 40분에 기상해서 9시 10분에 학교로 출발하는 일정이 그다지 빠듯하다고 생각하지 않았다. 그는 비계획 일정표를 만들고 난 후에야 자신이 왜 종일 피곤하고 지각을 밥 먹듯이 했는지 알게 되었다.

미루는 습관이 있는지 확인한다

자신이 어떻게 일하고 있는지 점검하다 보면 대부분 시간이 사교나 오락 활동에 쓰인다는 사실을 깨달을 때가 있다. 이런 사람들은 때가 되면 계획한 일들을 완성하겠다고 이런저런 핑계를 댈 뿐, 사실은 자신이 일을 미루는 중임을 전혀 인식하지 못한다.

한 편집자는 이렇게 말했다. "일하고 나면 항상 각종 오락과 유흥으로 신나게 즐기면서 언제 다시 글을 쓰고 책을 만들지 따위는 생각 하지 않았다. 그랬기 때문에 나는 꿈을 제대로 이루는 데 쏠 시간이 없었다."

지금 자신의 비계획 일정표를 자세히 들여다보면서 공통된 내용이 존재하는지 살펴보자. 예컨대 어떤 사람들은 자신에게 휴식이나 오락 을 허락하지 않는다. 다른 사람보다 부족하므로 그런 여유를 부릴 자 격이 없다고 생각하기 때문이다. 반면에 어떤 사람들은 주어진 시간 을 다양한 오락 활동으로 가득 채운다. 어느 쪽이든 모두 사실상 일을 미루는 태도다.

시수 기록으로 힘을 북돋는다

특정 목표나 업무를 수행할 때에도 역시 비계획 일정표를 이용할 수 있다. 설정한 목표를 이루기 위해서 일한 시수를 기록하고 수시로 점검하면서 자기 검열을 강화하자. 연구에 따르면 적절한 자기 검열 은 업무 시간을 확대하고 성취를 향상하는 데 큰 도움이 된다. 더불어 개인 시간 개념을 강화하는 데도 유리하다. 이처럼 목표를 달성하기 위해 일한 시수를 세고 기록, 관리하는 방식은 매우 실용적이며 효과 도 크다.

어떤 목표를 이루려고 일한 시간이 겨우 1시간이라면 꽤 많은 일을 완성했다는 착각이나 자기기만에서 벗어날 수 있다. 반대로 목표 달 성을 위해 일주일에 4시간을 일했다는 기록이 있다면 노력이 부족했 다는 자책감이나 자기 비난을 떨쳐버릴 수 있다.

어쩌면 자기가 한 일에 대한 느낌과 실제 기록된 시수가 서로 다를 수도 있다. 예를 들어 어떤 목표를 위해 10시간이나 일했지만, 별로 성취한 것이 없어 속상한 상태라고 하자. 이때 기록이 남아 있으면 열심히 일했다는 '증거'가 있는 셈이니 실망감이나 아쉬움을 줄일 수 있다. 이렇게 객관적인 자료는 시간관리와 운영에 관한 주관적 인식을 수정할 수 있다.

일주일 동안 쌓인 기록을 통해 목표 달성을 위한 시간이 점점 늘어나는 모습을 확인했다면, 이 목표를 대하는 태도가 더 적극적으로 변한다. 마치 유치원생들의 '스티커 칭찬판'처럼 점점 늘어나는 기록은 당신을 더 만족시키고 의지와 힘을 키울 것이다. 기록을 보면 볼수록 미루거나 포기하기보다 전심전력을 다하고 싶어진다.

당신이 자꾸 일을 미루는 이유

어떤 사람들은 일하기는 하는데 게으르고 굼뜨게 움직인다. 이러한 '꾸물거림'은 미루기와 다르다. 미루기는 자기 조절에 실패하고 유해한 결과를 예측하고서 계획했던 일을 뒤로 밀어두는 행위다. 이와 비교해서 꾸물거림은 자신이 일을 민첩하고 간결하게 하지 못해도 용인해주는 태도로 다른 사람의 눈에는 영화 감상이나 독서처럼 즐거운 일을 하느라 진짜 할 일을 하지 않는 것으로 보인다. 문제의 핵심은 그렇게 하는 이유이다.

펜실베이니아대학의 심리학자인 라만 레이자 교수는 할 일이 있으면서도 최대한 느리게 움직이면서 하지 않는 경향이 일종의 병이라고 단정했다. 병명은 '만성 꾸물거림증'이다. 일하면서 꾸물거리는 사람은 전 세계 어디에나 존재하며 생각보다 훨씬 많다. 최신 연구에 따르면 미국 성인 중 약 20퍼센트가 만성 꾸물거림증 환자라고 한다. 이

병이 가장 흔한 곳은 학교다. 특히 대학교는 제출 기간이 꽤 넉넉한 편인데도 학생들은 과제를 미루고 미루다가 제출 마감 전날이 되어서야 밤을 새운다. 과제를 내준 날부터 제출할 때까지의 기나긴 시간에 많은 학생이 과제와 전혀 관계없는 일들로 바쁘게 지낸다. 이러니 학습 효율과 효과가 좋을 리 없다.

사실 만성 꾸물거림증 증상이 있는 사람도 자신이 자신을 '눈감아' 주고 있다는 사실을 잘 알지만, 해야 할 일을 신속히 끝내지는 못한다. 아무리 중요한 일이라도 나중에 했으면 했지 지금은 어떻게라도 하지 않을 궁리만 한다. 물론 그들도 자신이 왜 이러는지 정확히 모른다.

레이자 교수 연구팀은 만성 꾸물거림증이 우리의 뇌가 할 일에 '에너지장'을 만들어주기 때문에 생긴다는 결론을 내렸다. 에너지장은 자석 사이에 형성되는 자기장과 비슷하다고 보면 된다.

자석 두 개를 같은 극끼리 마주 보게 하면 서로 밀어내는 힘이 느껴지는데 감정과 정신적인 측면에서도 유사한 일이 발생한다. 볼 수도 없고 만질 수도 없지만, 우리는 그 존재를 분명히 느낄 수 있으며 가까이 가려고 할수록 오히려 멀어지기만 한다. 완력으로는 그 밀어내는 힘을 절대 이길 수 없고, 방향을 돌려야만 한다.

그렇다면 무엇이 '정신적 에너지장'을 만들어낼까? 가장 큰 요인은 바로 할 일 그 자체다. 해야 하는 일이 너무 크고 무거우면 일과 당신의 뇌 사이에 서로 밀어내는 힘이 생겨난다. 문제 해결은 할 일을 직시하고 심리적 부담을 내려놓는 것에서부터 시작한다.

'털어놓기'로 심리적 부담을 내려놓는다

어려운 일을 마주하면 걱정과 곤혹 등이 뒤섞인 복잡한 감정이 든다. 이럴 때는 먼저 '털어놓기'로 심리적 부담을 내려놓고 다시 일을 대하면 훨씬 쉽게 느껴진다.

털어놓는 방식은 신중하게 생각해야 한다. 이야기를 들어줄 적합한 사람을 찾고 털어놓을 내용도 잘 선정해야 한다. 털어놓기는 한풀이가 아니다. 뭐가 문제인지 주절주절 늘어놓으면서 상대방이 좀 도와주기를 바라는 것은 더더욱 아니다. 털어놓기는 이 일에 대한 기대, 걱정, 두려움과 마음속 깊은 곳의 바람 등을 말로 표현하는 것이다. 마음을 드러내면 생각의 부담을 덜어줄 뿐만 아니라, 홀가분한 기분으로 에너지를 문제 해결에 집중하게 된다.

요구사항을 파악한다

일반적으로 개인의 능력을 넘어서면 까다로운 일로 구분된다. 일의 요구사항을 제대로 파악하는 것은 힘들고 어려운 일을 단순하게 만드는 첫 번째 단계다. 사실 단순하든 복잡하든 한 가지 일을 하려면 그 요구사항이 무엇이며 어떠한 기준에 도달해야 완성했다고 할 수 있는지 알아야 한다. 간단한 예를 들어보자. 회사 물품으로 청소기 한 대를 사는 일을 맡았다면 먼저 어떤 청소기가 적합할지를 생각해보아야 한다. 먼지 흡입 외에 다른 부가 기능이 필요한지, 예산이 얼마인지를 꼼꼼히 살핀다. 또 구매할 때는 겉모양이 아니라 경제적, 실용적 측면을 따져서 물건을 고른다.

요구사항을 정확히 파악하고 구체적인 기준을 알아야 비로소 그에 따라 일을 완성할 수 있다. 요구사항을 파악하는 가장 정확하고 좋은 방법은 일을 시킨 사람이나 일 자체를 이해하는 것이다. 시험이라면 주관기관이나 출제자로부터, 업무라면 의뢰한 측으로부터 정보를 얻는 식이다. 이렇게 요구사항을 하나하나 명확하게 확인해야 다음 단계인 세분화가 가능하다.

일을 세분화한다

사람은 원래 편안함을 추구하고 수고는 피하려는 경향이 있다. 특히 뇌는 어렵다고 판단되면 바로 회피 반응을 보인다. 어떤 일이 쉽지 않아 보이는 가장 직접적인 원인은 규모가 크기 때문이다. 예를 들어 기계 조립 프로세스를 만들어야 한다고 가정하자. 장담컨대 이 일을 한 번에 완성해내는 사람은 없을 것이다. 사실 '기계 조립 프로세스 제작'은 작업이 아니라 일종의 목표다. 작업이란 당신이 목표를 향해 한 발씩 나아가게 하는 좀 더 구체적인 개념으로 즉각 수행할 수 있는 일이다. 여기에서는 '기계 구조 초안 그리기' 등이 작업에 해당한다.

하나의 작업을 완성하고 나면 다음 작업이 더 선명해질 것이다. 이제는 조립을 마친 기계가 어떤 구조일지 생각할 차례다. 어떤 검색 시스템이 필요한지, 프로세스의 데이터 저장소는 어떻게 세울지 등을 고민해 보아야 한다. 이런 식으로 작업 하나가 다음 작업을 뒷받침하면서 목표로 나아가는 식이다.

따라서 큰 프로젝트를 맡으면 어떤 작업을 연이어서 해야 완성할 수 있을지 생각하고, 이 작업들을 할 일 목록에 넣자. 이 작업들을 모두 완성하면 다음에 해야 하는 작업들을 목록에 넣는다. 이렇게 작업을 세분화하면 일에 거부감이 들지 않고 단계적으로 완성할 수 있다.

일을 간소화한다

규모가 작아도 너무 복잡한 일이라면 시작할 엄두가 나지 않는다. 예를 들어 누군가 갑자기 당신에게 '동물 번식에 관한 책'을 한 권 써 달라고 했다. 아마 당신은 어디서부터 손을 대야 하는지 감도 잡히지 않을 것이다. 하지만 먼저 동물 번식에 관한 글을 한 편 쓰는 것부터 시작한다면 일이 훨씬 간단하게 느껴질 수 있다. 글 한 편 쓰기도 너무 어렵다면 개요만이라도 써보자! 여기에서 가장 중요한 부분은 실제로 몇 가지 일을 완성하고 나면 처음에 그렇게 엄두도 안 나던 일이 어느 정도 진전되었을 거라는 사실이다.

먼저 자기가 할 일을 정확히 파악하면 판단과 이해가 더 쉬워진다. 이미 완성한 작은 일들을 보완하면 처음보다 훨씬 쉬워 보일 것이다. 개요를 완성하면 금세 글 한 편이 되고, 이어서 책 한 권이 될 수 있다.

성실한 자세로 연구한다

한 가지 문제를 해결하려면 다양한 아이디어가 필요하다. 만약 해당 분야를 잘 모른다면 그 분야를 연구하는 데서부터 시작하자. 다른 사람들에게 질문해서 경험을 빌리거나, 자료를 읽으면서 관련 정보를 수집할 수 있다. 천천히 연구하면서 알아가고, 작은 시도들을 꾸준히 해서 자신이 할 수 있는지 확인하면 된다.

맡은 일이 너무 부담스러워서 꾸물거리기만 한다면 스스로 길을 막는 장애물을 설치하거나 벽돌로 채운 배낭을 메고 장거리를 달리는 것과 마찬가지다. 이 점을 인식하고 여기에서 소개한 방법들을 적극적으로 적용한다면 상황이 곧 달라질 수 있다.

감정과 시간관리의 상관관계

시간관리와 감정의 관계에 관한 재미있는 일화가 있다. "세계 최고의 부자인 빌 게이츠가 계산하다가 1만 달러짜리 수표를 땅에 떨어뜨렸다. 하지만 그는 수표를 줍지 않았다. 허리를 굽힌 5초 동안 더 많은 돈을 벌 수 있으니까." 흔한 우스갯소리 같지만, 와튼스쿨의 경제학 교수 울프 데일이 발표한 통계에 따르면 아예 이치에 어긋나는 이야기도 아니다. 통계에 따르면 게이츠의 개인 재산은 미국 빈민층 40퍼센트가 소유한 부동산, 퇴직금, 투자자산의 총 가치를 크게 뛰어넘었다. 그의 한 해 자산 증액이 320억 달러에 달한다고 하니 계산해보면 1초에 2,500달러씩 벌어들인 셈이다. 그러니까 5초 동안 허리를 굽혀서 1만 달러짜리 수표를 줍는다면 시간상 분명히 손해다.

이 이야기에서 우리가 한 가지 주목할 부분이 있다. 바로 시간관리가 곧 행동관리라는 사실이다. 행동은 우리가 얻을 수 있는 보상을 직접 결정하는 요소다. 데일 교수는 영업 사원 A와 B의 시간관리를 관찰하고 이 내용을 더 깊이 연구했다.

　연구를 시작하기 직전이었던 8월은 영업이 가장 잘 되는 때여서 A는 한 달 동안 수만 달러에 달하는 실적을 올렸다. 하지만 같은 기간에 B는 단 한 건도 계약하지 못했다. 어떻게 된 걸까? 연구팀의 분석 결과, 두 사람의 시간관리 양상이 완전히 다른 것이 밝혀졌다. 그들은 똑같은 시간 동안 서로 다른 행동을 선택했으며 그 결과, 상반된 결과를 얻었다. 시간관리가 그들의 실적에 결정적인 작용을 한 것은 의심할 여지가 없었다.

　영업하면서 거절당할 때마다 A는 생각했다. "별일 아냐! 오히려 부족한 부분을 고칠 기회니까. 다음에는 이번 일을 교훈 삼아서 영업하면 고객들도 분명히 반응을 보일 거야!" 같은 상황에서 B의 반응은 사뭇 달랐다. "왜 이렇게 되는 일이 없지? 아무래도 영업이 나한테 맞지 않는 것 같아."

　이렇게 상반된 반응을 보인 두 사람은 영업이라는 업무에 대한 마음가짐도 완전히 달랐고, 이는 곧 그들이 자기 시간을 배치하는 일에까지 영향을 미쳤다. A는 다양한 경로를 통해 영업 사원으로서의 자질을 키웠지만, B는 끊임없이 자신을 부정하고 의심했다. A는 대부분 시간을 성공으로 향하는 길에 투자했고, B는 시간을 부정적 감정을 해소하는 데 더 많이 썼다. 성공 가능성을 비교하자면 당연히 A가 B보다 훨씬 높았다.

　A와 B의 이야기에서 시간관리의 핵심은 결국 감정관리임을 알 수 있다. 감정은 우리가 초점을 두는 곳을 정하고, 이 초점은 시간을 쓰

는 곳을 결정한다. 모든 감정과 사고의 변화가 서로 다른 가치 판단을 형성하고, 이 가치 판단이 각각의 행동을 유발한다. 이런 의미에서 시간관리는 곧 감정관리라 할 수 있다.

왜 어떤 사람들은 감정을 제어하고, 또 어떤 사람들은 늘 감정에 제어당할까? 사례의 영업사원 B가 좌절감의 존재를 인정하고 "나는 반드시 최고의 영업사원이 될 거야!"라고 되뇌었다면 더 좋은 결과를 얻을 수 있었을까?

다양한 감정을 받아들인다

대부분 감정은 무의식 상태, 즉 잠재의식으로 결정된다. 화가 나거나 슬프면 감정이 자신에게 무엇을 이야기하고 있는지 알 수 없다. 이때 만약 도피라는 방식으로 문제를 해결하려고 한다면 감정은 마치 물 위에 뜬 풍선처럼 한쪽을 눌러 가라앉히려고 해도 다른 한쪽으로 떠오를 것이다. 우리는 다양한 감정과 공존하고 그 안에서 진정한 의미와 목적을 찾아야 한다.

강렬한 감정은 우리 안에서 뭔가 중요한 일들이 진행되고 있음을 의미한다. 항상 긍정적이고 낙관적인 태도만 취하려고 하면 중요한 신호를 놓칠 가능성이 있다. 긍정적, 부정적 아니면 그 중간의 어느 지점에서 문제를 보고 새롭게 결론을 내리기를 시도하자. 감정이라는 '풍선'을 처리하고 시간관리를 더 효과적으로 만들어줄 것이다.

마음챙김을 통해 '지금 여기'에 집중한다

마음챙김(Mindfulness)은 심리 전문가들이 인정한 가장 효과적인 '자동적 사고(Automatic Thoughts)' 대응법이다. 자동적 사고란 부정적이고 비관적인 사고방식이 고착되어 실제 상황과 걸맞지 않은 반응을 보이는 현상을 가리킨다. 마음챙김은 비판하지도 평가하지도 않으면서 '지금 여기에' 발생한 일에 집중하는 상태로 각종 부정적 감정이 일으킨 질병을 치료하는 데 광범위하게 사용되고 있다. 호기심을 잃지 말고 개방적이며 수용적인 태도로 지금 여기에 집중한다면 자기 감정과 사고에 더 깊이 집중할 수 있다.

감정에 휩쓸리지 않는다

감정이 불안정해지고 머릿속이 온통 부정적 생각으로 채워지기 시작하면 당장 생각을 멈추고 주의력을 지금 여기에서 하는 일에 집중해야 한다. 처음 연습할 때는 자기 감정을 지각하는 능력이 부족해서 감정이 극단까지 치달은 상황이 되어야 알아차린다. 설령 그렇다고 해도 감정에 휩쓸리지 않도록 주의해야 한다. 예를 들어 다음의 극단적 상황에서도 지금 여기의 감정을 감지할 수 있어야 한다.

- 결혼식, 장례식처럼 중대한 전환의 의미가 있는 의식을 할 때
- 자연재해 등의 불행이 발생했을 때
- 신체나 감정에 상처가 생겼을 때
- 감동하거나 타인에 크게 공감할 때

이뿐 아니라 강렬한 감정이 생기는 어떠한 상황에서라도 자기 감정을 감지할 줄 알아야 한다. 그 순간, 우리 몸의 반응과 감정이 어떻게 행동 동기를 만들어내는지 알 수 있다.

동시에 진행하는 일을 줄이고 호흡에 집중한다

여러 가지 일을 동시에 하면 자동적 사고에 빠지기 쉬우므로 동시에 여러 가지 일을 하는 시간을 최대한 줄여야 한다. 예를 들어 밥 먹을 때는 밥만 먹어야지 휴대폰을 하거나 누군가와 수다를 떨면 좋지 않다. 길을 걸을 때는 걷는 동작에 집중해야지 음악을 듣거나 전화를 걸지 않는다. 집중은 당신이 '지금 여기에' 머무를 수 있는 가장 기본적인 약속이다.

지금 하는 일에 주의력을 집중하기 어렵다면 단순히 자신의 호흡에 집중하기만 해도 좋다. 앉은 채로 손을 가볍게 가슴에 대고 들숨과 날숨의 기복을 느껴보자. 호흡에 집중하는 방법은 지금 여기에 집중하는 창구이자 구체적인 경로다.

감정 변화를 기록하고 따른다

심리학자가 감정 제어력을 향상하기 위해 가장 흔히 쓰는 방법이 '추적과 반성'이다. 지금부터 자기 감정을 기록하고 생각해보자. 먼저 1시간마다, 하루에 두 번, 하루에 한 번처럼 구체적인 시간 간격을 정한다. 그런 후에 해당 시간대에 감정이 어떻게 변화했는지 쓰고, 그 안에서 규율을 찾아본다. 최소 2주 동안 기록하면 감정 변화의 규율이 눈에 들어온다. 그 내용에 근거해서 다음 질문에 답해보자.

① 누가, 무엇이, 언제, 어떤 상황이 당신에게 격렬한 감정반응을 만들었는가?

심리학에서 말하는 '감정 스위치'에 관한 질문이다. 감정 스위치가 눌린 사람은 격렬한 감정반응을 일으킬 수 있다. 예를 들어 평소에 작은 키를 신경 쓰는 사람은 다른 사람이 더 높은 신발을 신어보라고 하는 순간, 감정 스위치가 눌려 격렬한 감정이 생긴다. 감정 스위치는 당신을 포함한 모두에게 존재한다.

② 어떤 상태에서 활기차거나 지치는가?

보통 무엇을 할 때, 누구와 함께 있을 때 에너지가 충만한가? 혹은 피곤하고 고단한가? 이 질문은 감정관리 영역에서 매우 핵심적인 내용이다. 무엇이 자신을 평온하고 기쁘게 만드는지, 또 호기심을 북돋고 흥분시키는지 모른다면 살면서 더 많은 것을 얻기 어렵다.

③ 강렬한 감정이 생길 때마다 어떻게 관리하고 대응하는가?

엄폐? 도피? 아니면 그런 감정이 생겨서는 안 된다고 비판하거나 타인을 탓하는가? 이 질문에 대답할 수 있다면 잘못된 습관으로 굳은 감정 대응 방식을 바꿀 수 있다.

다시 한 번 강조하자면 시간관리는 곧 행동관리다. 그리고 행동관리는 곧 그 배후에 있는 감정관리로 가능하다. 시간을 투자한다는 것은 곧 당신의 인생을 투자하는 것이니 이상의 감정관리 과정을 꾸준히 계속해야 한다.

돌발사건 관리하기

오스트레일리아 대륙에서 블랙스완이 발견되기 이전에 유럽인들은 백조가 모두 하얀색이라고 굳게 믿었다. 그래서 검은 백조를 의미하는 '블랙스완'은 유럽인들이 말하거나 글을 쓸 때 '존재할 리 없는 사물'을 의미하는 관용어구로만 존재했다. 이 흔들리지 않는 굳건한 신념은 처음 블랙스완이 발견되었을 때, 처참하게 무너지고 말았다. 그런데 우리의 일상생활에도 이런 블랙스완 같은 일이 존재한다. 모든 일을 구체적인 시간에 쏙쏙 집어넣어 철저하게 관리하는 사람이라도 완벽하게 보였던 일정 계획이 블랙스완, 즉 '돌발사건'이 출현하면서 붕괴할 수 있음을 알아야 한다.

톰은 구매계획서를 월요일 아침에 사무실에서 작성하기로 계획했다. 그러면 고객의 수요에 맞춰 상품을 준비할 수 있고, 새로운 영업 전략도 순조롭게 시작할 수 있으니 일석이조였다. 그런데 일요일 밤에 상사가 전화를 걸어왔다. "톰, 북부 지점에 무슨 문제가 생겼다고 연락이 왔네. 그쪽 영업부 팀장이 자네더러 와서 좀 도와달라는군." 톰은 어쩔 줄 몰랐고 달리 방법도 없었다. "죄송합니다. 내일 아침에 구매계획서를 쓰기로 했거든요. 지난주에 이 계획을 세울 때 알려주셨어야죠. 지시대로 하면 제 개인 수입에서 수만 달러가 증발합니다!"

사례의 톰은 자신이 정해놓은 워크플로우를 따르려 했지만, 뜻밖에도 블랙스완 한 마리를 만나고 말았다. 살다 보면 이렇게 의외의 돌발 사건이 끊임없이 출몰한다. 이유는 간단하다. 사람은 사회 안에서 함께 살아가고 아무리 개인 시간이라도 일부는 타인의 영향을 받기 마련이기 때문이다. 그렇기에 언제 어디서 나타날지 모르는 사건들에 대응하기 위해 '계획'과 '변화'의 개념을 명확히 해둘 필요가 있다.

- 계획: 이미 알거나 예고된 일상적인 일을 배정하는 행위, 즉 '백조'를 완벽하게 처리하려는 의도
- 변화: 돌발사건은 전혀 예측하지 못한 상황에서 발생한다. 이 같은 변화 하나가 계획 전체를 무너뜨릴 수도 있다.

흔히 지혜로운 사람은 미래를 통찰한다고 하지만, 사실 진짜 지혜로운 사람은 자신이 미래를 정확히 통찰할 수 없음을 아는 사람이다. 우리는 언제, 어디에서, 어떤 돌발상황이 나타날지 알 수 없다. 그렇기에 일정표에 빈 시간을 충분히 남겨두고서 좀 더 유연하게 돌발사건에 대응할 줄 알아야 한다. 그래야만 시간관리를 통한 진정한 가치를 경험하고, 자신의 시간과 생활을 효과적으로 제어한다고 느낄 수 있

다. 생활 속 돌발사건에 잘 대응하고 싶다면 와튼스쿨의 시간관리 전문가 데이비드 애런이 제안한 방법이 도움이 될 것이다.

돌발사건으로 감정이 흔들려서는 안 된다

일할 때는 감정과 리듬이 가장 중요하다. 축구 경기에서든 일상에서든 시간관리의 목적은 우리의 마음이 평온함에 이르게 하는 것이다. 우리가 돌발사건을 싫어하는 까닭은 그로 인해 너무 쉽게 감정이 흐트러지기 때문이다. 잔잔한 연못에 돌멩이 하나를 던졌는데 수면이 요동치지 않을 수 있겠는가? 앞에서 이야기했지만, 우리는 효과적인 시간관리뿐 아니라 아주 강력한 감정관리 체계도 필요하다. 또 일정한 훈련을 통해 돌발사건을 대면하는 감정지수(EQ)를 효과적으로 향상해야 한다.

'진행 중 업무' 목록을 만들어 활용한다

어쩌면 일을 시작한 지 얼마 지나지도 않았는데 느닷없이 나타난 블랙스완 탓에 하던 일을 멈춰야 할 때도 있다. 그렇다고 이 일을 다시 '미시작' 목록에 되돌려놓아서는 안 된다. 일이란 일단 시작되면 원래의 모습과 달라지므로 어떻게 처리할지 신중하게 생각할 필요가 있다.

많은 사람이 한 번 세분화한 일들을 일정표에 다시 넣는 나쁜 습관이 있다. 하지만 일을 세분화했다면 '진행 중 업무' 목록에 넣어야 한다. 일시적인 돌발사건에 보다 쉽게 대처하려면 이 '진행 중 업무'란에 꽤 주의를 기울여야 한다.

'2분의 원칙'을 사용한다

'2분의 원칙'은 시간관리 분야에서 매우 유의미한 훈련법으로 많은 사람이 일상 업무를 처리한 경험을 바탕으로 만들어졌다. 여기에서 '2분'은 일종의 시간 기준선이 된다.

시간을 더 완벽하게 제어하려면 자신의 시간을 더 정확하게 계산해야 한다. 2분의 원칙을 적용할 때는 '시간관리 사분면'(Chapter 6. 시간관리 사분면 참조)과 연계할 수 있다. 쉽게 말해서 돌발사건을 우선순위에 따라 중요하고 긴급한 일, 중요하지만 긴급하지 않은 일, 긴급하지만 중요하지 않은 일, 긴급하지도 중요하지도 않은 일의 4가지 유형으로 나누는 것이다. 만약 우선 처리할 필요 없는 돌발사건이라면 2분의 법칙에 따르면 된다. 2분 이내에 처리할 수 있으면 즉시 처리하고, 처리할 수 없다면 할 일 목록에 집어넣으면 된다.

작업 현황을 남긴다

2분의 원칙과 경중완급 원칙의 종합적인 평가를 거친 결과, 돌발사건을 우선 처리해야 한다는 판단을 내렸다면 나중을 위해서 하고 있는 일의 작업 현황을 남겨둘 필요가 있다. 다음 몇 가지에 주의하자.

① 작업 진도 일을 어느 정도까지 진행했는가?
예)모 고객의 소프트웨어 문제를 원격 처리 중이었음.
② 판단 현재 어떻게 판단하였는가?
예)고객이 멀웨어 프로그램을 설치했을 가능성이 있음.
③ 솔루션 어떻게 해결해야 하는가?
예)직접 해결할 수 없으면 상위 서비스를 제공 또는 다른 직원에게

위임한다.

④ 다음 단계 확인 이어서 어떤 작업을 해야 하는가?

예)의심스러운 프로그램을 모두 닫고, 소프트웨어 검사 시행

⑤ 녹음 실제로 일의 진도를 녹음으로 남기는 사람은 많지 않다. 지금 하는 일과 관련한 내용을 모두 말로 녹음해두면 돌발사건을 처리하고 돌아와서 그 전에 하던 일을 다시 시작하는 데 큰 도움이 된다.

이상의 다섯 가지는 마치 당신의 머릿속을 사진 찍는 것과 비슷해서 지금 하는 일의 현황을 파악하고 보존하는 데 도움이 된다. 작업 현황을 남겼으면 이제 즉각 돌발사건을 처리하러 가자.

돌발상황을 잘 처리하면 변화가 곧 계획이 된다

돌발사건과 일상의 일들이 상호 전환할 수 있음을 아는 사람은 거의 없다. 시간관리가 습관으로 자리 잡은 사람은 돌발사건을 정확하게 처리한 후, 그로부터 예측 가능한 내용을 종합해서 개인의 시간관리 시스템에 적용한다. 즉, 앞으로 발생할 수 있는 돌발사건을 일상의 일로 전환하는 목적을 실현하는 것이다. 하지만 이렇게 하려면 먼저 다음의 다섯 가지 사항을 만족해야 한다.

① 계획하기

평소에 계획을 잘 세워두면 일처리 효율이 대폭 향상한다. 이를 통해 돌발사건을 처리하기 위한 충분한 시간과 에너지를 확보할 수 있다.

② 되돌아보기

돌발사건을 처리했으면 반드시 그 처리 과정이나 상황 등을 다시

점검하는 시간을 갖는다. 이렇게 해서 이후에 일어날 수 있는 비슷한 유형의 돌발사건을 예측하고 계획해 블랙스완을 '화이트스완'으로 바꿀 수 있다.

③ 시간 남기기

일정표를 계획할 때는 비어있는 시간을 남겨두어서 돌발사건 처리나 기존 계획을 조정하는 데 쓴다. 만약 돌발사건이 발생하지 않았다면 이 시간을 중요하지만 급하지 않은 일에 쓰면 된다.

④ 미리 준비하기

돌발사건은 위기인 동시에 기회다. 위기 해결 자체가 자신의 능력을 드러내는 기회가 되기 때문이다. 평소에 그에 관한 준비를 잘 해두면 기회가 더 빨리 찾아올 것이다.

⑤ 처리 과정 만들기

돌발사건을 처리하고 나면 그 경험을 종합해 다음 돌발사건이 발생할 시간이나 종류 등을 추측하고, 이를 토대로 처리 프로세스를 만들어둔다. 적정한 처리 프로세스가 있으면 돌발사건이 생겨도 중요한 단계나 요소를 건너뛰지 않고 더 완벽하게 문제를 처리하는 것이 가능하다.

돌발사건은 당신의 시간관리 과정을 흔드는 요소지만, 살면서 피할 수 없다. 회피하거나 황급하게 해결하려는 방식은 좋은 대응법이라 할 수 없다. 이상의 방법을 성실히 수행한다면 생활 중에 만나는 돌발사건도 당신이 세운 계획의 일부가 될 수 있다.

Chapter
4

당신을 방해하는 요소는 무엇인가

: 개선

아무리 주도면밀하게 계획을 세워도 실제로 쓰는 시간은 대체로 예상
보다 길어지기 마련이고, 효율은 일정 시간이 지나면 떨어진다. 이 문제
와 관련해서 와튼스쿨은 고효율, 고효과를 유지할 수 있는 시간대에 시
간 낭비를 최대한 줄이는 요소를 찾고 이를 통해 시간관리의 수준을 향
상할 것을 제안한다. 이 방법은 당신의 시간관리 효율을 올리는 데 큰 도
움이 될 것이다.

현명하게 거절하기 위한 7가지 기술

타인에 대한 이해나 배려가 부족한 상사는 직원들에게 너무 어렵거나 심지어 불가능해 보이는 일을 시키곤 한다. 물론 와튼인은 이런 상황도 현명하게 대처할 줄 안다.

미란다는 와튼스쿨을 졸업하고 바로 월가의 증권회사에 취직했다. 누구나 부러워할 만한 좋은 직장이었지만, 한 가지 아쉬운 점이 있었는데 바로 상사였다. 간단히 말해서 미란다의 상사는 부하직원들에게 여러 가지 일을 동시에 진행하라고 밀어붙이는 사람이었다.

시간과 능력에 한계가 있는데 위에서 지시가 계속 내려오니 스트레스를 받는 직원이 한둘이 아니었다. 아예 그만두고 이직한 사람도 적지 않았다. 다행히 미란다는 상사 때문에 크게 괴로워하지 않았는데 이는 나름의 묘책 덕분이었다. 미란다는 자신의 업무 순서표에 원래의 담당업무 여러 개와 상사가 따로 지시한 업무들을 모두 쓰고, 일의 경중에 따라 처리 순서까지 정해두는 습관이 있었다. 상사가 느닷없이 또 다른 업무를 하라고 지시하면 미란다는 즉각 자신의 업무 순서표를 들고 가서 보여주며 물었다. "지금 말씀하신 업무는 어느 순서에 넣으면 좋을까요?"

미란다가 쓰는 묘책에는 세 가지 장점이 있다.

- 상사가 직접 결정하게 유도해서 그의 의견을 존중하는 모양새를 갖췄다.
- 상사가 미란다의 업무 순서표를 직접 보면서 더 이상 일을 시키면 원래의 담당업무나 이전에 지시한 일들을 계획대로 완성하기 어려움을 깨닫게 했다.
- 상사가 업무 순서표를 직접 봤으니 미란다가 책임을 미루거나 일을 제대로 하지 않는다고 오해하지 않을 수 있다.

정말 효과적인 거절법이지 않은가? 미란다는 장장 4년 동안이나 시행착오를 겪으면서 자기만의 방법을 만들었다. 이처럼 자신의 상황에 꼭 맞는 시간관리 기교를 갖추고 싶다면 약간의 연구가 필요하다.

당신에게 무언가를 요청하는 사람은 대부분 상사나 동료일 테고, 업무와 관련된 일을 부탁할 것이다. 이외에 업무와 관련되었으나 상황이나 도리에 맞지 않는 일도 있고, 애초에 받아들일 의무가 없는 일도 물론 있다. 이 중에서 당신의 시간관리에 지장을 주는 것은 뒤의 두 가지다. 사람들이 타당하지 않은 요청을 받고도 제대로 거절하지 못하는 까닭은 다음과 같다.

수락이 거절보다 마음 편해서

당연히 수락이 거절보다 훨씬 쉽다. 하지만 그 순간 편하려고 요청을 오는 족족 받아들인다면 결과가 좋을 리 없다. 힘에 부쳐 제대로 하지도 못할 뿐 아니라 자칫 책임이라는 아주 비싼 대가를 치러야 할 수도 있다.

와튼스쿨은 학생들에게 어떤 요청을 받으면 다음의 질문에 대답하면서 '수락'과 '거절'의 결과를 비교하라고 조언한다.

- 이 일이 나에게 중요한가?
- 이 일이 나의 목표를 실현하는 데 도움이 되는가?
- 수락한다면 어떤 대가를 치러야 하는가?
- 거절한다면 어떤 결과가 있을 것인가?

비용과 효과의 원칙에 기초해서 좀 더 깊이 구체적으로 생각해보면 수락과 거절 여부가 눈에 더 명확하게 보일 것이다.

상대방의 분노나 후환이 걱정돼서

물론 거절이 어색함이나 분노를 일으킬 수 있지만, 그렇다고 해달라는 대로 다 해주어서는 안 된다. 사실 거절한다고 무조건 관계가 어색해지거나 상대방의 화를 돋우지는 않는다. 누가 봐도 타당한 거절이라면 그런 걱정은 하지 않아도 좋다. 만약 거절했다가 앙갚음이나 보복을 당할까 봐 걱정된다면 애초에 두 사람의 관계에 문제가 있는 것이니 더더욱 수락해서는 안 된다.

좋은 사람이 되고 싶어서

와튼스쿨에서 강조하는 경영 원칙 중에 "착한 사람이 되려고 착해지지 마라"라는 말이 있다. 누구나 좋아하는 착한 사람이 되고 싶어서 거절할 줄 모르고 수락만 하면 물밀듯이 쏟아지는 각종 요청에 밀려 넘어가고 말 것이다. 특히 타당하지 않은 요청을 받아들였다가는 평판과 명예에 금이 갈 수 있으니 주의해야 한다.

거절의 긍정적 효과를 알지 못해서

무익한 요청을 거절할 때는 다음의 두 가지를 생각하자.

- 요청을 받은 일이 내 능력 밖의 일인 경우 오히려 상황이 악화될 수 있다. 따라서 자신의 능력과 조건을 전부 따져보고 나서 일을 맡는 것이 타당하다. 당신에게 온 요청이라도 다른 사람이 맡는 편이 더 좋을 수 있다.
- 거절은 자기 업무를 우선 수행하는 가장 효과적인 수단이다. 타인의 요청을 수락한 탓에 정작 자기 업무의 체계가 무너지는 것만큼 불합리한 일은 없다.

와튼스쿨은 학생들에게 "훌륭한 경영자가 되려면 먼저 마음을 강하게 먹고 자기 일을 첫 번째로 두어야 한다"라고 강조한다. 요청을 받으면 혹시 상대방이 당신의 업무를 고려하지 않고 무작정 부탁하는 건 아닌지 생각해보아야 한다. 이는 가장 이기적인 행동이다.

거절하는 방법을 몰라서

아예 거절하는 법을 모르는 사람도 있다. 이런 사람들에게는 다음의 일곱 가지 전략이 긍정적인 도움이 될 수 있다.

① 상대방이 요청사항을 말할 때는 인내심을 발휘해서 경청해야 한다. 절반쯤 들었을 때 이미 거절해야겠다는 생각이 들어도 눈을 돌리지 않고 말이 끝날 때까지 듣자. 이렇게 하면 요청 내용을 정확히 파악할 수 있고, 거절하더라도 상대방을 존중한다는 의사를 전달할 수 있다.

② 수락 여부를 그 자리에서 결정하기 어렵다면 생각할 시간이 필요하다고 이야기해야 한다. 이때 구체적으로 얼마만큼의 시간이 필요한지 정확하게 말하면 괜히 거절하려는 수작이라는 오해를 피할 수 있다.

③ 거절할 때는 미안함과 함께 당신을 생각해준 데 대한 고마움을 표현한다. 너무 과하게 사과하면 오히려 진정성이 부족하다는 오해를 부를 수 있다. 그렇게나 마음이 불편했다면 요청을 거절했을 리가 없기 때문이다.

④ 거절할 때는 미안함을 표현하는 동시에 확고한 태도를 잃지 않아야 한다. 그렇지 않으면 거절하는 도중에 도리어 상대방에게 설득당해 입장을 수정하게 될 것이다.

⑤ 가장 좋은 거절 방법은 명확한 이유를 제시하는 것이다. 이렇게 하면 이후 양측의 관계에도 큰 지장이 없다. 만약 상대방이 걸핏하면 당신에게 요청하는 사람이라면 부드러운 표정으로 말한다. "미안해요. 이번에는 도와드릴 수 없네요! 기분 나쁘지 않으면 좋겠어요."

이렇게만 말해도 이후에 문제가 생길까 봐 걱정하지 않아도 된다.

⑥ 가능하다면 거절하고 나서 상대방을 위해 다양한 해결법이나 경로를 제안한다.

⑦ 제삼자를 통한 거절은 금물이다. 이렇게 하면 당신이 얼마나 유약한지, 얼마나 성의가 부족한지만 증명할 뿐이다. 거절하는 과정에서 당신이 요청을 거절한 것이지 상대방을 거절한 것이 아니라는 뜻을 성의 있게 전달해야 한다. 이런 태도를 명확하게 보여야 이후에 이어지는 관계에 영향을 미치지 않는다.

'미안해서 거절하지 못하는' 태도를 버리고 적절한 거절의 기술을 갖추면 원치 않는 요청을 차단할 수 있다. 이렇게 절약된 시간을 좀 더 가치 있는 부분에 쓰면 틀림없이 더 큰 성과를 거둘 수 있다.

방해를 차단하는 완벽한 방법

　지금 당신의 집중력이 부족한 까닭은 온갖 '방해' 때문일 가능성이 크다. 연이어 울리는 벨소리, 끊이지 않는 방문객, 계속 반짝이는 SNS 알림 등 이런 것들이 모두 당신의 머리를 어지럽히고 시간을 흩어지게 한다.

　와튼스쿨에서 정보관리를 강의하는 피커 교수는 한때 이메일 중독자였다. 유럽의 고객과 소통하고 최신 자료와 기술을 확보하기 위해, 그리고 학생들과 소통하기 위해서 종일 컴퓨터 앞을 지키고 앉아 이메일만 오면 냉큼 읽었다. 하나를 읽고 답장까지 보내고 나면 또 다음 메일을 기다리면서 하루를 보냈다고 해도 과언이 아니었다.

　어느 날 그는 자신이 한 달 내내 제대로 해낸 업무가 없고, 중요한 일 여러 개의 일정이 지체된 사실을 발견했다. 문제의 심각성을 깨달은 그는 이메일 중독 증상을 고치기로 했다. 이후 그는 2~3시간에 한 번씩 이메일을 확인하고 모두 읽은 후에는 바로 창을 닫았다. "혹시라도 급한 일을 놓칠까 봐 걱정하지는 않았습니다. 세상의 종말이 아닌 다음에야 사실 대단히 급한 일도 없거든요. 만약 진짜 종말이 온다면 누군가 다른 방식으로 나에게 알려주겠죠. 이메일로 알려줄 리는 없어요."

피커 교수는 우리가 시간을 대량 낭비하는 원인으로 '방해'를 꼽았다. 업무 중에 방해받으면 집중이 흐트러지는 것도 문제지만, 더 큰 문제는 중단된 부분부터 이어서 일하려면 뇌 활동과 주의력을 조정하는 시간이 필요하다는 데 있다. 자기 시간을 최대한 온전히 사용하고 효율까지 높이려면 방해를 효과적으로 차단하는 기술이 필요하다.

장시간 업무 습관 들이기

고도의 집중력이 필요한 일을 한다면 4~6시간 정도 꾸준히 일하는 법을 배워야 한다. 이렇게 하면 도중에 다시 새롭게 정신을 집중하지 않아도 되고, 일에 대한 열정과 업무 효율도 크게 향상할 것이다.

어쩌면 각종 방해 때문에 장시간 집중하는 것이 불가능하다고 생각할 수도 있다. 이 정도의 장시간을 온전히 사용하려면 반드시 구체적인 계획이 필요하다. 예컨대 방해받지 않는 아주 조용한 업무장소를 찾는 것이다. 피커 교수는 새벽 5시에 기상해서 일하는 습관이 있다. 새벽 시간이 가장 방해가 없기 때문인데 그러려면 매일 밤 10시에는 잠자리에 들어야 했다. 그는 이런 업무 습관 덕분에 종일 더 활력이 넘치고 업무 시간을 충분히 확보할 수 있었다.

방해 없는 사무공간 만들기

만약 사무공간 구조에 대한 발언권이 있다면 '허락해야 들어올 수 있는' 형태를 추천한다. 또 안에서는 바깥을 볼 수 있지만, 바깥에서는 안이 보이지 않는 문과 창문을 설치하는 편이 좋다.

사무공간의 위치도 중요한데 외출하거나 탕비실, 화장실에 갈 때 다른 사람과 부딪히지 않는 곳이 가장 좋다. 누군가와 만나면 친절하게 웃으면서 몇 마디라도 나누어야 하기 때문이다. 처리해야 할 일이 있는데 무심코 인사 한마디 나누었다가 30분 이상을 허비하지 않도록 주의한다.

책상 정리하기

사무 책상이든 컴퓨터 책상이든 어질러져 있으면 집중력이 떨어지고 에너지까지 분산될 수 있다. 몇 분만 시간을 써서 책상을 말끔히 정리하자. 피커 교수는 자신이 사무실을 정리하는 원칙 한 가지를 소개했는데 바로 '잘 모르겠으면 없애자!'다. 다음은 피커 교수가 제안한 사무실 정리 3원칙이다.

- 보존해야 하는 파일은 보존한다.
- 완료하지 않은 업무는 '곧 완료될' 파일 더미에 넣는다.
- 이외의 업무와 관련 없는 물건들은 큰 봉투 하나에 전부 집어넣는다. 봉투 위에 '3개월 동안 열지 않으면 폐기'라고 쓰고 나서 봉한다.

특히 마지막 원칙은 그대로 하려면 상당한 의지가 필요하다. 봉투 안에 있는 물건 중 하나가 나중에 필요할지도 모른다고 생각하면서 버릴까 말까 주저하는 데 시간을 들이지 않아도 되니 꽤 효과적이다.

피커 교수는 3개월 동안 한 번도 필요하지 않았던 물건이라면 '주저 없이 버려라!'라고 강조했다.

이외에 사무실에 있는 달력, 포스터 등 당신의 시선 범위 안에 들어오는 이런저런 물건을 버려야 한다. 컴퓨터 앞에 앉아서 보이는 모습이 빈 벽이라면 주의력이 분산되지 않을 것이다.

시각적으로 혼란스럽지 않은 업무 환경을 원한다면 컴퓨터도 정리해야 한다. 바탕화면에 보이는 이런저런 프로그램들, 메시지 프로그램, 뉴스 등 각종 알림 등을 삭제하자. 컴퓨터 자체가 만드는 방해가 이렇게나 많았나 싶어 깜짝 놀랄 것이다.

방해금지 시간대 만들기

각종 방해에 흔들리지 않는 가장 쉬운 방법은 바로 방해를 원천 차단하는 것이다. 이런 의미에서 '방해금지 시간대'를 설정하는 방법이 매우 효과적이다. 예컨대 14:00~16:00가 업무에 집중하고 싶은 시간대라면 이때만큼은 이메일 열람이나 전화 수신, 회의 참석 등을 하지 않는다.

전화는 단연 방해의 주범이다. 많은 사람이 휴대폰을 도구로 사용하지 못하고 오히려 노예로 전락한다. 휴대폰은 생활의 편리를 위한 장치라는 사실을 잊지 말자. 전화 방해를 막는 가장 확실한 방법은 휴대폰을 꺼두는 것이지만, 현실적으로 어려운 경우가 많다. 그렇다면 다만 특정 시간대만이라도 전화를 받지 않아서 방해를 차단하는 것도 좋은 방법이다. 물론 그러려면 어느 정도 권한이 있는 직위에 있거나 사무직이 아니어야 한다.

아마 '진짜 급한 일인데 연락이 안 되면 어떻게 하지?'라는 의문이들 것이다. 이와 관련해서 피커 교수는 '방해금지 시간대 공유하기'를 제안했다. 업무 중에 직접 접촉할 가능성이 있는 사람들, 서로 급한 업무를 주고받는 업무 관련인들끼리 각자의 방해금지 시간대를 공유할 필요가 있다. 이런 이유로 각자의 방해금지 시간대는 반드시 너무 길거나 서로 겹치지 않게 해야 한다.

효과적으로 소통하기

방해는 외부와 소통이 원활하지 않아서 발생하기도 한다. 효과적인 소통을 통해 방해받지 않고 시간을 절약하고 싶다면 다음 방법들을 시도해보자.

① 접객 시간

사람 만날 일이 많은 업무를 하고 있다면 '수다스러운' 방문객 때문에 너무 많은 시간을 허비한 경험이 있을 것이다. 이런 방문객들은 무슨 이야기든 본론으로 들어가기까지 너무 오래 걸린다. 이런 사람들 때문에 귀중한 시간을 버리고 싶지 않다면 대화를 시작하는 시간뿐 아니라 화제에 따라 대화가 끝나는 시간까지 정해두어야 한다. 다소 야박하게 들릴 수도 있지만, 당신의 시간을 지킬 수 있는 가장 좋은 방법이다. 누구에게나 똑같이 이 방식을 적용한다면 상대방도 큰 불만을 표하지 않을 것이다.

② 명확한 전달

관리직이라면 중요한 일을 알릴 때, 전체에 알려야 오해가 없다. 한두 명에게만 알린 후에 전달을 지시하더라도 그 과정에서 당신의 뜻이 곡해될 가능성이 크기 때문이다. 또 사람을 만나는 업무는 가능한 오후에 진행하자. 오전에 사람을 만나면 하루의 업무가 계획대로 순조롭게 진행되기 어렵다. 실제 대부분 접객 업무가 오후에 이루어지는 까닭이다. 오후 시간을 사람 만나는 데 쓰면 오전 업무 때문에 피곤해진 두뇌를 편하게 하는 효과도 있다.

이상의 방해를 차단하는 기술들을 통해 개인 시간을 효과적으로 보장할 수 있다. 더 중요한 점은 방해를 차단하는 과정에서 주변 사람들이 당신의 업무 시간을 알게 되고 당신의 시간을 더 존중하게 되는 변화다.

자질구레한 일에서 벗어나는 기록의 마법

우리의 일과 생활에는 수많은 잡무가 가득하고 이를 처리하기 전에는 어떠한 행동도 취하기가 어렵다. 집안일, 메모 정리, 영수증 처리, 기획서 작성 등 온갖 잡무가 당신의 머리 위를 날아다니고, 컴퓨터를 켜면 어디에서 보냈는지도 알 수 없는 이메일이 가득 쌓여 있다. 또 머릿속은 각종 약속과 아이디어가 혼잡하게 엉켜 있어서 생각을 제대로 정리하기 어렵다. 당신을 겹겹이 둘러싼 잡무들을 제대로 정리하고 처리하지 않으면 정작 중요한 업무에 걸림돌이 될 수 있다.

지나는 이미 두 시간 전에 사무실에 도착해서 책상 앞에 앉았지만, 여전히 업무에 집중하지 못했다. 머릿속을 가득 채운 자질구레한 일들 때문에 도무지 업무를 시작할 수가 없었기 때문이다. 신용카드 결제를 취소했는데 실제 결제한 금액과 환불된 금액이 서로 맞지 않았고, 아들이 유치원에서 친구와 싸워서 5시에 상담이 잡혀 있으며, 병원에서 엄마의 심장약을 받아다 드려야 하는데 아무리 생각해도 약 이름이 기억나지 않았다.

이렇게 사소해 보이는 작은 일들이 거의 세 시간 넘게 지나의 머릿속을 헤집어놓고 있었다. 지금 하는 업무를 이틀 안에 끝내야 하는 걸 생각하면 이 세 시간이 너무나 귀중한데도 도무지 일에 집중하기 어려웠다.

잡무는 개인의 업무 효율에 어떤 영향을 미칠까? 이 문제를 해결하려면 우선 우리 뇌에 대한 이해가 필요하다. 사람의 뇌 안에는 단기기억을 담당하는 영역이 있는데 쉽게 말해서 컴퓨터의 램(RAM)과 기능이 같다. 이 영역은 구체적인 용량 제한이 있어서 잡무가 너무 많이 있으면 중요한 일을 처리하는 능력이 떨어지게 된다.

집중력을 유지하면서 스트레스를 줄이고 싶다면 우리 뇌 안에 있는 램에 저장된 잡무들을 정리해야 한다. 그렇게 램 공간을 충분히 확보해야만 집중력이 향상된다.

잡무에서 해방되는 방법으로 '기록하기'가 있다. 머릿속을 가득 채운 잡무들을 노트나 휴대폰에 기록해두고 시간이 나면 하나씩 처리하는 방법이다.

잡무 가려내기

우리가 일과 생활에서 부딪히는 잡무는 크게 다음의 네 가지 유형이 있다.

① 역할과 약속

멀리 사는 가족에게 안부 전화하기, 동료가 부탁한 일 하기 등 이런 일들이 모두 역할과 약속에 포함된다. 이외에 집안 대소사를 챙기고, 영수증을 정리하고, 공과금을 내고, 가전을 수리하는 일처럼 <u>스스로 자신에게 요구하는 일</u>들을 잡무로 본다.

② 업무와 인간관계

길을 걷거나 차를 타고 이동하는 중에 문득 새로운 아이디어나 흥미로운 마케팅 방안, 동료에게 보내야 하는 이메일 등이 떠오르면 기록한다. 이외에 인간관계를 위한 일들, 예컨대 오랫동안 연락하지 않은 친구에게 안부 전화 걸기 등이 기록할 만한 잡무다.

③ 작은 정보들

고객의 회사까지 가는 법, 주차 위치, 예약한 식당 번호 등 이렇게 잊기 쉬운 작은 정보들을 기록해야 할 때가 있다. 써두지 않아도 기억할 수 있다고 말하는 사람도 있겠지만, 아까운 기억 공간을 이런 자질구레한 일들에 쓸 필요는 없다. 수첩이나 휴대폰에 쓰고 필요할 때 열어보면 된다.

④ 주변 물건들

옷장 정리, 영수증 확인, 장난감 치우기, 책장 재배치 등 이런 일들을 기록해놓았다가 시간이 나면 한꺼번에 처리해서 시간을 절약한다.

도구 선택하기

잡무를 가려냈다면 이제 기록할 수 있는 도구를 선택해야 한다. 이 도구를 잘 다루고 이용해야만 효과를 키울 수 있다. 가려낸 잡무를 수집해서 기록하는 도구를 잡무를 넣어두는 곳이라는 의미로 '잡무 상자'라고 부른다. 어떤 것이든 편리하다고 생각하는 것으로 선택하면 된다. 주머니에 넣을 수 있는 작은 수첩, 휴대폰. 메모지 등이 있다.

잡무 상자 이용하는 법

이제 당신은 하루의 대부분 시간을 잡무를 기록하는 데 쓰게 될 것이다. 우리 뇌가 언제 어디서나, 심지어 잠을 잘 때도 열심히 돌고 있기 때문이다. 자려고 침대 위에 누워서, 쇼핑 중에, 등산할 때, 비행기에 올랐을 때 등등 잡무를 기록해야 하는 상황은 수시로 발생한다. 심지어 수영장이나 화장실처럼 전혀 예측하지 못한 장소에서도 새로운 아이디어나 영감이 출현할 수 있다.

잡무를 포착하는 능력이 강한 사람일수록 뇌 안의 단기기억 영역에 부담이 감소하고 스트레스도 줄어든다. 다음은 잡무 상자와 관련해서 주의해야 할 내용이다.

① 정기적으로 기록한다

매일 출근 전 10분간, 버스 기다리는 중에, 중요한 일을 끝내고 쉴 때 등 잡무를 기록하는 시간을 고정하는 편이 좋다. 꾸준히 하면서 습관으로 들이면 창의력이 샘솟고 중요하지도 않은 잡무로 혼탁해진 뇌가 맑아져서 스트레스가 사라질 것이다.

② 최대한 단순하게 한다

잡무를 기록함으로써 뇌의 부담을 줄일 수 있지만, 그렇다고 휴대폰과 노트처럼 두 가지 이상의 도구를 이용해서 기록하면 오히려 더 복잡하고 어디에 기록했는지 기억하기도 어렵다. 여러 가지 도구를 동시에 사용한다면 기록하는 행위 자체가 잡무로 전락하고 말 것이다. 특히 구체적인 사항, 예컨대 전화번호를 종이에도 썼다가, 휴대폰에도 저장했다가, 이메일 주소록에 넣었다가 하면 제대로 된 전화번호부를 만드는 데 실패할 수밖에 없다.

사용 중인 잡무 상자를 검토해보고 만약 불필요한 도구와 습관이 있다면 모두 정리해서 가장 간편하고 사용하기 좋은 한 가지만 남겨야 한다. 그래야만 잡무를 확인하고 처리할 시간이 날 때, 어디부터 열어봐야 하는지 알기 쉽다.

③ 내게 알맞은 잡무 상자

휴대폰이나 태블릿PC 같은 전자제품으로 잡무를 기록하면서 즐거움을 찾는 사람도 있지만, 모든 이가 그런 것은 아니다. 아날로그 감성을 좋아하는 사람은 종이와 펜을 이용하는 편이 훨씬 어울린다. 종이와 펜은 정확한 기록이 가능하고 전자제품으로 대체할 수 없는 장점이 있다. 이외에 소형 녹음기나 카메라도 가장 사실에 근접한 기록이 가능하다는 점에서 좋은 선택이 될 수 있다.

언급한 도구들은 각각의 장점이 있으니 자기 스타일에 맞는 도구를 장기간 사용함으로써 생활과 시간관리의 일부분으로 자리 잡도록 해야 한다.

잡무 상자는 마치 '두 번째 뇌'처럼 우리가 눈앞에 놓인 진짜 중요한 일에 집중하게 하고, 할 일을 잊을까 봐 걱정할 필요 없게 도와준다. 하지만 수많은 잡무를 뇌에서 꺼내서 잡무 상자 안에 넣는 일을 습관으로 만들려면 어느 정도의 시간이 꼭 필요하다. 잡무를 기록하면 뇌가 새롭게 집중력을 발휘해서 매번 더 나은 판단과 처리가 가능해진다. 잡무를 효율적으로 처리하고 싶은데 기록하는 방식이 익숙하지 않다면 방법은 하나, 꾸준히 하는 것뿐이다. 어느 정도 시간이 흐르면 자기도 모르게 익숙해졌음을 발견하게 될 것이다.

업무 위임과 권한 부여의 효과

이미 앞에서 자기 손으로 직접 할 필요가 없는 업무는 타인에게 위임하는 편이 시간 효율을 올리는 방법이라고 소개한 바 있다. 업무 일부분을 타인에게 맡기면 당연히 부담이 줄고, 다른 중요한 일에 쏟을 시간과 에너지를 확보할 수 있다.

풀먼은 와튼스쿨에 다니면서 위임의 중요성을 배웠지만, 실제로 그렇게 할 기회는 없었다. 졸업 후에 지금의 회사에 취직한 그는 동료들이 다소 미련하게 일한다는 인상을 받았다. 심지어 어떤 직원은 아예 고객 면전에서 "죄송하지만, 제가 지금 좀 바빠서요. 문제를 해결해드릴 사람을 소개해드릴 수 있는데요"라고 말하기까지 했다.

어느 날 퇴근 30분 전, 한 고객이 한창 중요한 업무를 마무리하는 중인 풀먼을 찾았다. 고객은 전체 기술 교육을 처음부터 다시 받고 싶다고 요구했다. 풀먼은 갑자기 생긴 업무에도 당황하지 않고 큰 소리로 "네, 알겠습니다. 제 동료 릴이 고객님을 도와드릴 수 있도록 하죠"라고 말한 후, 고객이 보는 앞에서 침착한 태도로 릴에게 전화를 걸었다. "중요한 고객님께서 오셨는데 기술 교육을 전체적으로 다시 받기를 원하셔. 그쪽으로 모실게." 전화를 끊은 그는 부드럽게 미소 지으며 고객에게 말했다. "고객님, 이제 릴의 사무실로 가실까요? 그쪽에서 더 전문적인 도움을 받으실 수 있습니다. 저희 비서가 안내하겠습니다." 이렇게 해서 고객은 만족스러운 서비스를 받았고, 풀먼은 더 중요한 업무를 처리할 수 있게 되었다.

지금처럼 전에 없이 경쟁이 치열한 시대에 시간은 점점 더 그 가치가 상승하고 있다. 이런 때에 필요도 없는 일에 목맬 필요 없다. 불필요하다고 판단하면 다른 사람에게 넘겨서 그 시간에 더 효과적인 일을 하는 편이 현명하다. 풀먼이 동료 릴에게 업무를 위임한 방식은 매우 간단하고 편안하게 보이지만, 실제로 업무를 위임할 때에는 고려할 사항이 적지 않다. 와튼스쿨은 업무 위임과 관련해서 다음 내용을 제공했다.

어떤 업무를 위임할 것인가?

원칙적으로 합당한 권한이 있고 적절한 행위라고 판단된다면 당신의 업무를 타인에게 위임할 수 있다. 위임이라는 방식을 통해 업무를 완성하고 싶다면 사전에 여러 문제를 고려해야 한다. 특히 이 업무의 목적이 무엇인지, 어떤 일을 해야 하는지, 특수한 문제는 없는지, 복잡한지 아닌지 등을 꼼꼼히 따져볼 필요가 있다. 이런 내용을 생각해보고 결과까지 예상해보기 전에는 함부로 위임해서는 안 된다.

당신뿐 아니라 위임받을 사람도 업무를 정확히 이해해야 한다. 이를 위해 당신은 이 업무의 성질과 목표를 설명하고 이 일을 하면서 새로운 지식과 경험을 얻을 수 있음을 알려야 한다. 한번 이렇게 해두면 다음 같은 종류의 업무를 위임할 때 굳이 따로 설명하지 않아도 된다.

더불어 위임한 업무를 성공적으로 마무리하기 위해 당신이 참여할 수 있는 부분을 확정해야 한다. 업무를 넘기기만 하고 어떻게 진행되는지도 모르고 컨트롤하지 못한다면 그냥 직접 하는 편이 더 낫다.

한편 '뜨거운 감자'에 해당하는 업무는 위임하지 않는 것이 좋다. 뜨거운 감자란 반드시 당신이 직접 처리해야 하는 최우선의, 특수한 업무를 가리키는 말이다. 예컨대 당신의 상사가 가장 중요하게 생각하고 흥미롭게 주시하는 업무라면 위임할 생각하지 말고 직접 처리하는 편이 더 유리하다. 이외에 당신만이 이해할 수 있는 업무, 특수하거나 대외비인 업무라면 위임할 수 없다.

누구에게 위임할 것인가?

업무 위임을 성공적으로 하려면 위임받을 사람의 역량에 대한 깊은 이해가 필요하다. 업무와 위임받을 사람에 대한 이해의 깊이가 위임의 성공 여부를 결정한다고 해도 과언이 아니다. 우선 성실하고 진실하며 신뢰할 수 있는 사람이라면 최우선 대상자다. 이외에 업무에 대한 이해와 업무 처리 속도가 중요한 요소다.

① 업무에 대한 이해

어떤 사람이 해당 업무에 대해 당신이 생각한 것보다 훨씬 정확하고 상세하게 알고 있다면, 안심하고 위임해도 좋다. 업무를 제대로 이해하지 못한 사람에게 일을 맡겼다가 일은 일대로 그르치고, 인간관계마저 무너질 수 있으니 중요하게 생각하자.

② 업무 처리 속도

동료보다 타자 속도가 두 배 빠른 비서, 남보다 행정사무 처리를 능숙하게 하는 직원은 당연히 당신의 업무를 위임받을 우선 대상자가 된다. 업무를 위임하는 사람으로서 당신은 각 직원의 업무 처리 속도를 파악해서 누가 기한 안에 일을 완성할 수 있는지 예측해야 한다.

어떻게 위임할 것인가?

업무 위임도 때를 살펴야 한다. 예를 들어 이제 막 출근한 사람에게 일을 넘겨봤자 좋은 소리 들을 리 만무하다. 그들도 하루의 업무 계획이 있을 텐데 당신 때문에 그 계획을 실현할 수 없게 되기 때문이다. 이는 당신이 상사여도 마찬가지다. 기존 계획을 바꾸라고 강요해서 기어코 일을 시켜봤자 업무 적극성이나 효율이 크게 떨어진다. 이런 이유로 아주 급한 일이 아니라면 되도록 오후에 일을 맡기는 것이 좋다. 더 정확하게 말하자면 업무 위임을 하루의 마지막 업무라고 생각해야 한다. 그래야 위임받는 사람이 다음 날의 업무 준비를 하고, 이 업무를 어떻게 완성할지 계획할 수 있기 때문이다.

위임 방식은 면대면이 가장 좋다. 직접 얼굴을 보면서 업무를 위임해야 서로 질문을 주고받으면서 즉각적인 정보 피드백을 얻고, 표정과 동작 등으로 업무의 중요성을 보다 효과적으로 강조할 수 있다. 크게 중요하지 않은 업무만 메모나 메시지 프로그램을 통해 위임한다.

위임 계획 확정

목표가 확정되어야 업무를 위임할 수 있다. 누군가에게 당신의 업무를 위임하기 전에 다음의 질문에 정확하게 답변해야 한다.

- 누가 이 업무를 책임지는가?
- 왜 그에게 업무를 위임하는가?
- 완성까지 시간이 얼마나 걸리는가?
- 예상되는 결과는 무엇인가?
- 업무를 완성하려면 무엇이 필요한가?
- 어떤 경로로 업무 현황을 파악하는가?

이 내용과 함께 실현하고자 하는 목표를 기록으로 남겨서 당신과 위임받는 사람이 한 부씩 보관한다. 이렇게 하면 양측이 모두 업무의 특징과 요구사항을 정확히 이해할 수 있고, 서로 오해의 여지가 없다.

구체적인 과정

업무를 위임할 때는 반드시 다음 내용을 전달해야 한다.

① 원인

우선 왜 업무를 맡기는지, 상대방이 선택된 이유는 무엇인지 설명한다. 당신의 권한으로 업무를 위임할 수 있음을 알리는 동시에 이 일을 맡음으로써 그가 얻을 수 있는 긍정적인 일면을 강조하자. 그래야 위임받는 사람도 이 업무를 해서 얻을 수 있는 장점들을 인식할 수 있기 때문이다.

② 모든 정보

업무의 목표를 구체적으로 나열하고, 이와 관련한 당신의 경험까지 모두 전달한다. 과거에 유사한 업무를 어떻게 처리했는지, 어떠한 결과를 얻었는지 설명한다.

③ 기한과 요구사항

업무를 위임받는 사람에게 규정된 기한을 명확히 알리고, 아주 열악한 조건이나 어쩔 수 없는 상황에서만 기한을 미룰 수 있다고 강조한다. 또 기대하는 결과를 말하면서 그에 필요한 요구사항을 구체적으로 알린다.

업무 현황을 파악한다

업무를 위임해놓고 너무 속속들이 알려고 하고 간섭하면 시간도 낭비되고, 상대방을 신뢰하지 않는다는 인상을 줄 수 있다. 그렇다고 일만 맡기고서 나 몰라라 하는 태도로 일관해서도 안 된다. 그러므로 최대한 '기술적으로' 위임한 업무의 현황을 파악할 줄 알아야 한다.

- 난도가 높은 업무라면 자주 현황을 살펴서 순조롭게 진행되는지 확인한다.
- 경험이 많지 않은 사람에게 업무를 위임했다면 일반적인 상황보다 두 배 이상 자주 현황을 살핀다.
- 일반적인 상황에서 한번 업무를 위임했으면 상대방이 해낼 수 있다고 믿어야 한다. 이 경우, 현황 확인은 일주일에 한 번이면 충분하다.

마지막으로 강조할 내용은 위임하는 업무가 반드시 나름의 의미가 있어야 한다는 점이다. 해봤자 아무런 이득도 없는 업무는 전부 남에게 떠넘기고, 자신을 돋보이거나 향상할 수 있는 중요한 업무는 전부 자기가 차지하려고 해서는 안 된다. 이래서는 업무 위임을 통해 시간을 절약하는 목적을 실현하지 못할 뿐 아니라 이기적인 사람이라는 평판만 얻는다. 자신에게는 무익하지만, 누군가에게는 성장과 발전의 의미가 있는 업무를 위임한다면 결과가 더할 나위 없이 좋을 것이다.

상황에 따른 시간관리 전략

경영관리 분야에서 조작 및 데이터 관리 체계화 실현은 업무 효율을 향상하고 효과를 촉진하는 핵심 요소다. 시간관리 분야에도 이 체계화의 개념을 적용할 수 있지만, 경험 부족 탓에 실제로 그렇게 하는 사람은 드물다.

와튼스쿨을 졸업한 경제학 박사 레논 페터가 한 기업의 경영진을 대상으로 일괄처리의 중요성을 설명하면서 질문을 던졌다. "어떤 사안을 알리기 위해 전화 통화를 30번 해야 한다고 가정해봅시다. 이 일을 다 끝내려면 시간이 얼마나 걸릴까요?"

사방에서 각기 다른 답들이 쏟아지는 와중에 한 여성이 조용히 손을 들고 말했다.

"30분이면 충분합니다."

페터 박사는 여성에게 다시 질문했다.

"왜 그렇게 생각하시나요?"

"우선 통화해야 하는 30명의 전화번호부를 옆에 두고 전화를 걸기 시작합니다. 처음에는 당연히 속도가 늦지만, 몇 번 통화하고 나면 반드시 전달해야 하는 핵심 정보가 파악되거든요. 그 내용을 적은 종이를 옆에 두고 보면서 말하면 됩니다. 이렇게 하다 보면 전화를 걸수록 통화시간이 짧아지죠."

아마 업무상 전화 걸 일이 많은 사람은 이 업무를 한꺼번에 집중적으로 하면 시간이 훨씬 절약된다는 사실을 잘 알 것이다. 이처럼 똑같은 유형의 일을 한 번에 진행하는 방법을 바로 '일괄처리'라 한다.

페터 교수는 '개인 맞춤형 시간관리'라는 글에서 이렇게 말했다. "상황 파악 능력은 개인 맞춤형 시간관리를 업무 목록으로 발전시키는 데 있어 가장 중요한 핵심 역량이다. 상황에 따라 분류된 시간관리법은 효율성을 크게 향상할 수 있다."

그렇다면 여기서 말하는 '상황'이란 무엇일까? 상황의 사전적 의미는 '하나의 사건을 발생시키는 데 필요한 구체적인 환경이나 조건'이다. 예컨대 누군가에게 전화를 걸려고 할 때 필요한 상황은 전화이며, 이메일 한 통을 쓰려고 할 때 필요한 상황은 컴퓨터다.

상황의 개념은 '레이블'과 유사하다. 즉 어떤 일들에 레이블을 붙여서 분류하는 것이다. 하지만 설정한 상황이 너무 많으면 특정 작업에 어느 상황의 레이블을 붙여야 할지 구분하기 어려울 수 있다. 페터 교수는 자신의 업무 습관에 따라 상황을 다섯 개만 설정하고 각 작업을 분류했다. 그가 만든 상황은 각각 '직접 하기, 만나서 교류하기, 전화로 소통하기, 컴퓨터 이용하기, 사고하기'다.

직접 하기

시간관리에서 권한은 매우 중요한 요소다. 시간관리의 고수들은 꼭 필요하지 않은 일이라면 자기 손으로 하기보다 권한을 타인에게 넘겨서 하게 한다. 타인의 시간을 이용해서 자기 업무를 더 고효율로 만드니 이기적이라고 말하는 사람도 있지만, 사실 이는 시간관리에 '팀 분할'의 개념이 있음을 알지 못한 탓에 발생한 오해다.

현실에서 시간관리는 타인과의 상호활동과 떼어놓고 생각하기 어렵다. 팀을 조직하고 그 안에 상호 신뢰의 기초를 다진다면 개인의 전문성과 자유시간에 따라 얼마든지 분업할 수 있다. 팀을 구성하는 개인은 모두 상응하는 '참여감'을 느끼므로 매사를 모두 자기 혼자서 짊어지려고 할 필요 없다. 오히려 팀 안에서 협력하고 분업하며 개인의 스트레스가 감소해 더 좋은 결과를 도출할 수도 있다.

A는 워크숍 개최를 맡은 담당자다. B와 C는 행사 전 체크인, 케이터링 등의 업무를 진행하며, D와 E 두 사람은 강연 콘텐츠를 책임진다. 이렇게 팀을 만들고 완벽하게 분업한다면 성공적으로 워크숍을 열 수 있다. 만약 모든 업무를 한 사람이 하려고 했다면 엄청난 부담감과 스트레스에 시달려서 시간과 일을 적절하게 조정하지 못했을 것이다. 워크숍은 제때에 개최되기 어려웠을 테고, 간신히 개최했더라도 기대했던 효과를 얻기는 불가능했을 것이다.

직접 해야 가장 좋은 결과를 얻을 수 있는 일도 있다. 예컨대 자기 능력을 드러낼 필요가 있는 일들은 처음부터 끝까지 직접 해야 다른 사람들이 당신의 능력을 알아볼 수 있다. 이런 때는 팀의 지원이 아예 없는 편이 제일 좋다. 하지만 팀이 있는 경우라면 그 안에서의 역할을 이해하고 맡은 일을 훌륭하게 수행하면서 팀이 복잡한 업무를 완수하는 데 협조하고 더 큰 가치를 제공해야 한다.

만나서 교류하기

시간관리에서도 인간관계는 매우 중요한 요소이다. 만나서 교류하기는 무척 중요한 일이므로 그 기회와 인연을 소중히 받아들여야 한다.

일과 생활에서 누군가를 만날 일이 있다면 사전에 충분히 연구하고, 교통, 날씨, 여정 그리고 만나서 해야 할 말과 행동까지 모두 하나하나 확인한다. 이렇게 철저하게 준비한 끝에 소중한 만남이 이루어지면 실수나 잘못을 저지르는 일이 거의 없다. 다른 사람들과 문제를 논의하기 전에는 반드시 충분한 준비가 필요하다. 회의할 때 미리 주제 속으로 들어가 있지 않다면 제대로 된 결론을 도출하기 어렵다.

전화로 소통하기

전화 통화를 선호하는 편이라면 '완벽한 주소록'을 만들어야 한다. 여기에는 다음의 세 가지 기본 원칙이 있다.

- 전화번호나 명함만 기록하는 단일 자료창고를 만든다.
- 다양한 전자기기로 수집한 명함을 데이터화한다.
- 컴퓨터와 휴대폰의 주소록을 동기화한다.

이상의 방법으로 완벽한 주소록 시스템을 만들어두면 연락하려는 대상을 더 빠르게 찾을 수 있다.

페터 박사의 강연에서 30분이면 30명에게 전화할 수 있다고 답한 여성에게 비교적 완벽한 주소록이 없다면 순조롭게 업무를 완수하지 못했을 것이다. 한 명, 한 명 전화번호를 찾다가 많은 시간을 무의미하게 낭비했을 것이 틀림없다. 평소에 완벽한 주소록을 만드는 습관을 기른다면 필요할 때 시간을 낭비하지 않을 수 있다.

또 전화를 걸기 전에 미리 의사소통의 핵심 사항을 생각하는 것도 매우 중요하다. 이렇게 하면 통화시간을 절약할 수 있을 뿐 아니라 양측이 모두 빠르게 주제로 들어가서 소통의 품질이 향상된다.

컴퓨터 이용하기

페터 박사는 컴퓨터의 상황을 두 가지로 나누었다.

- 업무 계획, 글쓰기 등 독립적 작업 상황
- 메시지 프로그램, 이메일 등으로 타인과 소통하는 상황

두 가지 중 어떤 상황이든 숙련된 타자 실력이 필요하다. 만약 자신의 타자 속도가 너무 느리다고 생각한다면 향상할 방법을 찾아봐야 한다.

① 각종 프로그램을 최대한 활용한다

다양한 검색엔진을 통해 필요한 자료를 찾는다. 또 워드나 엑셀 프로그램으로 자료를 제작하고 개인의 업무 효율을 향상한다. 현대인이라면 기본적인 컴퓨터 프로그램뿐 아니라 다양한 소프트웨어를 활용해서 업무 능력을 키우는 데 게을리 해서는 안 된다. 페터 박사는 간단한 문서 작성, 이미지 보정 등을 꼭 배워야 할 내용으로 꼽았다.

② 고효율로 소통한다

네트워크, 즉 컴퓨터간의 소통 경로는 나날이 발전하는데 정작 컴퓨터를 이용한 소통을 어려워한다면 그만큼 유감스러운 일도 없다. 가장 기본적인 이메일을 비롯해 페이스북, 왓츠앱 등이 아주 훌륭한 도구가 될 수 있다. 또 각종 포럼이나 인스타그램 등도 당신의 업무 능력 향상에 도움이 될 것이다.

사고하기

시간관리와 관련한 사고는 대부분 직선형으로 다음에 할 행동만 잘 생각하면 된다. 이런 직선형 사고가 시간관리의 80퍼센트 이상을 차지한다. 또 사고의 19퍼센트는 마인드맵이나 특정한 도구를 더해야 완성도가 높아진다. 그리고 나머지 중요한 1퍼센트는 좀 더 깊은 사고, 경험과 오랜 연습이 필요하다.

처리 단계에서 일부 문제는 적절한 다음 행동이 바로 떠오르지 않는데 이럴 때는 '사고하기'를 통해 분석과 사색을 거칠 필요가 있다. 예를 들어 자유여행 일정을 짠다면 예산, 기간, 교통 등과 같은 요인들이 있으니 모두 고려해서 특정한 시간에 사고해야 한다.

어떤 일을 할지 결정할 때는 반드시 전략적으로 하자. 상황에 따른 분류는 일을 더 체계적으로 실행하기 위한 구체적인 아이디어다. 이러한 사고를 거친 작업 방식을 통해 시간관리에서 더 나은 결과를 얻을 수 있다.

시간의 품질을 높여라

가끔 시간이 얼마나 빠른지 깨닫고 놀랄 때가 있다. 어떻게 해야 이렇게 귀중한 시간자원을 온전히 사용할 수 있을까? 역시 가장 효과가 있는 방법은 시간의 품질을 향상하는 것이다. 시간의 품질을 높이면 효율이 올라가서 늘 부족한 시간자원을 최대한 이용할 수 있다. 앞서 등장했던 류비셰프의 시간관리법이 그러했다.

'시간을 정복한 남자'라 불리는 류비셰프는 직접 '시간 통계법'을 고안해서 스물여섯 살이던 1916년의 첫날부터 생활 전반에 적용했다. 시간 통계법은 즉각, 그리고 상세하게 자신이 사용한 시간을 계산하는 방법이다. 류비셰프는 매일, 매달, 매년 시간을 어디에 얼마나 사용했는지 꼼꼼하게 계산하고 관리해서 시간 이용의 고효율, 고품질을 추구했다.

1972년에 세상을 떠날 때까지 56년 동안 단 한 번도 시간 통계법을 멈추지 않은 덕분에 류비셰프의 업무 효율은 놀라울 정도였다. '하루를 사흘같이' 쓴 류비셰프는 평생 총 70여 편의 연구보고서, 1만 2,500쪽에 달하는 논문을 썼다. 그의 전기를 쓴 작가는 "류비셰프는 시간의 본질을 꿰뚫은 가장 위대한 인물 중 한 명이다"라고 말했다.

어쩌면 시간을 효율적으로 사용할 수 있더라도 절대 류비셰프처럼 살 수는 없다고 생각할지도 모르겠다. 하지만 당신 역시 시간의 흐름이라는 문제를 해결해야 한다. 만약 매일 아침 업무를 시작하기 전에 30분 동안 운동하겠다고 마음먹었지만, 애초에 아침 일찍 일어날 수 없는 사람이라면 말한 대로 실천하는 것이 불가능하다.

누구나 각자의 생체리듬이 있으므로 자신이 하루 중 언제 에너지가 가장 왕성한지, 언제 사교에 가장 적합한 때인지, 또 언제 힘이 없고 두뇌 활동도 느린지 생각해볼 필요가 있다. 예를 들어 가장 무기력할 때는 짧은 휴식을 취하든지 소설책을 읽으면서 시간을 보내야지 논문 작성이나 업무 수행을 스스로 강요해봤자 무의미하다.

사실 시간관리는 그 특수성과 복잡함 탓에 모두에게 적합한 고정 모델을 찾기가 어렵고, 엄밀히 말하면 아예 그런 건 없다고 하는 편이 맞다. 이런 이유로 당신이 시간의 품질을 올리고 싶다면 몸의 작동과 그 기본규칙에 따르는 수밖에 없다.

에너지가 가장 왕성한 시간대를 찾는다

'생체시계(Biological Clock)'란 인체의 생리 활동을 주기적으로 반복하도록 해주는 메커니즘을 가리킨다. 우리 신체는 생체시계의 영향을 받기 때문에 하루 24시간 내내 균형 상태를 이루지는 못한다. 일반적으로 사람은 하루 중 네 번의 고효율 시간대가 있다.

① 아침 6~7시

밤새 충분한 휴식을 취한 덕분에 몸은 활력을 찾고, 뇌도 전날에 받은 정보에 대해 정리, 분류, 기억, 삭제 작업을 완료한 상태다. 또 아직 새로운 정보를 많이 받지 않은 상태여서 에너지가 충분하고 기억력도 좋다.

② 오전 8~10시

전반적인 에너지가 가장 왕성해진 시간대다. 다양한 종류의 정보 처리 능력이 높아지고 기억력도 계속 상승한다. 뇌는 주로 반응과 판단력을 특징으로 하며 이는 분석력의 향상으로 드러난다.

③ 오후 6~8시

몸 상태와 뇌의 기억력이 최고조인 시간대다. 하루 중 신체와 뇌 활동이 모두 가장 활발한 때라고 볼 수 있다. 이는 신체가 장기적인 진화 과정에서 리듬을 형성하여 수면 전에 특별한 흥분 단계를 거치게 되었기 때문이다.

④ 잠들기 전 1~2시간

하루를 마무리했으므로 신체 활동이 적고 뇌도 더 이상 새로운 정보를 받지 않는다. 덕분에 심신이 모두 편안해지며 에너지를 소모하지 않고 비축하는 상태로 전환된다.

이상의 네 가지 시간대를 살피고 중요한 업무를 이 시간대에 한다면 시간관리 효과를 더 키울 수 있다.

자신의 생체시계를 인식한다

전문가들에 따르면 생체시계는 개인차가 존재하는데 크게 다음의 세 가지 유형을 나눌 수 있다.

① 아침형

아침이 되면 정신이 맑아지고 사고 활동도 활발해지는 유형이다. 여기에 속하는 사람은 아침에 일해야 아이디어가 샘솟고 기억력도 좋아서 머리를 많이 쓰는 일을 하면 효율이 높다.

② 저녁형

올빼미처럼 밤만 되면 중등 수준의 흥분 상태에 빠지는 유형이다. 중등 수준의 흥분은 뇌 피질이 조건반사를 설정하는 가장 좋은 흥분 상태로 반응이 매우 빠르다. 이런 사람들은 밤에 일해야 능력을 발휘하고 영민한 사고, 정확한 판단이 가능하다.

③ 혼합형

위의 두 유형과 달리 특정한 고효율 시간대 없이 종일 효율이 비슷한 유형이다. 아침과 저녁에 효율이 약간 높아지기는 하지만, 그렇다고 아침형이나 저녁형처럼 '평소와 다른' 상태까지 되지는 못한다. 각 분야에서 탁월한 성취를 거둔 대부분 사람은 아침형이나 저녁형이며, 그중에서도 저녁형이 특히 더 뛰어나다.

통계에 따르면 우리 중에 저녁형은 33퍼센트, 아침형은 17퍼센트, 그리고 혼합형이 50퍼센트를 차지한다고 한다. 각자의 생체시계 유형을 인식하고 찾아내서 시간관리에 적용한다면 더 좋은 결과를 얻을 수 있을 것이다.

부담을 줄인다

시간의 품질을 올리려면 효율이 가장 높은 시간대를 찾는 동시에 '부담'을 줄여야 한다. 한동안 심신을 업무에 쏟아붓고 나면 피로해질 수밖에 없는데 이런 상태로 다음 업무를 시작한다면 당신은 하수다. 잠시 업무를 내려놓고 몸과 마음의 부담을 줄여야 한다.

① 먹고, 자고, 운동하기

배고프거나 피곤하고 불안감이 든다면 당연히 시간의 품질이 떨어지는데, 사실 이 문제를 해결하는 방법은 간단하다. 먹고, 자고, 운동하면 된다. '피곤하지만 쉴 수 없어. 나는 일해야 하니까!' 같은 생각은 당신이 노력하는 사람임을 보여주기는 하겠지만, 그 노력은 효율이 낮다. 반대로 쉬고 나서 다시 일하면 효율이 훨씬 높아질 것이다.

② 좋은 사람과 어울리기

긍정적이고 활발한 사람과 어울리다 보면 저절로 기분이 좋아진다. 타인과의 접촉을 줄이고 열심히 일하는 것이 외부 간섭을 차단하고 효율을 높이는 좋은 방법이라고 생각하는 사람도 있겠지만, 실제로는 그렇지 않다. 세상과 격리되고 소통의 빈도가 줄어들면 우울감이 생기고 효율도 크게 떨어진다.

③ 솔직하게 털어놓기

공감 능력이 특별히 뛰어나거나 대단히 긍정적인 친구가 아니라도 괜찮다. 그저 누군가 당신의 복잡한 심경을 들어주기만 해도 문제가 간단해질 수 있다. 솔직하게 털어놓아서 스트레스를 덜고 집중력 분산을 막아 업무로 복귀한다.

시간의 품질을 높이고 최고의 업무 시간을 찾으려면 먼저 당신이 항상 최상의 상태일 수 없음을 인정해야 한다. 이는 항상 가장 좋은 상태로 작업할 수 없고, 잘해야 한다고 생각해도 기대만큼 잘하지 못할 수도 있다는 의미다. 물론 당신뿐 아니라 이 세상 모든 이가 그러하다. 이러한 인식은 시간을 낭비하는 활동을 차단할 수 있는 기초가 된다. 기억하자. 우리는 뭐든지 잘할 수 있는 사람이 아니다.

디지털 문화가 불러온 시간 낭비 대처법

거대하게 발전한 인터넷은 우리의 일과 생활에 유용한 정보와 자료를 끊임없이 제공하고 있다. 하지만 그 이면에 주의력 분산과 간섭 요소의 작용이라는 부정적 요소가 존재하는 것도 사실이다. 원래 더 효율적으로 일하기 위해 개발되었으나 뜻밖에도 우리의 시간을 낭비하는 최대의 방해꾼이 되고 만 것이다. 컴퓨터의 보급과 인터넷의 비약적 발전이 지금보다 더 건설적이고, 더 효과적이어야 한다는 데 동의하지 않는 사람은 없을 것이다. 인터넷은 대체 어쩌다가 시간 낭비의 주범이 되었는가? 모두가 생각해보아야 할 문제다.

RSS(Really Simple Syndication)는 인터넷에서 뉴스를 배포하는 표준 시스템으로 콘텐츠 배급 포맷이다. 사용자가 일일이 검색하지 않아도 웹사이트에 업데이트된 최신 정보를 배급하며 필요하면 그 내용을 이메일로 전송할 수도 있다.

나시아는 처음 RSS 서비스를 구독하고 무척 좋았다. 업무에 필요한 웹사이트에 쉽게 접근할 수 있고, 금융업 종사자로서 반드시 알아야 하는 정보와 자료들을 놓치지 않을 수 있었기 때문이다. 또 가족이나 친구의 블로그를 구경하기도 쉬워서 그들의 생활을 손바닥 들여다보 듯이 속속들이 알 수 있으니 무척 편리했다. 만약 RSS 서비스가 없었 다면 세상의 흐름을 따라잡지 못했을 거라고 생각할 정도였다.

정말 그럴까? RSS 서비스를 구독하고 얼마 지나지 않아 나시아는 아무래도 구독을 취소해야겠다고 생각했다. 이유는 다음과 같다.

- RSS 서비스가 제공하는 콘텐츠가 너무 많아서 5분마다 한 번씩 확인해야 했다. 하지만 그중에 대부분은 내용이 중복되어서 몇 분 동안 계속 '이미 읽은 글' 버튼을 클릭해야 했다. 그러다 보니 정보에 대한 민감도가 떨어지고 말았다.
- RSS 서비스를 구독한 후, 나시아는 일부러 혹은 무심코 하던 일 을 내려놓고 괜히 RSS를 몇 번이나 뒤적거렸다. 당연히 집중력 은 사라지고 마음이 분산되어서 업무 효율이 크게 떨어졌다.
- 온종일 읽고 또 읽었는데도 유효한 정보를 찾지 못한 날은 업무 효율이 떨어지고 기분까지 나빴다. 이 상태는 이어진 추가근무 시간에까지 계속되었다.

나시아가 RSS 서비스 구독을 취소한 후 그의 일과 생활은 빠르게 원래의 상태로 돌아왔다. 우려와 달리 그는 어떠한 중요 정보도 놓치 지 않았는데 수많은 지면 뉴스나 동료들 간의 교류를 통해 정보를 얻 었기 때문이다.

인터넷의 발전과 더불어 끊임없이 개발된 각종 효율성 도구들은 정보 전달과 상호 가동성을 가속화해 효율이 크게 향상할 거라고 예상했다. 하지만 우리는 물질의 유동과 순환으로 주도되는 세상에 살고 있으며 단순히 정보의 가속화와 상호작용에 의존해서는 모든 문제를 해결할 수 없다. 사례의 RSS처럼 인터넷은 당신의 업무 효율을 올릴 수 없을 뿐 아니라 도리어 제한된 시간을 낭비할 수도 있다.

인터넷과 유사한 것으로 휴대폰이 있다. 이제 이 작은 기계는 매일 외출할 때마다 휴대하지 않으면 안 되는 물건이 되었다. 심지어 휴대폰이 없으면 아무 일도 못하는 사람도 적지 않다. 이처럼 현대 과학기술에 과도하게 의존하는 행위 양상은 마치 흡연이나 음주처럼 하면 할수록 없으면 안 된다는 착각을 부른다.

펜실베이니아대학의 연구에 따르면 인터넷과 휴대폰은 중독의 원인이 되며 우리의 주의력과 집중력을 단계적으로 약화한다고 지적했다. 생활을 보다 편리하게 만들기 위한 기계들이 그 어느 때보다 마음을 분산시키는 기회를 제공한다는 의미다.

최대 77퍼센트의 사람들이 하루 12시간 이상 휴대폰을 사용하며, 34퍼센트가 24시간 동안 휴대폰을 켜놓는다는 조사 결과도 있다. 또 "휴가나 업무차 먼 곳으로 간다면 무엇을 가져가고 싶은가?"라는 질문에는 피조사자의 60퍼센트 이상이 휴대폰을 최우선으로 선택했으며, 65퍼센트가 휴대폰이 없으면 불안감을 느낀다고 했다.

현대 과학기술에 대한 과도한 의존은 우리의 일상에 부정적인 영향을 미치기 쉽다. 특히 사고력과 행동능력이 빠르게 저하할 것이다.

실제 업무에서 인터넷, 휴대폰과 관련해서 시간을 낭비한 경험이 있을 것이다. 물론 인터넷의 발전이 만든 도구들이 우리의 업무 효율을 향상한 사실을 부정할 수는 없다. 하지만 이러한 효율 향상은 개인의 강한 시간관리 인식이 있어야만 가능한 일이며 만약 의지가 약한 사람이라면 인터넷과 휴대폰의 바다에 빠져 시간을 흘려보낼 것이 뻔하다. 다음 방법을 시도해보자. 인터넷이나 휴대폰에 지나치게 의존하는 생활에서 벗어날 수 있다.

컴퓨터 사용 시간을 줄인다

반드시 컴퓨터를 사용해야 하는 업무라면 다음 방법으로 인터넷에서 낭비하는 시간을 최소화할 수 있다.

- 출근하자마자 컴퓨터를 켜서 이메일을 확인하는 습관을 버린다. 대신 오늘 할 일을 간단히 생각해보고, 필요하면 손으로 쓴다.
- 이메일 확인은 하루에 최대 세 번으로 제한한다.
- 이메일이나 실시간 채팅 프로그램으로 동료와 소통하지 않는다. 동료와는 직접 대면해야 관계가 향상되고 시간도 절약될 수 있다.
- 인터넷이 아닌 다른 방법, 신문, 잡지, 방송 등으로 정보를 얻는다.

휴대폰 내려놓기를 훈련한다

지금 자신이 휴대폰에 너무 의존한다고 생각한다면 당장 다음 방법을 시도해야 한다.

- 아침에 일어났을 때, 휴대폰부터 잡지 않는다. 사무실에 도착한 후에 휴대폰 전원을 켜도 늦지 않다.

- 점심시간에 산책한다면 사무실에 휴대폰을 두고 간다.
- 가능하다면 개인용 휴대폰을 장만해서 가족과 친구에게만 번호를 알려준다. 휴식이나 휴가 중에는 업무용 휴대폰을 *끄고* 개인용 휴대폰만 켜둔다.

첨단 제품을 선택적으로 거부한다

운동에 도움이 되는 피트니스 장비, 네트워크 인터페이스가 있는 커피 머신, 인스턴트 메시징을 구현하는 최신 컴퓨터 등 이런 물건들은 구매하기 전에 정말 필요한지 깊이 생각해보아야 한다. 첨단 과학기술 제품은 우리를 옭아매는 것이 아니라 생활을 더 편리하게 하기 위한 물건이다.

네트워크 및 그와 관련된 모든 것은 도구일 뿐이니 당신의 시간을 낭비하는 주범이 되어서는 안 된다. 핵심은 당신이 인터넷이나 다양한 IT 도구를 어떻게 사용하느냐에 달렸다. 무의미한 온라인 게임에 대부분 시간을 소비한다면 당장 컴퓨터를 *끄고* 와이파이를 차단해서 한동안 인터넷 네트워크에서 떨어져 있어 보자. 인터넷 네트워크가 없어도 일할 수 있으며, 오히려 있었을 때보다 효율이 더 높아진다는 사실을 깨닫게 될 것이다.

Chapter
5

효율을 높이는 시간관리법은 무엇인가

: 집중력

"성공한 콘텐츠는 체계화되고, 실패한 프로젝트는 파편화된다"라는 말이 있다. 경영관리 영역에서 각기 다른 규모의 업무들은 대부분 그에 맞는 일정한 양식을 갖추고 있다. 이처럼 모델화된 관리 방식을 개인의 영역으로 확장하면 시간관리나 수준 높은 자기 관리에서 모두 고효율, 고효과를 달성할 수 있다. 더불어 개인은 조직 운영의 구체적인 방식을 참조하여 일상 업무를 가능한 많이 체계적으로 모델링할 수 있다.

집중은 습관이다

생각을 집중해야 시간을 효율적으로 사용할 수 있지만, 뜻밖에도 '어떻게 집중하는지'를 모르는 사람이 대부분이다. 펜실베이니아대학의 심리학자 다코타 핸더 교수는 지금 하는 일에 주의력을 모으고 뇌의 정보 처리 속도를 정보 수신 속도에 가깝게 만들면 생각이 일의 진행을 따라잡아서 고도의 집중이 가능하다고 말했다.

좋아하는 영화를 볼 때는 어떻게 두 시간 이상 집중할 수 있을까? 핸더 교수에 따르면 멋진 스토리가 주의력을 영화에 잡아두기 때문에 생각이 영화 전개와 완전히 동기화되고 이런 집중 상태에서는 뇌의 정보 처리 속도가 정보 수신 속도와 거의 같기 때문에 가능하다.

반면에 전혀 관심이 없는 과학영화나 지루한 교육용 영화를 본다면 장시간 집중하기가 어렵다. 관심이 없으니 주의력을 모으기 어렵고 뇌의 정보 처리 속도가 정보 수신 속도를 따라가지 못하기 때문이다. 과학영화나 교육용 영화는 전달하는 지식이 너무 많다. 겨우 1분 안에도 수많은 정보가 포함되어서 뇌가 이를 제대로 처리하기 어려우며, 머리가 따라가지 못하니 스토리는 당연히 무시된다. 바로 이런 이유로 조금만 봐도 금세 주의가 분산되고 마는 것이다.

유심히 관찰해보면 "시간이 부족하다"라고 말하는 사람은 대부분 주의력 집중이 어려운 경우가 많다. 집중하지 못하면 머리와 마음이 항상 들떠있거나 분산된 상태에 놓이게 된다. 주의력은 마치 만화경처럼 깜박거리면서 돌아다니기 때문에 대단한 일을 하지 않았는데도 금세 피곤해진다. 이때의 피로는 신체가 아니라 집중하지 못한 탓에 생긴 정신의 피로다. 이 정신의 피로가 신체의 피로를 키우게 된다.

이처럼 비효율적인 피로의 악순환에서 벗어나려면 주의력을 집중해서 뇌의 정보 처리 속도를 정보 수신 속도에 맞춰 생각이 일의 진행을 따라잡게 해야 한다. 다음은 핸더 교수가 제안한 집중력 향상법이다.

집중한 상태로 시작하기

핸더 교수는 본격적인 업무를 시작하기 전에 좋아하는 책을 읽는 습관이 있다. 가장 좋아하는 《몬테크리스토 백작》 같은 책을 몇 페이지 읽으며 주의력을 모아서 집중한 상태로 업무를 시작할 수 있기 때문이다.

집중력 훈련하기

스포츠 선수는 경기에 나갈 수 있는 몸을 만들기 위해 엄청난 양의 훈련을 한다. 뇌도 집중이라는 도전에 성공하려면 근육을 단련하듯

적절한 훈련이 필요하다. 집중력 훈련은 당신이 더 높은 수준의 집중력을 유지할 수 있게 도울 것이다. 다음의 집중력 훈련법을 참고하자.

- 처음부터 5~6시간씩 집중하려고 할 필요 없다. 30분~1시간 정도 집중 상태를 유지하면서 차츰 시간을 늘린다.
- 집중이 필요한 시간에는 채팅 프로그램이나 SNS 알림을 꺼놓자. 한동안 확인하지 않아도 무슨 큰일이 나지 않으니 불안한 마음만 잘 다스리면 된다.
- 매일 특정한 시간대에 책을 보거나 단어를 외우는 등의 규칙적인 습관을 들인다. 장시간 집중할 수 있는 능력을 기르려면 어느 정도 시간이 필요하다. 하루 이틀 사이에 집중력을 대폭 향상하겠다는 비현실적인 생각은 버려야 한다.

운동으로 몸 깨우기

도무지 집중하기 어렵다면 가벼운 산책 같은 적당한 운동으로 몸을 좀 움직인 후에 업무를 시작한다. 운동은 혈액순환을 증가시켜 더 많은 산소와 뇌유래신경영양인자(BDNF)를 제공해서 일에 집중할 수 있게 돕는다.

운동 시간은 각자의 상황에 따라 결정하면 된다. 한 시간 일하고 나니 집중력이 떨어졌다면 10분 정도만 몸을 움직여도 금세 에너지를 회복할 수 있다. 반면에 장시간 고된 업무에 시달린 탓에 머리가 맑지 않다면 계단을 오르거나 샤워를 하는 것도 좋은 방법이다. 유독 일을 많이 한 날은 반드시 집중적인 운동으로 몸 상태를 정상으로 되돌려서 두뇌가 순조롭게 활동하도록 해야 한다.

너무 편하게 있지 않기

푹신한 침대 위에 누워서만 공부하려는 사람이 성공하기란 쉽지 않다. 집안에서 마냥 편하게만 있으면 주의력 집중에 전혀 도움이 되지 않는다. 너무 편안한 환경은 정신을 풀어지게 할 뿐이다.

어떤 업무에 집중하고 싶다면 그다지 편하지 않은 곳을 찾자. 공부하려면 도서관에 가고, 일하려면 반드시 사무공간을 확보해야 한다. 또 사무공간 안에는 업무와 관련된 물건만 둔다.

부정적 암시하기

부정적 암시는 긍정적인 마음가짐에 유해하다고 하지만, 사실 제대로 활용하면 집중력을 높이는 데 도움이 될 수 있다. '오늘 완수하지 않으면 망한다!'라는 자기암시만으로도 충분하다. 지금 하는 일을 잘 해내지 못하면 상사의 신임을 잃고 경쟁에서 완전히 밀려난다고 생각해야만 더 바짝 집중할 수 있다.

이 방법은 부정적 암시의 강도가 클수록 더 효과적이다. 스스로 자신을 막다른 골목으로 몰아넣고 빠져나갈 곳이 없게 만들 정도여야 당면한 문제에 집중할 수 있다.

마지막으로 집중력이 필요한 일은 되도록 아침에 하기를 추천한다. 오후에는 머릿속이 온갖 잡무로 가득해서는 무슨 수를 써도 집중하기 어렵다. 일어나서 얼마 되지 않아 아직 머릿속이 가득 차지 않은 아침 시간대가 집중하기 더 쉽다.

GTD 프로그램: 실행력 증진을 위한 5단계

안타깝게도 사람의 집중력과 기억력은 상당히 제한적이어서 우리는 많은 것을 기억하거나 동시에 많은 일을 할 수 없다. 그러다 보니 유용한 도구와 방법을 동원하지 않으면 중요한 일이 생겼을 때 시간이 충분하지 않음을 깨닫고 당황하기 일쑤다. 방금 전까지 별로 중요하지도 않은 일을 너무 많이 했는데 말이다.

이런 일을 몇 번 경험하고 나면 반드시 중요한 일들을 잘 기억해놨다가 가장 우선으로 처리해야겠다는 생각이 든다. 하지만 알다시피 우리의 주의력은 너무 쉽게 이곳저곳으로 옮겨 다니며 좀처럼 한 곳에 가만히 있지 않는다. 이 문제를 제대로 해결하려면 효율적이고 효과적인 시간관리 프로그램이 꼭 필요하다.

리아는 한 번도 자신이 시간을 허비한다고 생각해본 적 없다. 그도 그럴 것이 매일 아침 6시면 일어나서 가족을 위해 식사를 준비하고 아이들을 등교시킨 후에 바로 책상에 앉아 일하기 때문이다. 프리랜서 디자이너인 리아는 고정된 근무시간이 없어서 일반 직장인보다 시간 활용이 편한 편이었다.

그런데 둘째 아이가 태어나면서 처음으로 시간이 충분하지 않다는 느낌이 들기 시작했다. 할 일을 모두 마치고 나면 이미 정오가 넘었고 곧 아이들이 올 시간이 되었다. 잠시 장을 보러 갈 시간도 부족할 지경이었다.

가정과 직장에서 모두 만족스럽지 않은 상황을 겪게 되자 리아는 자신의 시간관리에 무슨 문제가 있는지 찾기 시작했다. 왜 이렇게 시간을 허비하는 거지? 이전에 일하는 데 썼던 시간은 전부 어디로 간 걸까?

체계가 없으면 제한된 자원이 불합리하게 배분되기 마련이다. 리아처럼 시간이 부족하다고 느낀다면 'GTD 프로그램'을 추천한다. GTD(Getting Things Done)는 유명한 경영컨설턴트인 데이비드 알렌David Allen이 고안했고 최근 가장 널리 사용되는 시간관리 프로그램이다. 이는 실제 행동에 효과적인 시스템을 제공한다. '수집-처리-조직-수행-검토'의 다섯 단계로 구성된 GTD는 매일의 시간관리를 통해 실행력을 키우는 데 도움을 준다. GTD 프로그램의 기본 방침은 해야 하는 모든 작업과 과제를 머릿속에서 꺼내어 종이에 기록하는 것이다. 이렇게 하면 머릿속을 채운 불필요한 일들에 방해받지 않고 당장 해야 하는 일에 집중할 수 있다. 다음은 GTD 프로그램의 다섯 가지 핵심 원칙이다.

> ### GTD 프로그램 핵심 원칙
>
> **수집**   머릿속에 있는 일들을 꺼내어 '할 일 목록' 만들기
> **처리**   작업과 과제를 정리, 분류하기
> **조직**   다음 행동, 프로젝트 형성, 처리 대기, 처리
> **수행**   Do it!
> **검토**   일별, 주별, 월별 검토하고 정리하기

수집

말 그대로 모든 '해결해야 할 일'을 한군데로 모으는 단계다. 아직 해결되지 않은 일들을 100퍼센트를 수집해야 잠재의식 중에 스트레스를 받아 고생하는 일이 없다. 수집의 대상은 이메일, 회의 기록, SNS, 메시지, 팩스 등 각종 정보일 수 있고, 매일 직접 기록하는 생각의 조각들일 수도 있다. 과학기술이 발달할수록 개인의 정보는 파편화한다. 실행력을 높이는 방법은 파편화된 정보들을 '완전하게 수집하는 것'이다.

완전하게 수집하려면 우선 가장 자주 사용하고 쉽게 접근할 수 있는 도구를 선택해 '수집함(Inbox)'으로 삼아야 한다. 받은 편지함, 노트, 녹음기, 휴대폰 등을 모두 수집함이 될 수 있다. 체계적인 계획에 따라 수집물들을 처리하고 실행해 이 수집함을 깨끗이 비우는 것이 목표다.

처리

처리 단계에서는 두 가지 방법적 사고가 필요하다. 첫째, '한 번에

하나씩' 수집물을 처리한다. 둘째, 수집물이 많으면 대량으로 처리해야 효율적이다.

수집물들은 마치 모래시계 속에 있는 모래와 같다. 이 모래들이 '병목' 구간을 순조롭게 통과해서 아래쪽 실행 영역으로 내려가게 처리하는 것이 관건이다. 이상의 방법적 사고를 모두 만족하려면 다음의 두 가지를 기억하자.

① 수집함에 담은 것들을 하나씩 처리한다

수집물들을 행동으로 옮기고 싶다면 반드시 적절한 처리 과정을 거쳐야 한다. 처리는 GTD 프로세스에서 가장 중요한 단계로 먼저 다음의 두 가지 질문에 대한 답을 찾아야 한다.

- 이것은 무엇인가?
- 실행할 수 있는가?

두 번째 질문에 '그렇다'라고 답했다면 실제로 해야 할 일들을 생각하고, '아니다'라면 수집물을 버리거나 참고사항으로 남겨두거나 보류함에 넣어야 한다. 중요한 건 어떤 항목도 다시 수집함에 되돌려놓아서는 안 된다.

② '2분의 원칙'을 따른다

어쩌면 당신의 처리를 기다리는 수집물이 수십, 수백 개에 이를 수도 있다. 이럴 때는 대량으로 빠르게 처리해야 효율적인데 여기에 '2분의 법칙'이 적용된다. 2분의 법칙이란 수집물을 '2분 안에 처리할 수 있으면' 바로 실행해서 시간을 절약하는 방법이다. 만약 2분 안에 처리할 수 없다면 다른 사람에게 넘기거나 '다음 행동함(Next action)'에 넣는다. '2분의 원칙'은 GTD 프로그램에서도 중요하게 작용한다. 2분은 동작 하나를 미루는 데 걸리는 시간과 비슷하므로 만약 2분 미만에 끝나는 일이라면 바로 실행에 옮겨야 한다.

조직

다음 중 하나를 선택해서 주목하는 항목의 후속 작업을 결정한다.

① 다음 행동(Next Actions)

다음 단계에 실제 할 수 있는 행동을 결정한다. 예를 들어 주목하는 항목이 '프로젝트 보고서 작성'이라면 다음 행동은 '팀원들에게 간이 회의 일정 보내기', '상사에게 보고에 필요한 내용 문의하기' 등이 될 수 있다.

하나의 일을 완성하려면 여러 단계와 조치가 필요한데 그중에서도 먼저 할 일이 있고 나중에 할 일이 있다. 이런 일들이 '다음 행동' 목록에 순서대로 기록되어야 한다. 기록할 때는 '사무실에서', '이메일로', '동료와 함께' 등 구체적인 상황을 명시하면 좋다.

② 프로젝트(Projects)

목표를 달성하기 위해 하나 이상의 실제 행동을 해야 하는 업무를 '프로젝트'라고 한다. 프로젝트가 진행되는 동안 추적 및 정기 검토를 이용해서 다음 단계의 행동 여부를 확인할 수 있다.

③ 대기(Waiting for)

어떤 사항을 타인에게 지시하거나 본격적으로 진행하기 전에 기다

려야 할 외부 업무가 있을 수 있다. 이럴 때는 정기적으로 추적하고
점검해 실행할 수 있는지, 해당 사항에 대한 알림이 필요한지 확인해
야 한다.

④ 언젠가/아마도(Someday/Maybe)

미래의 어느 시점에 해야 하지만, 휴가 준비나 외국어 배우기처럼
즉시 할 필요는 없는 일들을 여기에 분류한다.

할 일을 기록할 때는 가능하다면 달력 대신 '다음 작업 목록'을 사
용하는 것이 좋다. 달력이 불필요하다는 의미는 아니니 오해가 없기
바란다. 달력은 시간관리의 주요 도구는 아니지만, 약속을 기억하고
특정한 날에 완료할 일을 상기하는 데는 분명히 도움이 된다.

수행

조직하느라 시간을 다 쓰고 정작 수행하지 않으면 무의미하다. 수
행은 GTD 프로그램을 실현하기 위한 가장 구체적인 단계다. 이 이전
의 단계들은 일을 더 간단하고 쉽고 흥미롭게 만들어서 지체되거나
산만해지지 않도록 할 뿐이다.

검토

목록을 정기적으로 검토하면서 정리하지 않으면 GTD 프로그램은
전혀 쓸모가 없다. 우리는 검토를 통해 다음 단계에 대한 계획을 세우
거나 일의 진행 상황을 확인하고, 피동적인 계획에서 벗어나 시간보
다 앞서 나갈 수 있다.

검토 주기는 최소 주 단위로 해야 한다. 매주 검토해서 아직 처리
되지 않은 정보를 처리하고, 처리 대기 목록이나 '언젠가/아마도' 목

록에 혹시 완성된 항목이 있는지도 확인해야 한다. 핵심은 모든 일이 GTD 프로그램 안에서 질서 정연하게 진행되며, 최신 진행 상황이 업데이트되는 것이다.

처음에는 검토 과정이 무척 번거롭게 느껴질 테지만 멈춰서는 안 된다. 한번 멈추면 일정이 연이어 밀리면서 일이 계속 누적되고 결국 프로그램이 무너지기 때문이다. 조금이라도 소홀했다가는 GTD 프로그램으로 시간을 관리하겠다는 계획이 실패로 돌아갈 뿐이다.

장담컨대 GTD 프로그램에 천천히 적응하다 보면 자신에게 더 알맞게 계속 조정하고 간소화해야 한다는 생각이 들 수 있다. 당신의 GTD 프로그램은 '조정 – 적응' 과정을 겪으면서 더 효율적이고, 더 나아질 수 있다. 반복해서 습관으로 자리 잡는다면 '말한 대로 실천하지 못하는' 괴로움에서 벗어나 진정한 '시간관리 실천가'가 될 수 있다.

당신의 인생을 바꾸는 아침의 기적

사람의 의지는 몸의 근육과 같아서 과도하게 사용하면 피로해지고 약해진다. 실제로 하루의 고된 노동을 마친 밤에는 기분이 쉽게 가라앉고 자제력이 낮아져서 잘못된 결정을 내리는 일이 적지 않다. 반대로 하루를 시작하는 아침은 생각이 가장 명확하고 긍정적인 때로 다양한 도전을 하기에 좋다.

미국의 베스트셀러 작가인 앤서니 토비냐는 방해받지 않고 무언가에 집중하고 싶다면 아침이 가장 이상적이라고 말했다. 토비냐는 아이들, 동료, 상사를 비롯한 이런저런 요인들에 의해 방해받지 않기 위해서 매일 아침에 그날 가장 중요한 일을 처리한다. 이렇게 하면 종일 업무 효율이 놀라울 정도로 높았다.

일하느라 즐거움을 포기하고 싶지 않은 사람에게도 아침이 가장 좋은 선택이다. 토비냐의 친구 한 명은 매일 아침 한 시간 일찍 일어나서 좋아하는 샌드아트 작품을 만들었다. 즐거움을 얻을 수 있는 시간을 하루의 가장 처음에 배치한 것이다. 그렇게 3년 동안 꾸준히 한 덕분에 이 친구는 현재 미국 서부 최고의 샌드아트 작가 중 한 명이 되었다.

성공한 사람들은 자녀에게 책을 읽어주거나 아이들과 함께 식사를 준비하는 등 아침 시간을 가정에 투자하기를 좋아한다. 토비냐의 또 다른 친구인 위컴은 이렇게 말했다. "아침은 나와 딸에게 가장 소중한 시간이야. 나는 아이가 침대를 정리하고 옷을 입고 양치하는 일을 도와주지. 그동안 아내가 아침 식사 준비를 마치면 우리 세 식구는 함께 식사하면서 최근에 있었던 일들을 이야기해. 이 30분이 내 삶을 완성하고 힘든 하루를 맞이할 수 있는 용기와 힘을 준다네."

위컴의 가족은 각자 아침에 하는 일의 방식을 형성하고 이를 통해 더 긍정적이고 적극적으로 하루를 맞이했다. 당연한 이야기지만, 아침 시간을 활용하려면 먼저 일찍 일어나야 한다. 여기에는 커다란 난관이 두 가지 있다.

- 일찍 일어나는 방법을 모른다.
- 일찍 일어나도 뭘 해야 할지 모른다. 그래서 간신히 일찍 일어나도 곧 다시 자곤 한다.

두 가지 난관 모두 이유는 하나, 바로 목적의식이 강하지 않기 때문이다. 항상 일찍 일어나는 사람들을 관찰해보면 대부분 목적의식이 강하다. 따라서 반드시 실현하고 싶은 목표를 찾아야 한다. 크든 작든 목표를 확정했으면 이제는 '어떻게 해야 더 효과적으로 아침 시간을 활용할 수 있을까?'를 제대로 생각해보아야 한다. 이와 관련해서 토비 냐는 '과학적인 아침 활용법'을 제안했다.

기상 시간 사용법

아침에 일어날 때, 음악을 듣거나 그날 할 일을 생각한다면 하루를 더 효율적으로 보낼 수 있다.

① 음악으로 시작하기

아침에 일어났을 때의 기분은 하루의 업무 효율성에 분명히 영향을 미친다. 알람이 울려도 미적거리면서 잠자리에서 나오지 않는 사람이 많다. 편안한 침대를 떠나면 힘든 하루를 맞이해야 하니 그들에게 아침은 고통으로 가득 찬 시간일 뿐이다.

밤에 자기 전에 좋아하는 음악을 기상 알람으로 지정하면 좀 더 쉽게 일어나고 기분도 좋아질 수 있다. 고전음악을 좋아하는 사람은 비발디의 〈사계〉를 들으며 일어나면 기분 좋게 하루를 시작할 수 있다.

이 방법은 거꾸로 수면학습법으로도 활용할 수 있다. 예를 들어 외국어를 공부하는 사람은 강의 녹음을 기상 알람으로 설정해서 알람시계가 학습 감독자의 역할을 할 수 있게 환경을 만들면 된다.

② 잠자리에서 나오기 전에 오늘 할 일 생각하기

눈을 뜨고, 몸을 일으키고, 세수하고, 아침밥을 먹고, 출근하는 일련의 활동들이 하루 중 가장 바쁜 시간대에 일어난다. 일찍 일어나지 않으면 이 시간을 여유롭게 보내기가 불가능할 수밖에 없다.

아침마다 시간 부족으로 발생하는 긴장감을 조금이라도 줄이고 싶다면 아침 활동을 크게 양분해야 한다. 잠에서 깨서부터 몸을 일으켜 잠자리에서 나올 때까지의 전반부와 잠자리에서 나와서 외출할 때까지의 후반부로 나눈다.

이 분할법은 각각 사용 목적을 명확하게 해야 효과적이다. 전반부의 경우, 잠에서 깼다고 즉각 일어날 필요는 없다. 누운 채로 그날의 업무 순서를 결정하거나 몇 가지 까다로운 문제들의 구체적인 처리방식을 생각해본다. 여러 가지 생각들을 어느 정도 정리한 후에 몸을 일으켜도 무방하다. 누운 채로 그날 할 일들에 대해 초보적인 수준의 계획을 세우는 것이다. 이 방법에는 두 가지 장점이 있다.

- 아침 시간에 침실에는 방해가 될 만한 소리나 사물이 없는 경우가 많으므로 조용하게 생각에 잠길 수 있다.
- 편하게 누운 자세는 생각을 좀 더 자유롭게 한다. 업무상 잘 풀리지 않는 일이 있다면 이 시간에 해결책을 찾을 수 있다.

눈 뜨자마자 벌떡 일어나지 않으면 못 견디는 사람이라면 당연히 이 방법이 맞지 않을 것이다. 그런 사람들은 원하는 대로 즉시 일어나 활동해야 한다.

수집함 비우기

매일 아침, 앞에서 설명한 수집함을 비우는 습관을 들이자. 어제의 일들은 어제에 남겨두고, 오늘이라는 새로운 날을 시작하는 기분이 들 것이다.

① 휴대용 장치 비우기

휴대폰이나 태블릿PC에는 할 일, 갑자기 떠오른 아이디어, 사고 싶은 책, 친구와의 약속 등 전날의 기록이 가득할 것이다. 휴대용 장치에 기록한 내용들을 아침에 한 번 확인한 후에 필요한 것은 저장하고 쓸모없는 것은 바로 삭제한다.

② 받은 메일함 비우기

평소 메일함을 정리하고 비우는 습관을 들이면 받는 메일도 점차 줄어들 수 있다. 즉시 답해야 하는 이메일 몇 개를 제외하고 대부분 메일은 할 일 목록에 넣어서 적당한 때에 적당한 방식으로 답장을 보내자.

아침 일기 쓰기

아침에 일기를 쓰는 습관을 들이면 늦잠이 사라지고, 아침 시간을 활용해서 개인의 성장을 돌아볼 수 있다. 아침 일기 쓰기는 다음의 두 가지 장점이 있다.

- 아침은 상대적으로 시간이 많고 심리 상태가 안정적이며 활력이 넘친다. 이런 상태로 일기를 쓰면 자신을 더 깊이 이해할 수 있다.
- 어제 하루를 돌아보면서 개선할 부분을 생각하고 새로 시작하는 하루에 바로 적용한다.

아침 일기를 어렵게 생각할 필요 없다. 몇 글자만 써봐도 심리적으로 안정되면서 어제 있었던 일을 차분하게 되돌아볼 수 있다. 그 일들이 좋았는지 나빴는지, 처리한 방식이 옳았는지 돌이켜본다. 다음은 아침 일기를 쓸 때 활용할 만한 서식이다.

어제 한 일 5개	오늘 계획	미래의 꿈
어제 식사 아침 점심 저녁	년 월 일 요일 날씨 온도 체중 특이사항	어제의 학습, 독서, 정보
어제의 즐거운 일, 아이디어, 흥미	어제의 운동, 배변 상태	어제의 사교활동

아침 일기에 유용한 서식이지만, 9개 항목을 전부 쓸 필요는 없다. 천천히 자신만의 서식을 만들면 아침 일기 쓰기가 훨씬 즐거워질 것이다.

1만 시간 완성하기

꿈을 이루려면 1만 시간이 쌓여야 한다는 말이 있다. 아주 작은 꿈이라도 아침 시간을 이용해서 1만 시간을 완성해보자.

- 글쓰기: 머리가 맑고 활력이 넘치는 아침은 아이디어를 얻기 가장 좋은 때다.
- 독서: 매일 아침 30~40분 동안 책을 읽은 후, 다시 몇 분 동안 생각을 정리해 메모한다.

- 외국어 공부: 아침은 외국어를 공부하기에 좋은 시간이다. 매일 아침에 단어를 다섯 개씩 암기한다.
- 복습: 마인드맵을 그리거나 퀴즈를 풀면서 전날 새로 배운 내용을 얼마나 기억하고 있는지 확인한다.
- 운동: 조깅, 요가, 수영 같은 운동으로 자신을 건강하게 만드는 것이야말로 가장 가치 있는 투자다.
- 암기: 매일 아침 좋은 시나 짧은 문장을 외워 본다. 하루 약 10~20분 정도만 1년 동안 투자하면 많은 것을 배우게 될 것이다.

꿈을 실현하려면 아침 한 시간의 투자가 필요하다. 꾸준히 어느 정도 하다 보면 그 꿈이 질적으로 변화했음을 발견할 것이다.

아침에 하면 안 되는 일

아침에 해서 하루의 효율을 높이는 일도 있지만, 그 반대의 경우도 분명히 있다. 다음은 토비냐가 꼽은 아침에 하면 안 되는 일들이다.

- 뉴스 보기: 뉴스의 95퍼센트는 가치가 없다. 귀중한 아침 시간을 뉴스에 낭비하지 말자.
- TV 시청: TV는 당신을 산만하게 만드는 가장 쉬운 방법이다.
- 이메일 수신 및 답장: 시간 낭비다.
- SNS, 채팅: 한번 시작하면 끝내기 어렵다.

가족과 소통하기

식탁에 앉을 때부터 외출할 때까지는 가족과 적극적으로 소통하는 시간으로 삼는 것이 좋다. 가족에게 시간을 투자한다는 생각은 버리고, 그저 함께 앉아서 서로의 일을 이야기하고 들어주는 일을 즐기자. 매일 아침 식사를 마치고 함께 외출 준비를 한 후에 문을 나서는 일만큼 가족들 사이에 감정적 유대를 증진하는 일은 없다.

아침에 잠에서 깬 후부터 출근할 때까지의 시간을 하루 중 가장 활기차고 집중하는 시간으로 활용하자. 꾸준히 하면 아침 시간을 충분히 활용하는 수준을 넘어서 당신의 인생 전체를 바꿀 수 있다.

낮잠의 재발견, 업무 능력을 개선하라

보통 오후 1시부터 3시까지 무엇을 하는가? 만약 '낮잠'을 잔다면 뇌세포를 위한 최고의 선택이다. 낮잠은 성인이나 아동 모두 매우 중요한 일이며 점심시간을 이용한 짧은 낮잠은 오후의 효율에 긍정적인 영향을 미친다. 한때 낮잠이 게으름의 상징처럼 여겨지기도 하였으나, 지금은 여러 연구를 통해 낮잠이 건강에 도움이 되고 오후 업무와 학습 효율까지 향상한다는 사실이 증명되었다.

2014년 미국 항공우주국(NASA)은 30~40분의 낮잠으로 인지 능력을 40퍼센트 향상할 수 있다는 실험 결과를 발표했다. 이 실험에서 자원봉사자 1,000명 중에 점심시간에도 쉬지 않고 일하기를 고집한 사람은 그렇지 않은 사람보다 지능, 감성지수, 효율성 테스트에서 훨씬 낮은 점수를 받았다. 특히 작업 능력과 집중력의 저하가 두드러졌다.
펜실베이니아대학교의 심리학 연구센터는 수면효과 실험에서 피

실험자 105명을 낮잠을 자는 그룹과 자지 않는 그룹으로 나누어 관찰했다. 최종 데이터에 따르면 1시간 동안 낮잠을 자는 사람은 오후에도 오전 9시 수준의 맑은 정신을 약 90퍼센트 유지했다. 이 결과는 낮잠이 뇌를 유연하게 만든다는 사실을 증명했다. 실제로 낮잠은 몸과 마음을 회복하는 역할을 한다.

낮잠으로 몸을 '수리'하다

사람의 몸이 기계라면 이 기계가 제대로 작동하도록 종종 '수리'를 해줘야 한다. 정기적인 점검과 관리도 중요하지만, 평소에 '간단한 수리'도 소홀히 해서는 안 되는데 그 방법이 바로 '짧은 낮잠'이다. 오후만 되면 한없이 무기력해지고 주의력을 집중하기 어렵다고 호소하는 사람이 많다. 특히 여름에는 오후에 좀처럼 힘을 쓰지 못해서 시간을 낭비하는 일이 허다하다. 이런 사람들도 낮잠을 자는 습관이 생긴다면 여름이든 겨울이든 오후 내내 활기가 넘칠 수 있다. 낮잠의 여러 장점은 이미 학문적으로도 충분히 연구, 증명된 바 있다.

독일의 수면연구 전문가들은 인체가 밤뿐 아니라 낮에도 잠이 필요하다는 사실을 밝혀냈다. 우리 몸은 오전 9시, 낮 1시, 오후 5시에 잠을 필요로 한다. 밤뿐 아니라 낮에도 4시간 간격으로 수면 리듬이 존재한다는 의미다. 그중에서도 특히 낮 1시가 상대적으로 더 두드러진다.

사회가 다원화 하고 발전하면서 사람들은 각종 스트레스와 압박감에 시달리고 있다. 낮의 수면 리듬은 바쁜 업무, 어려운 학습, 긴장감 등으로 무시되거나, 커피나 차처럼 신경 흥분 작용이 있는 음료수로

억눌리곤 한다. 그래서 자신은 낮에 피곤하거나 졸리지 않다고 말하는 사람이 많지만, 사실 이들도 외부 자극이 줄어들면 낮의 수면 리듬이 드러나면서 더 강한 피로감을 느낄 확률이 높다.

적절한 낮잠은 심신 이완, 스트레스 해소, 피로 회복에 큰 도움이 된다. 사람이 아닌 다른 동물들은 먹이를 찾을 때를 제외하고는 대부분 잠을 자거나 휴식을 취해서 에너지를 보존한다. 잠은 모든 동물이 생명과 활력을 유지하는 방법 가운데 하나라고 할 수 있다.

낮잠은 두뇌 노동자에게 꼭 필요하다

정신없이 바쁘게 오전 업무를 마치고 잠시 낮잠을 자면 뇌가 다시 유연해진다. 이미 많은 사람, 특히 두뇌 노동자들이 낮잠을 자고 나서 오전에 해결하지 못했던 까다로운 문제를 순조롭게 해결한 경험이 있다.

오전에는 일과 학업에 몰두했지만, 오후만 되면 지치고 무기력해지는 직장인이나 학생들이 많다. 이런 사람들은 점심시간을 이용해서 잠깐 눈을 붙이고 휴식을 취하면 오후에도 에너지를 유지할 수 있다.

낮잠에도 기술이 필요하다

낮잠을 자고 싶을 때 아무렇게나 그냥 자면 오후 업무에 긍정적인 효과를 일으키지 못하는 경우가 더 많다. 반드시 적절한 방법으로 제대로 자야만 최상의 효과를 낼 수 있다.

① 정확한 수면 시간을 선택한다

사람마다 하는 일이 다르므로 낮잠을 청할 수 있는 시간도 각기 다르지만 전문가들은 가장 쉽게 낮잠을 잘 수 있는 시간으로 아침 기상

8시간 후나 밤 수면 8시간 전, 대략 낮 1~2시경을 추천한다. 이때는 경각성이 현저히 떨어지므로 낮잠으로 '재정비'할 필요가 있다.

② 생리적 기능에 주의한다

직장인들은 빨리 점심밥을 먹고 바로 눈을 붙이곤 한다. 하지만 이때는 위에 음식물이 가득하고, 소화를 돕기 위해 대량의 혈액이 위로 향하고 있어서 혈압이 떨어지고 뇌에 산소와 영양이 부족하다. 따라서 낮잠을 자기 전에는 기름진 음식을 너무 많이 먹거나 과식하지 말아야 한다. 낮잠 자기 전 약 10분 동안 가벼운 산책이나 운동을 하면 소화에 더 도움이 된다.

③ 너무 길게 자지 않는다

펜실베이니아대학교 생물학자들은 낮잠을 짧게 자야 효과가 있다고 조언했다. 연구에 따르면 낮잠은 45분이 넘으면 긍정적 효과가 줄어든다. 보통 45분 이상 자면 얕은 수면에서 깊은 수면으로 진입하고, 뇌의 수많은 모세혈관이 일시적으로 폐쇄된다. 그 바람에 뇌 조직의 혈액량이 감소하고 체내 대사도 점점 느려진다. 이때 잠을 깨면 온몸이 불편하고 머리가 어지러워서 집중하기가 어렵고 자꾸만 더 자고 싶어진다. 결과적으로 낮잠이 오후의 업무 효율성을 오히려 떨어뜨리는 셈이 된다.

가장 적절한 낮잠 시간은 15~35분이다. 이 짧은 시간 동안 오전 내내 일하느라 지친 몸을 회복하고 쉬게 할 수 있다. 비행기 조종사들이 20분 정도 낮잠을 잔 후에 좀 더 또렷한 정신으로 비행하는 것도 같은 이유다.

④ 엎드려 자지 않는다

직장인과 학생 중에는 점심 식사 후에 책상에 엎드려 낮잠을 청하는 사람이 많다. 이 자세는 머리에 공급되는 혈액량을 줄여서 자는 중에도 어지럼증, 무기력, 눈의 피로 같은 문제를 일으킬 수 있다. 또 가슴을 압박해서 신경전달과 혈액순환이 원활하지 않을 수 있고, 팔을 베개처럼 사용하다가 안구가 눌려서 눈병이 유발될 가능성도 있다. 따라서 직장이나 학교에서 낮잠을 자고 싶다면 소파나 의자가 있는 조용한 공간을 찾아야 한다.

낮잠은 우리의 생체시계를 조절하는 역할을 한다. 적절한 방식으로 낮잠을 자는 습관을 들인다면 건강에도 좋고 오후의 업무나 학습에도 효과적이다. 오후에 더 성과를 올리고 싶다면 반드시 과학적으로 낮잠으로 자야 한다.

휴일에도 시간관리를 해야 할까?

바쁜 업무에 치여 살다 보면 어서 휴일이 되기를 바라게 된다. 자, 그럼 휴일이 오면 무엇을 하겠는가? 내내 잠만 자겠는가, 아니면 빡빡한 일정으로 여행이라도 떠나겠는가? 떠들썩한 파티에 가서 실컷 먹고 마시기를 원하는가? 혹시 도대체 무엇을 해야 할지 모르겠는가?

애덤스는 쉬는 날만 되면 정오까지 잤다. 이 정도는 자야 일하면서 누적된 피로를 풀 수 있기 때문이었다. 하지만 아무리 잠을 많이 자도 다시 출근할 날이 오면 심신의 피로감이 여전했다.

캐리는 쉬는 날에 항상 친구들과 보낸다. 사실 친구들이 캐리의 휴일을 점령했다고 말해야 맞다. 캐리는 휴일에 친구가 부르면 어떻게 거절해야 할지 몰라 꼭 만났다. 휴일에 미용실에 가서 머리를 잘라야 하는데 친구들을 만나느라 못간 지가 한참 되었다.

근무일에 시간관리하는 것도 힘든데 휴일에까지 시간관리를 해야 할까? 불 스토크의 대답은 '당연하다!'이다. 와튼스쿨 경제학과의 조교인 그는 근무일의 시간관리는 더 훌륭한 업무 성과를 얻기 위해서이고, 휴일의 시간관리는 이완과 충전을 위한 것이라고 말했다. 그는 휴일에도 적절한 시간관리가 수반되어야 좋은 컨디션으로 업무에 복귀할 수 있다고 주장했다.

그렇다면 어떻게 해야 휴일에 '적절한 시간관리'를 할 수 있을까? 스토크가 제안한 첫 번째 방법은 휴일을 3분할 하는 것이다.

3분할 법칙

쉬는 날을 좀 더 의미 있게 보내고 싶다면 스토크가 제안한 3분할 법칙을 참고할 수 있다. 3분할 법칙은 휴일을 세 부분으로 나누고 각각 다른 계획을 세워서 충분히 휴식하면서 성장하는 방법이다.

① 첫 번째 시간: 즐거움을 찾는 시간

가까스로 얻은 휴일이니 오랫동안 기다린 모임이나 여행을 떠날 가능성이 크다. 만약 비교적 먼 곳으로 떠나는 여행을 준비한다면 출발 전에 적절한 계획을 세워야 한다. 완벽한 여행 계획은 신나서 여행을 떠났다가 기분이 상해서 돌아올 확률을 줄일 수 있다.

② 두 번째 시간: 못했던 일을 하는 시간

근무일에는 워낙 바빠서 재테크, 가족이나 친구 방문, 개인 건강관리, 청소 등을 제대로 못 했을 가능성이 크다. 집안 환경과 위생을 점검하고 유지하는 데 휴일의 3분의 1을 투자한다면 주변 환경이 개선되어 이후의 휴일이 더 편안하게 느껴질 것이다.

③ 세 번째 시간: 성장과 발전을 위한 시간

모처럼의 휴일이니 그동안 읽지 못했던 책이나 연극을 볼 수도 있고, 단기 강좌에 참여해서 업무나 직장 생각을 떨쳐버릴 수도 있다. 자신과 대화하면서 평온한 상태로 깊이 감추었던 감정을 드러내면 새로운 성장의 기회가 올 것이다.

3분할 법칙에서 첫 번째 시간을 제외한 나머지 시간은 모두 일상 업무를 처리하고 마음을 안정시켜서 일과 생활의 균형을 맞추는 데 초점이 맞춰져 있다.

사교도 고효율로 한다

명절이 되면 친척, 친구들을 만나러 다니느라 빈번한 사교활동이 끝없이 이어진다. 그 바람에 계획대로 되는 일이 없고, 금세 피곤해지기도 한다. 심한 경우, 차라리 일하는 편이 낫겠다 싶기도 하다. 근무일에 더 규칙적으로 생활할 수 있고, 시간을 효과적으로 제어할 수 있기 때문이다.

휴일의 사교활동보다 개인적인 시간을 더 중요하게 생각하는 사람이라면 다음 방법으로 '고효율 사교'를 할 수 있다.

① 약속을 하루에 집중한다

가족 모임, 친구 모임, 동창 모임 등은 미리 시간과 장소를 정해야 한다. 장담컨대 참석 예정자의 90퍼센트 이상이 '언제 어디라도 괜찮다'라는 반응을 보일 것이다. 하지만 시간을 소중하게 여기는 사람이라면 모임 주최자에게 예를 들어 "일요일 저녁 8시는 어떨까요?"라고 먼저 제안해야 한다. 이미 90퍼센트 이상이 발언권을 포기한 상태이므로 '모임 시간'이 내가 원하는 대로 결정될 확률이 높다.

또 모든 약속을 하루에 집중해서 처리하는 것도 좋은 방법이다. 만약 휴일이 3일인데 매일 오후에 약속이 있다면 분명히 짜증스러운 상황이다. 하지만 약속들을 모두 하루의 각 시간대에 배치하면 '오늘만 지나면 내일부터는 완전히 내 시간이다!'라고 생각하면서 훨씬 기분 좋게 보낼 수 있다.

② 중요하지 않은 약속은 최대한 미룬다

어떤 사람들은 전화 통화할 때, 용건은 1분 만에 끝내고 이후 10분 동안 아무 의미도 없는 이야기를 늘어놓는다. 약속도 이런 일이 비일비재하다. 만약 그런 낌새가 있다면 얼른 '적당히 물러날 수 있는' 구실을 찾아서 빠져나와야 한다. 큰 의미도 없는 잡담을 늘어놓는 모임이라면 아예 처음부터 완곡하게 거절하자. 스토크가 주로 거절하는 약속은 다음과 같다.

- 빈번한 만남 최근 몇몇 친구와 3일 이상 만났다면 정중하게 약속을 거절한다.
- 무의미한 초대 특별한 용건도 없으면서 당신을 초대하는 이유는 순전히 그들이 '한가하기' 때문이다. 시간이 맞지 않으면 당연히 거절해야 한다.
- 굳이 만날 필요 없는 접대 어떤 사람들은 무슨 일이든 일단 만나서 이야기하기를 바란다. 이런 종류의 접대는 반드시 미뤄야 한다.

약속이나 초대를 거절할 때는 당신에게 중요한지 아닌지 신중하게 생각한 후에 최종 결정을 내려야 한다.

③ 화제를 주도한다

모임에서 화제의 중심에 서는 역할은 주로 '주최자'가 맡는다. 기왕이면 수동적으로 정보를 받아들이고 걸러내기보다 화제의 중심이 되어서 능동적으로 정보를 받아들여서 시간을 절약해야 한다. 예를 들어 가족 모임은 대개 서로의 근황이 화제가 되므로 다음의 몇 가지 질문으로 대화를 시작할 수 있다.

- 최근에 바쁜 이유가 무엇인가?
- 저번에 이야기했던 그 일은 어떻게 되었는가?
- 누군가의 회사나 일은 요즘 어떠한가?

상대방이 이런 질문에 대답하면 그 대답을 발판 삼아서 더 깊은 대화로 들어간다. 이런 질문들은 지난번 모임에서 들었던 화제를 이어가는 동시에 서로의 근황을 파악해서 깊이 있는 소통이 가능하다. 화제를 주도하는 사람은 많은 정보를 얻을 수 있다.

휴일에 할 일이 있으면 효율을 더 올린다

다음은 스토크가 제안하는 방법이다.

① 고효율 시간대를 피하라

평소 업무를 하다 보면 자신의 고효율 시간대가 언제인지 알 수 있다. 스토크의 경우 오전 9시~11시에 업무 효율이 가장 높다. 만약 휴일에 꼭 해야 하는 일이 있다면 이 고효율 시간대를 피하는 것이 좋다. 어차피 해야 할 일이므로 저효율 시간대에 배치하고, 고효율 시간대에는 더 생산성이 높은 일을 한다.

② 잠을 줄인다

이상하게 쉬는 날에는 꼭 늦잠을 자고 싶다. 평소 밤 11시에 잠자리에 드는 사람이라면 어차피 늦잠을 잘 테니 1~1.5시간 정도 늦게 잠들어서 시간을 활용하기 바란다. 물론 휴일에도 일찍 일어나는 사람이라면 그대로 해도 좋다.

③ 피할 수 없으면 즐겨라

휴일에 친척이나 친구의 결혼식처럼 피할 수 없는 일이 생길 수도 있다. 하기 싫어도 반드시 해야 하는 일이라면 개인적으로 중요한 일은 잠시 접어두고 좋은 사람들과 즐겁게 보내자. 몸은 참석했는데 머릿속으로는 다른 생각을 한다면 이도 저도 제대로 되지 않고 한없이 비효율적이다.

앞에서도 언급했듯이 이른바 시간관리는 하나의 시간 단위에 더 많은 일을 수행하는 것이 아니라, 일을 더 잘 해내기 위한 것이다. 따라서 휴일에도 언제 쉬어야 할지, 언제 일해야 하는지 등 몸과 마음의 소리에 귀 기울여야 한다. 그래야만 휴일이 끝나고 다시 일에 전심전력을 쏟아 부을 수 있다.

자투리 시간을 적극 활용하라

비교적 긴 시간 동안 쉴 수 있다면 스트레스와 긴장을 풀고 좋아하는 사람들과 마음 편히 시간을 보내거나 조용히 책이나 영화를 보면서 안정을 찾을 수 있다. 하지만 쉴 수 있는 시간이 겨우 5분이나 10분 정도로 아주 짧다면 어떻게 활용해야 좋을까?

일론 머스크는 다독가로도 잘 알려져 있다. 숨 쉴 틈 없이 바쁜 일정 속에서도 그는 일정 사이사이에 있는 자투리 시간을 활용해 독서를 놓치지 않을 수 있었다. 시간관리 전문가들은 이 짧은 자유시간을 '조각난 시간'이라고 부른다. 조각난 시간들은 개인의 작업 방식과 원하는 작업에 따라 각기 다르게 활용할 수 있다. 다음은 액정화면을 발명한 독일 물리학자 오토 레만Otto Lehmann의 활용법이다.

레만은 항상 작은 메모장을 가지고 다니면서 조각난 시간에 처리할 일을 적는 습관이 있었다. 그의 가장 뛰어난 발명품인 액정의 원리도 이 조각난 시간에 문득 떠오른 아이디어들을 정리하고 결합해서 완성한 것이었다. 레만은 '너무나 사소하고 자질구레한' 일이어서 일일이 기억하기 어려우므로 반드시 문자로 적어야 하며, 적는 것만큼 기억하기 좋은 방법은 없다고 말했다.

레만의 접근 방식은 분명 시사하는 바가 있다. 조각난 시간을 활용해서 특정 작업을 수행하고 완수해 효율을 높이는 방법은 현대의 시간관리에서 매우 중요한 부분이다. 하지만 이 방법에 동의하면서도 대체 어떻게 시작해야 할지 모르는 사람이 대부분인데 이런 딜레마는 자신의 조각난 시간을 구조화하지 못했기 때문에 발생한다.

와튼스쿨은 시간이 조각나고 파편화하는 것을 피할 수 없는 상황이라면 반드시 구조화된 사고로 계획을 세우고, 최대로 활용하는 것이 개인의 시간 효율 향상에 유리하다고 말한다.

조각난 시간도 체계화해 이용한다

학교에서 공부할 때는 어떤 일에 긴 시간을 투자하는 것이 가능하지만, 직장에서는 쉽지 않다. 지금은 근무시간이 세분화하는 추세로 전화, 메일, 메시지 프로그램, 각종 회의 등이 시간을 잘게 나누고 있기 때문이다. 트위터나 페이스북 같은 SNS도 이런 변화를 가속화한다.

조각난 시간이 많아진다는 것은 길게 쓸 수 있는 시간이 점차 줄어든다는 의미다. 대부분 사람이 중요한 일은 시간을 좀 넉넉하게 확보해서 해야 한다고 생각하지만, 사실상 불가능하다. 기획서 작성을 예로 들어보자. 기획서 작성은 크게 두 가지 상황으로 나눌 수 있다. 하나는 손가락에 날개라도 달린 듯이 거침없이 쓰는 상황이고, 다른 하나는 몇 번이나 시작했으나 끝까지 완성하지 못하고 다시 쓰기를 반복하는 상황이다. 이 차이는 사전에 기획서에 투자한 시간이 어느 정도인가로 결정된다. 시간이 쌓이지 않고는 기획서 작성에 아무리 긴 시간을 배정해도 잘 쓸래야 쓸 수가 없다.

정리하자면 완수하려면 긴 시간이 필요한 업무가 분명히 있지만, 사전 작업이 안 되었거나 부족하면 이 긴 시간은 고효율을 달성할 수 없다. 글을 한 편 써야 하는데 오전이나 오후 시간을 통째로 쓰지 못할 수도 있다. 대신 5~15분 정도의 조각난 시간에 아이디어를 떠올리거나 글에 관해 타인에게 조언을 구할 수 있고, 개요를 짤 수도 있다. 기획서나 글을 쓰는 일 외에도 마케팅 기획, 프로젝트 개발 등, 까다로워 보이는 지적 노동들을 조각난 시간에 수행할 수 있다.

조각난 시간을 줄인다

지금은 대부분 직장인이 인터넷 접속이 자유로운 상태에서 일한다. 그 바람에 수시로 날아오는 메시지, 이메일, 심지어 인터넷 광고까지 업무 리듬을 흐트러뜨려 시간을 조각내고 주의력 집중을 방해해서 효율을 떨어뜨린다. 이렇게 조각나는 시간을 줄이고 싶다면 다음의 방법을 시도해보자.

- 근무 중에는 메신저 프로그램을 꺼둔다.
- 출근 후 1~2시간 이내는 에너지가 가장 좋을 때이므로 중요한 일을 처리한다.
- 메시지 두세 문장으로 소통이 어렵다면 직접 연락하는 편이 낫다.
- 관심 있는 정보를 구독하되 확인하는 시간을 정해서 수시로 들락날락하지 않도록 한다.

조각난 시간의 활용법을 생각한다

짧게 쓸 수 있는 시간이 얼마나 되는가? 1분? 3분?

1분 동안 무엇을 할 수 있을까?

3분 동안 무엇을 할 수 있을까?

5분 동안 무엇을 할 수 있을까?

……

물론 갑자기 생각하려면 언뜻 답하기 어려울 수 있다. 하지만 적절한 용도를 찾지 못하면 조각난 시간들이 무의미한 일에 허비될 가능성이 높다. 생각하고 또 생각해보자. 조각난 시간은 언제, 얼마만큼인가? 어떻게 쓸 것인가? 조각난 시간이 발생했을 때 침착하게 대처하고 잘 활용할 수 있는 계획을 미리 세워두자.

'사소한 일' 목록을 만든다

휴대하는 스마트폰이나 태블릿PC에 조각난 시간에 할 만한 일들을 기록한다. 예컨대 별로 중요하지 않지만 해야 하는 전화, 쇼핑 목록, 검색할 정보 등을 적는다. 사소한 일의 목록을 만들 때는 5분, 10분, 15분 안에 끝낼 수 있는 일을 분류해서 기록한다. 일반적으로 20분이 넘으면 조각난 시간으로 분류하지 않는다. 1분이나 2분짜리 일은 굳이 쓸 필요 없다. 앞에서 소개한 '2분의 원칙'에 따라 이런 간단한 일은 중요도와 관계없이 바로 해야 한다.

구체적인 상황과 연계해서 사소한 일 목록을 만든다

사소한 일 목록을 쓸 때는 조각난 시간의 용도와 여러 상황을 연결한다. 이렇게 하면 어떤 상황에서 몇 분 정도가 조각나는지 의식하게 되고, 무엇을 할지 생각하지 않고도 즉각 어떤 일을 할 수 있다. 조각난 시간의 용도가 많을수록 당신이 시간을 장악하는 수준이 높아지고 점차 조각난 시간을 자유롭게 조합해서 여러 작업을 완성할 수 있다.

몇 번 해보면 조각난 시간을 연결해서 하나의 중요한 일을 완성하는 방법을 천천히 깨우치게 된다. 예를 들어 글 한 편을 써야 한다면 귀갓길 지하철 안에서 아이디어를 모으고, 집에 돌아와서 1시간 정도 개요를 쓴 후에 한가한 시간에 단숨에 써 내려가면 된다.

사소한 일 목록 예시

5분 안에 끝낼 수 있는 일: 쇼핑 목록 작성, 전화 걸기, 책상 정리, 서류 파일 정리, 스트레칭

10분 안에 끝낼 수 있는 일: 내일 계획 세우기, 청구서 정리, 택배 발송, 기사나 자료 읽기, 이메일 발송과 회신

15분 안에 끝낼 수 있는 일: 제안서 개요 작성, 업무 계획 쓰기, 명함 정리, 전화 걸기

사소한 일 목록을 써보면 갑자기 생긴 조각난 시간에 뭘 해야 할지 몰라서 멍하니 있지 않을 수 있다. 예컨대 회의가 15분 지연되었다면, 그 15분 동안 발표문을 점검한다. 또 고객과의 약속이 지연되었다면 가까운 서점에 가서 좋은 책을 몇 권 구매한다.

직장인이라면 긴 시간을 통째로 써서 일하려고 하기보다 조각난 시간을 활용하는 능력을 훈련할 필요가 있다. 물론 긴 시간이 필요한 일도 있지만, 조각난 시간을 잘 활용하면 은근히 많은 시간을 절약할 수 있으니 소중한 긴 시간을 더 중요한 작업에 쓰는 것이 가능하다.

DISC 행동 유형: 나의 시간관리 성향 찾기

개인의 성격은 시간관리에 어떤 영향을 미칠까? 알다시피 시간은 우리에게 주어진 가장 귀중하며 유한한 자원이다. 습관은 성격을 만들고, 성격은 운명을 결정한다는 말이 있다. 개인의 시간관리 계획과 실천 역시 그 사람의 성격과 떼려야 뗄 수 없는 관계가 있다.

레너드는 일이나 생활을 체계적으로 하는 사람이 아니다. 대부분 기분 내키는 대로 행동하기 때문에 일하는 방식과 효율도 그때의 기분에 따라 결정된다. 부득이한 상황이 아니라면 따로 계획을 세우지도 않는다. 문자에 대한 기억력은 형편없고, 관심 없는 내용은 전혀 기억하지 못한다. 다만 그림이나 음악에 대해서만은 기억력이 좋은 편이다.

레너드는 이런 성격 때문에 어려움이 많다. 광고회사의 카피 디자이너인 그는 처음에는 명확한 아이디어로 시작했다가도 도중에 생각이 끊어지면 제 궤도로 돌아가는 데 한참이 걸렸다. 심지어 어제 끝낸 업무조차도 다음 날 상사가 다시 물으면 즉각 대답하지 못했다. 효율성이 이렇게 떨어지지만, 자존심은 강했다. 거절해야 하는 일이 한둘이 아니지만, 차라리 밤샘 작업을 했으면 했지 거절할 수는 없다고 생각했다. 그는 자신의 문제점을 해결하지도 못했고, 타인이 연민이든 이해든 안타까운 눈빛으로 바라보는 것도 너무 싫었다.

삶을 보다 효과적으로 계획하고, 시간을 더 효과적으로 관리하려면 자신을 제대로 이해하고 자신의 행위가 타인에게 미치는 영향을 알아야 한다. 설령 그 과정에서 자신의 어두운 면까지 건드려 불편함을 만들더라도 자신을 더 완벽하게 이해하려면 모든 정보를 받아들여야 한다. 그 정보가 자기 평가와 상충하더라도 말이다.

만약 스스로 어떤 사람인지 제대로 알고 싶다면 DISC 행동 유형 검사가 도움이 될 수 있다. DISC 행동 유형은 개인의 성공에 도움이 되는 행동과 환경을 판단할 수 있는 체계적인 모델로 사람의 행위를 주도형(Dominance), 사교형(Influence), 안정형(Steadiness), 신중형(Conscientiousness)으로 나눈다. 먼저 펜을 준비한 후, 아래 내용 가운데 자신에게 맞는다고 생각하는 항목에 표시하자. 표시된 항목이 가장 많은 유형이 당신의 주요 행동 유형이다.

주도형

스스로 환경을 바꾸는 능력이 강한 사람, 즉 불리한 환경과 조건에서도 성공할 수 있는 유형이다.

- 즉시 행동한다.

- 도전을 받아들인다.
- 결정이 빠르다.
- 권위를 중요하게 생각한다.
- 현 상황에 의문을 품는다.
- 문제를 찾고 대응한다.
- 문제를 해결할 수 있다.
- 반드시 명확한 효과를 얻는다.

사교형

타인에게 영향을 주거나 설득하여 환경을 바꾸는 유형이다.

- 사교활동에 능하다.
- 좋은 인상을 남긴다.
- 명확하고 조리 있게 말할 줄 안다.
- 위로와 격려를 잘한다.
- 열정이 넘치고 사람들을 즐겁게 한다.
- 사람과 일을 긍정적으로 바라본다.
- 집단 활동이나 협업에 적극적으로 참여한다.

안정형

타인과 함께 작업하기에 유리한 유형이다.

- 처음부터 끝까지 안정적으로 일한다.
- 참을성이 있다.

- 특별한 기능을 발전시키고자 한다.
- 타인을 돕고자 한다.
- 집단에 충성한다.
- 경청에 능하다.
- 남을 잘 위로한다.
- 안정적이고 협력하는 환경을 만든다.

신중형

성실히 책임지며 시간에 맞춰 품질과 정확성을 보장하는 유형이다.

- 중요한 기준과 지시를 판단하고 준수한다.
- 중요한 세부사항을 집중적으로 사고한다.
- 논리적으로 생각하고 이해득실을 따진다.
- 대체로 원만하게 일을 처리한다.
- 기교나 간접적인 수단을 동원해 충돌을 해결할 줄 안다.
- 꼼꼼한 검토로 정확성을 확보한다.
- 자신의 성과를 비판적으로 분석한다.
- 여러 종류의 일과 상황에 체계적으로 대응한다.

네 가지 유형 가운데 자신이 어디에서 더 우세하거나 열세한지 판단했을 것이다. 혹시 어느 한 유형에서 편차가 심하다고 해도 속상해할 필요는 없다. 시간관리의 고수들만이 이상의 내용에 완벽하게 부합하며, 우리 같은 일반인은 결과를 참고해서 자기 행위의 단점을 찾기만 하면 된다.

DISC 행동 유형 검사로 자신의 시간관리 성향을 찾는다

이상의 내용에서 자신의 유형을 판단하기 어렵고 이를 시간관리와 구체적으로 연계하지 못했다면 다음 테스트를 해보자. 당신의 시간관리 성향을 더 잘 보여줄 것이다.

• 집단 활동과 합작

(A) 일을 더 빠르게 완수하므로 적극적으로 참여한다.

(B) 모두와 창조적인 일을 하는 것을 좋아하므로 참여자가 많을수록 즐겁다.

(C) 모두의 의견이 같지 않다면 그냥 혼자 한다.

(D) 복잡한 일은 차라리 혼자 하는 편이 낫다.

• 시간 엄수

(A) 기한을 지키고 싶지만 항상 마지막 순간에 무슨 일이 생긴다.

(B) 나는 항상 마지막으로 약속 장소에 도착하는데 늦지는 않는다.

(C) 항상 시간을 철저하게 관리하므로 시간을 잘 지키고 있다.

(D) 시간을 잘 지키기 위해 일찍 움직이는 편이다.

• 작업 순서

(A) 장시간 여러 업무를 처리할 수 없으며 한 가지에만 전념하고 싶다.

(B) 일에 순서를 정하는 것을 좋아하지 않는다. 모든 일은 똑같이 중요하기 때문이다.

(C) 여러 가지 일을 동시에 할 수 있지만, 순서를 미리 정해야 한다.

(D) 시간 절약을 위해 우선순위를 가리는 것이 무척 중요하다.

• 위임 능력

(A) 다른 사람의 도움을 받지 않고 독립적으로 작업하는 편을 선호한다.

(B) 내 아이디어가 가장 좋다고 믿으므로 바빠도 타인에게 대신 수고해달라고 부탁하지 않는다.

(C) 중요한 업무에 집중할 수 있도록 다른 업무를 타인에게 위임할 생각이 있다.

(D) 상대방의 능력을 파악하지 않은 이상, 절대 일을 쉽게 넘겨주지 않으려고 한다.

• 계획성

(A) 새로운 일을 할 때는 우선 대략적인 계획을 세운다.

(B) 일정 계획표대로 하면 구속되는 기분이다. 나는 모든 시간을 자유롭게 쓰고 싶다.

(C) 하루의 계획을 잘 세우는 편이며 일을 완전히 세분화하는 편이다.

(D) 혼란을 좋아하지 않으므로 하루 계획을 잘 세운다.

• 거절 능력

(A) 도전적인 요청은 주저하지 않고 응하는 편이다.

(B) 타인을 돕는 일을 좋아하므로 부탁을 받으면 거절하기 어렵다.

(C) 내게 중요하지 않은 일이라면 확실하게 거절한다.

(D) 상대방을 화나게 하기 싫다. 불만이나 억울한 일이 있어도 우선 동의하는 편이다.

• 깔끔함

Ⓐ 청결에 관해 까다로운 편은 아니며 필요하다 싶으면 재빨리 해치우곤 한다.

Ⓑ 지나치게 깔끔하면 무미건조하고 지루하므로 약간의 무질서함도 필요하다.

Ⓒ 나의 사무책상은 바쁠 때만 조금 지저분하고 평소에는 매우 깔끔하다.

Ⓓ 사무책상은 반드시 깔끔하게 해두어야 한다. 그렇지 않으면 편하게 작업할 수 없다.

이 테스트는 당신의 시간관리 유형을 보여준다.

보기	A	B	C	D
개수				

A가 가장 많다면 '조급형'이다. 모든 일의 기준은 속도이며, 빠를수록 좋다. B가 가장 많다면 '즉흥형'이다. 시간 계획에 따르기보다 즉흥적으로 움직이기를 선호한다. C가 가장 많다면 '성실형'이다. 어떠한 상황이라도 자신을 발전시킬 시간을 확보한다. D가 가장 많다면 '세심형'이다. 모든 세부사항에 주의를 기울이고 신경 쓰면서 작은 차이를 찾는다.

시간관리 유형	
조급형 시간 관리자	**즉흥형 시간 관리자**
• 이해가 빠르다. • 한다면 한다. • 적극적이고 진취적이다 • 시간을 유연하게 제어한다. • 타인을 돕는다. • 타인과 협력한다. • 정보 활용에 능숙하다.	• 사고가 빠르다. • 창의력이 뛰어나다. • 시간을 긍정적인 태도로 대한다. • 혁신을 추구한다. • 상황 대처의 달인이다. • 발상이 자유롭다.
성실형 시간 관리자	**세심형 시간 관리자**
• 매사에 의욕적이다. • 가장 효율적으로 자기 시간을 관리한다. • 야심만만하다. • 활력이 있다. • 과감하다. • 문제 해결에 능숙하다. • 리더십이 있다. • 'NO'라고 말할 줄 안다.	• 완벽을 추구한다. • 특정 분야에서 우수하다. • 통찰력이 있다. • 조직에 능하다. • 리스크에 신중하다. • 상황 분석에 능하다. • 시간관리에 열심이다. • 품질을 중시하고 세심한 작업을 추구한다.

사람마다 하는 업무의 특성, 시간관리 습관이 다르므로 이 네 유형 중 어느 하나에 완벽하게 맞지 않을 수도 있다. 그러므로 더욱 자신을 잘 돌이켜 보고 어떤 성격이고 어떻게 행동하는지, 어떤 방식으로 시간을 관리해야 최상의 결과를 얻을 수 있을지 고민해야 한다.

올바른 휴식이 집중력을 높인다

요즘처럼 극심한 경쟁이 펼쳐지는 환경에서 '완전한 휴식'이란 생소한 느낌마저 든다. 심지어 한가하면 죄책감을 느끼면서 뭔가 인생에 더 유익한 일을 찾아서 해야 한다고 스스로 다그치기까지 한다. 그런데 휴식은 정말 우리 삶에 아무 도움도 되지 않는 걸까? 다음 나무꾼의 이야기를 보자.

나무꾼 A와 B가 하루에 누가 더 많은 나무를 자르는지 내기했다. 다음 날 아침, 날이 밝자마자 A와 B는 침착하게 커다란 나무를 한그루씩 베어나가기 시작했다. 워낙 힘든 일이라 땀이 온몸을 적셨지만, 두 사람 모두 지지 않으려고 엇비슷한 속도로 계속 나무를 잘랐다.

한참 열심히 나무를 베던 A는 무심코 고개를 돌렸다가 B가 손을 멈추고 나무에 기대어 쉬고 있는 모습을 보았다. 이때다 싶었던 A는 더 빠르게 나무를 베기 시작했다. 내기에서 이기려면 전력을 다해야 하니 B처럼 쉴 생각은 전혀 없었다. 이후에도 A는 쉬지 않고 계속 나무를 베었고, B는 규칙적으로 휴식을 취했다.

마침내 날이 저물고 내기도 끝났다. A는 당연히 자신이 B보다 나무를 더 많이 했다고 생각했지만, 실망스럽게도 B의 나뭇더미가 훨씬 컸다. 화가 난 A는 B에게 따지듯이 물었다. "속임수를 썼지? 계속 쉬었는데 어떻게 나보다 더 많이 할 수 있어?" 그러자 B는 무덤덤하게 대답했다. "쉴 때마다 도끼날을 갈았거든."

두 나무꾼의 이야기는 맹목적으로 열심히 하기만 하고 어떻게 해야 더 효율적일 수 있는지 생각하지 않는다면, 어떤 결과가 생기는지 보여준다.

안타깝게도 많은 사람이 '진정한 휴식'이 무엇인지 알지 못한다. 휴식은 온몸의 신경을 이완하고 에너지를 회복하는 과정이다. 휴식을 통해 자신의 '도끼날을 날카롭게 만들어서' 다시 일을 시작한다면 에너지가 가득찬 상태로 몰입할 수 있다. 쉬어도 그 방식이 적절하지 않으면 아무 효과도 일으키지 못한다.

휴식에 대한 오해를 풀어라

휴식을 통해 효율을 높이고 싶다면 우선 휴식에 대한 오해부터 풀어야 한다. 우선 두뇌 노동자는 '잠이 곧 휴식'이라는 생각을 버려야 한다. 종일 글을 쓰고 업무를 보고 나면 온몸이 피로하고 어서 잠들어서 체력을 보충하고 싶겠지만, 그렇게 하면 길게 자고 일어나도 여전히 무기력하기만 하다.

수면은 분명히 매우 효과적인 휴식의 방식이지만, 평소에 잠이 부족한 사람이나 육체노동자에 더 적합하다. 육체노동자는 몸을 많이 움직이기 때문에 체내에 대량의 산성 물질이 발생한다. 이 물질들은 제때에 몸 밖으로 배출되지 않으면 노폐물로 쌓여 해롭다. 이럴 때는 충분한 수면으로 잃어버린 에너지를 보충하고 온몸의 근육과 신경을 완전히 이완해서 노폐물을 배출해야 한다.

주로 머리를 쓰는 업무를 하는 사람은 종종 대뇌피질이 극도의 흥분 상태에 놓인다. 수면량이 부족하지 않은데 늦게까지 야근했다고 잠을 자봤자 피로는 풀리지 않고 몸만 무거워진다. 두뇌 노동자는 뇌 신경을 이완시킬 만한 무언가를 찾는 것이 올바른 휴식법이다.

다른 활동을 해라

하던 일을 멈추고 가만히 있는 것은 휴식이 아니다. 진짜 제대로 쉬려면 활동 내용을 바꿔야 한다. 우리의 대뇌피질에는 각각 기능이 다른 신경 세포가 100억 개 이상 존재한다. 이 신경 세포들은 서로 다른 방식으로 배열되어서 각자의 기능을 발휘하는데 그중 한 영역이 활성화하면 다른 영역이 휴식을 취하는 방식이다. 따라서 주기적으로 활동 내용을 바꿔줘야지 뇌신경 세포들이 돌아가면서 쉴 수 있다. 와튼스쿨에서는 이러한 뇌의 특성을 기반으로 '모팻 휴식법(Moffat Rest Method)'을 권장한다. 주요 내용은 다음과 같다.

① 이미지 활용하기

업무나 학습과 관련한 이미지를 활용하는 시간을 배분해서 뇌 피로를 완화한다. 한동안 이론연구나 분석을 진행했다면 어느 정도는 관련 이미지를 보는 방식이다. 업무에서 완전히 동떨어지지 않으면서도 뇌 피로를 줄일 수 있는 방법이다. 예컨대 철학이나 역사 문제를 연구하면서 피로감을 느끼면 관련 이미지를 열람하거나 관련 소설 등을 읽는다.

② 문제의 각도 바꾸기

주제를 바꾸지 않고 각도만 살짝 바꾸어 다른 측면에서 문제에 접근하기만 해도 새로운 흥분을 일으키고 업무 효율도 향상할 수 있다. 예컨대 더 이상 읽기 힘든 지루한 이론서에서 흥미로운 부분을 먼저 찾아 읽거나 건너뛰기도 하고 마지막부터 거꾸로 읽는 식이다.

새로운 지식과 정보는 흥미를 유발한다. 변화에 능숙하면 같은 작업을 하더라도 매번 다른 측면, 다른 부분에서 접근해 신선한 느낌과 흥미를 잃지 않을 수 있다.

③ 정적 시간과 동적 시간 분배하기

같은 자세로 앉아서 한참 동안 책을 읽거나 글을 쓰면 지치기 마련이다. 이런 때는 자세를 변경하거나 아예 장소를 바꾸면 효과적이다.

방 안에서 한 시간 동안 경제학 서적을 읽었다면 이후에는 일어서거나 걸으면서, 혹은 발코니로 나가서 읽는다. 이렇게 하면 지루하지 않고 기억이 더 잘 된다.

자료 찾기와 집중 작업을 번갈아서 하는 것도 좋다. 집중해서 일하다 말고 자료를 찾는 것이 시간 낭비라고 생각해서는 안 된다. 오히려 대뇌피질 각 영역을 골고루 움직이게 해서 피곤함을 없애고 업무 효율까지 높이는 좋은 방법이다.

④ 체력과 정신력을 고려해 시간 분배하기

평소 학습과 연구 업무와 스포츠 활동을 병행해야 한다. 집중해서 일하다가 피곤함을 느끼면 바로 일을 내려놓고 야외에서 산책하거나

10분 동안 조깅을 하는 식이다. 이런 야외 유산소 운동은 체질 개선은 물론 업무 효율 향상에도 큰 도움이 된다.

⑤ 업무와 오락 시간을 적절히 분배하기

급하게 해야 할 일이 있다면 단기간 자지도 먹지도 않고 일하는 것이 가능하지만, 1년 내내 이렇게 살다가는 몸이 남아날 리 없다. 우리 삶은 어느 정도의 이완과 인내가 있어야만 지속한다. 긴장된 업무 틈새에 적절한 오락 활동을 배치해서 대뇌피질의 긴장을 완화하고 피로를 해소하며 업무 효율을 높일 수 있다.

모팻 휴식법의 요지는 늘 삶과 일을 신선하게 만드는 데 있다. 일정 시간마다 작업 환경과 방식을 변경해서 각기 다른 신선한 정보가 뇌를 자극하게 해서 대뇌피질의 어느 한 영역이 장시간 흥분해 문제 인식, 분석, 처리가 늦어지는 일을 피해야 한다.

휴식으로 열정에 불을 붙여라

피로는 기존의 반복되는 지루한 일상에 대한 싫증에서 비롯되는 경우가 많으므로 일과 생활에 열정을 다시 찾게 해주는 휴식이 꼭 필요하다. '정말 즐겁다!'라는 생각이 드는 일, 그것이 바로 당신의 피로 회복제다. 다음은 부정적인 방종을 긍정적인 휴식으로 대체하는 방법으로 모두 피로를 해소하는 데 도움이 된다.

- 술집에 가는 대신 두 시간 동안 당신을 웃게 하는 영화를 보자.
- 유흥으로 꽉 찬 주말을 포기한다. 밤 10시에 잠들고 아침 7시에 일어나 신문을 보거나 사람 없는 거리를 걸어보자. 예전의 주말

과는 전혀 다른 새로운 주말을 맞이할 수 있다.

- 수없이 가본 공원이나 유원지에 가지 말고, 한 번도 걸어본 적 없는 길을 찾아 걸어보자. 새로이 느끼는 신선한 기분이 당신을 행복하게 만들 것이다.
- 완전히 낯선 곳으로 여행을 떠나 삶의 의미를 생각해보자.
- 이번 주부터 하모니카, 전자 드럼 등 새로운 악기 하나를 배워보자. 매일 한 시간 이상 꾸준히 연습한다.
- 사교활동은 당신을 긴장시킬 수도, 동질감을 느끼게 할 수도 있다. 주 2~3일 정도는 꼭 시간을 내서 동료나 가족 외의 사람들과 사교활동을 해보자. 당신의 밝고 활발한 천성을 되찾게 도와줄 것이다.
- 만약 극도로 긴장한 상태라면 자기 자신을 시험할 수 있는 도전적인 일을 해보자. 수공예로 무언가를 만든다든지, 굉장히 어려운 수학 문제를 푸는 식이다.

물론 자신에게 가장 적합한 방법은 스스로 찾아야 한다. 롤러코스터를 타는 것보다 청소가 긴장을 푸는 데 더 도움이 된다고 생각하면 그렇게 하라! 세상 사람들이 무엇을 하는지는 크게 신경 쓸 필요 없다.

온전한 휴식을 취하면 더 많은 체력과 에너지를 얻을 수 있고, 어떤 일에 참여하거나 각종 문제에 대처하는 힘을 얻는다. 또 삶을 더 유쾌하고 정확하게 바라보는 눈을 가지게 된다. 올바르고 효과적인 휴식보다 더 유리한 시간 투자는 없다.

Chapter
6

지금 가장 중요한 일은 무엇인가

: 우선순위

최근 몇 년 동안 와튼스쿨은 전통적인 제조업이나 신흥 정보서비스업 등 미래의 기업들의 제반 비용 구성을 '시간 비용'의 각도에서 절감하는 연구를 진행해왔다. 이 이론을 시간관리 영역으로 확장한 결과, 시간 비용과 에너지 투입을 명확히 이해하고 일의 우선순위를 정하면 더 많은 수익이 발생한다는 사실이 밝혀졌다.

목표를 달성하는 전략, 시간관리 사분면

다음은 와튼스쿨에서 제공한 간단한 시간관리 테스트다.
제시된 작업 순서 중에 평소 자신이 선호하는 방식을 찾아보자.

- 좋아하는 일을 먼저 한 후에 싫어하는 일을 한다.
- 익숙한 일을 먼저 한 후에 익숙하지 않은 일을 한다.
- 쉬운 일을 먼저 한 후에 어려운 일을 한다.
- 단시간에 할 수 있는 일을 먼저 한 후에 시간이 오래 걸리는 일을 해야 일이 더 잘 된다.
- 자료가 완벽하게 갖춰진 일을 먼저 처리한 후에 자료가 부족한 일을 처리한다.
- 시간이 정해진 작업을 먼저 한 후에 시간이 정해지지 않은 일을 한다.
- 계획한 일을 먼저 한 후에 계획하지 않은 일을 한다.

- 다른 사람의 일을 먼저 한 후에 나의 일을 한다.
- 급한 일을 먼저 한 후에 덜 급한 일을 한다.
- 흥미로운 일을 먼저 한 후에 지루한 일을 한다.
- 완수하기 쉬운 일을 먼저 한 후에 완수하기 어려운 일을 한다.
- 존경하는 사람이나 밀접한 이해관계를 가진 사람이 부탁한 일을 먼저 한 후에 이외의 다른 사람이 부탁한 일을 한다.
- 이미 발생한 일을 먼저 한 후에 아직 발생하지 않은 일을 한다.

이상의 행동 규칙은 효과적인 시간관리에 다소 부합하지 않는다. 와튼스쿨의 시간관리 프로세스는 목표 실현을 지향하며 그러려면 반드시 행동하기 전에 먼저 생각해보아야 한다. 목표 달성을 기반으로 하는 일련의 할 일 목록 중 어떤 것을 먼저 처리해야 할까? 무엇을 연기하거나 처리하지 않을 수 있을까?

일반적으로 사람들은 급할수록 중요한 일이고, 급하지 않을수록 중요하지 않은 일이라고 여긴다. 하지만 실제로는 중요한 일일수록 급하지 않다. 예컨대 커리어 개발 과정에서 경영 기술 교육에 참여하고 상사에게 운영 방식 개선을 건의하고, 사업 후계자를 육성하는 등의 중요한 일이 급한 일이라고 할 수는 없다.

업무 습관을 바꾸지 않으면 중요한 일이 지체된다

'긴급도'에 따라 일을 하다 보면 중요한 일이 자꾸만 뒤로 밀리면서 종종 위기나 비상상황에 놓이게 될 수 있다. 가장 큰 문제는 원래 중요하지만 급하지 않았던 일이 시간의 압박을 받아 중요하고 긴급한 일로 바뀐다는 점이다.

예컨대 많은 사람이 업무보고가 아주 중요한 일임을 알지만, 만약 시한이 한 달가량 남았다면 그것을 '오늘 할 일'로 여기지 않는다. 오늘 하지 않으므로 일은 계속해서 뒤로 밀린다. 그러다가 업무보고 마감일이 다가오면 그제야 마치 적이라도 상대하듯이 '긴급사태'로 전환해 급하게 업무보고를 준비한다. 그 바람에 업무보고를 지각 제출하거나 졸속으로 처리하게 되는 것이다.

몇 번 이런 일을 겪고 나면 '다음에는 반드시 미리미리 준비해야지!'라고 다짐할 가능성이 크다. 하지만 사실 '우선순위'에 따라 행동하는 습관이 완전히 바뀌지 않는 한, 다음번에도 같은 실수가 반복될 가능성이 높다.

시간관리 사분면

와튼스쿨이 보는 '중요한 일'이란 인생의 목표를 달성하고 삶을 더 의미 있고 풍성하게 만드는 일을 가리킨다. 하지만 이런 일들은 대부분 그렇게 급하지 않은데 그 이유는 우리가 적극적으로 찾아야 할 긴급함이 없기 때문이다.

긴급도와 중요도의 관계를 시간관리 방식으로 논의한다면 일상적인 활동을 모두 네 가지 기준으로 나눌 수 있다.

① 제1사분면: 중요하고 긴급한 일

까다로운 고객 응대, 정시 업무 수행, 수술과 입원 등 이런 일들은 개인의 경험과 판단력에 대한 시험이며 중요한 일로 다루어야 한다. 제1사분면을 제대로 해내지 못하면 사회인으로서 제 역할을 다하지 못하는 것과 마찬가지다. 다만 많은 중요한 일이 차일피일 미루거나

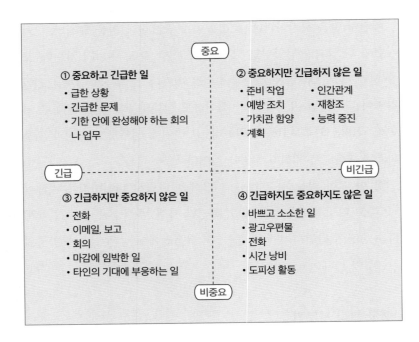

사전 준비 부족으로 매우 급한 일이 되었다는 점을 잊지 말아야 한다.

　② 제2사분면: 중요하지만 긴급하지 않은 일

　장기적인 계획, 교육 참가, 문제 예방 및 발견, 문제 해결을 위한 보고 등이 여기에 속한다. 제2사분면을 포기하면 제1사분면이 점점 확장되어 위기 대처에 악영향을 미친다. 반대로 여기에 더 많은 시간을 투자하면 개인의 능력을 향상하고 제1사분면의 범위를 줄이는 데 크게 도움이 될 것이다. 사전 계획, 준비 및 예방조치만 잘 수행하면 긴급한 문제로 전환되지 않을 것이다.

　특히 여기에 속하는 일들은 사람을 다그치거나 재촉하지 않으므로 반드시 주도권을 잘 잡아야 한다. 이런 의미에서 제2사분면은 개인의 리더십을 발휘할 수 있는 중요한 영역이다.

③ 제3사분면: 긴급하지만 중요하지 않은 일

제3사분면은 절박한 목소리로 '이 문제가 중요하다'라는 착각을 만든다는 점에서 제1사분면과 유사하다. 하지만 중요한 일이라고 해도 대부분 타인을 위한 것인 경우가 많다. 갑자기 열린 회의, 갑자기 울리는 전화, 갑작스러운 손님의 방문 등이 모두 여기에 속한다. 많은 사람이 제3사분면에 많은 시간을 할애하면서 자신이 제1사분면의 일을 한다고 생각하지만, 사실 타인의 기대와 기준을 만족하는 일을 하는 것에 불과하다.

④ 제4사분면: 긴급하지도 중요하지도 않은 일

표면적으로 제4분면에 해당하는 일들은 대부분 인생을 낭비하는 일들이므로 여기에 시간을 할애해서는 안 된다. 하지만 제1사분면과 제3사분면 사이를 오가면서 녹초가 되었다면 제4사분면으로 와서 에너지를 회복하고 다시 시작할 수 있다.

제4사분면에 무의미한 여가활동만 있는 것은 아니다. 의미 있는 여가 활동은 가치가 높지만, 지루한 소설 읽기, TV 프로그램 시청, 무의미한 사무실 대화 같은 휴식은 에너지를 회복하기는커녕 오히려 심신을 손상한다. 처음에는 재미있게 느끼지만, 조금만 시간이 흐르면 허무하다고 생각할 것이다.

지난주의 생활과 일을 되돌아보면서 생각해보자. 어느 사분면에서 가장 많이 시간을 보냈는가? 제1사분면과 제3사분면을 구분할 때 각별한 주의를 기울일 필요가 있다. 사실 이 두 사분면의 차이점은 어떤 일이 중요한 목표를 달성하는 데 도움이 되는지에 달려 있다. 만약 아니라면 당연히 제3사분면에 들어가야 한다.

중요도로 순서를 결정하라

실생활에서 우리는 일의 '중요도'와 '긴급도'에 모두 영향을 받는 다. 어떤 일을 하거나 결정을 내리기 전에도 역시 중요도와 긴급도를 고려하는데 이중 후자에 집중하면 문제가 발생한다.

'중요도'를 기준으로 삼는 사람은 주로 제1사분면과 제2사분면에 치중하는 삶을 살 것이다. 만약 사전에 준비, 예방, 계획, 능력 증진에 더 많은 시간을 투자한다면 제1사분면에서 보내는 시간을 크게 줄일 수 있다. 또 제2사분면의 중요한 일을 계속 미루어서 제1사분면까지 가지 않고, 그 일이 중요하기 때문에 자발적으로 긴급한 일로 바꾸면 제1사분면의 성질 자체를 바꿀 수도 있다.

와튼스쿨의 MBA 교수 피터 캐플리는 한참 업무와 가족 문제로 정 신없이 바빴지만, 다행히도 넘치는 에너지와 뛰어난 개인 관리 기술 로 잘 대처해왔다. 어느 날, 캐플리 교수는 세 개의 중요한 회의에 참석하고, 자동차 수리를 하러 가고, 아내와 함께 쇼핑 후에 중요한 모임에 참석하기로 계획을 세웠다. 그런데 친구 한 명이 전화를 걸어와 감정적인 문제를 호소하며 도움을 요청하자 모든 일을 미루고 당장 한 시간 반 정도 운전해서 친구 집으로 달려갔다. 캐플리 교수는 이렇게 하면 앞으로 오랫동안 제1사분면에서 고군분투하게 될 것을 잘 알고 있었지만, 힘든 친구를 보러 가는 것은 자발적인 선택이며 반드시 할 일이라고 생각했다.

캐플리 교수는 시간관리 세미나에서 참가자들에게 '중요도'와 '긴급도'라는 두 가지 개념에서 연상되는 구체적인 느낌을 이야기해달라고 요청하곤 한다. 그러면 대부분 사람은 중요도에 대해서는 자신감, 성취감, 의미와 평온함을, 긴급도에 대해서는 스트레스, 피로, 불만족을 떠올린다. 캐플리 교수는 개인의 생각이 그 사람의 현재 생활상에 직접적인 영향을 끼치므로 중요도와 긴급도에 대한 반응 역시 그 사람의 시간관리 방식에 반영된다고 말한다.

중요도와 긴급도

일의 '긴급도'에 따라 일을 처리하는 습관을 완전히 부정할 필요는 없다. 다만 행동의 순서를 고려할 때, 먼저 일의 '중요도'를 우선시하고 그 후에 '긴급도'를 따르는 방식이 와튼스쿨에서 강조하는 내용이다.

제2사분면 조직법은 일 처리에 있어서 우선순위를 판단하는 기준이 중요도라는 것을 의미한다. 여기서 '중요도'란 목표 달성에 대한 기여도를 의미한다.

지난주 생활에 대해 생각해보자. 어느 사분면에서 가장 많은 시간을 보냈는가? 아마 어떤 일을 제1사분면이나 제3사분면에 넣었을 텐데 이때는 급한 일을 중요한 일로 오인하지 않도록 주의해야 한다. 사실 이 둘을 구별하는 것은 어렵지 않다. "이 일의 성과가 중요한 목표를 달성하는 데 도움이 되는가?"라고 자문한 후, 대답이 "아니오"라면 일을 제3사분면으로 분류해야 한다.

대부분 사람은 제1사분면과 제3사분면에서 가장 많은 시간을 보내지만, 여기에는 상당한 대가가 따른다. 바로 급한 일을 처리하느라 바빠서 진짜 중요한 일을 무시하게 되는 것이다.

제2사분면에 주목하라

캐플리 교수는 시간관리에 관해 "당신은 일이나 생활에 긍정적인 의미를 더하는 분야가 무엇인지 알고 있습니까?"라는 질문을 던진다. 그는 와튼스쿨에서 강의하면서 거의 수천 명에 달하는 사람에게 같은 질문을 했고 대부분 답변이 다음의 일곱 가지로 분류된다는 사실을 알게 되었다.

- 대인관계 개선
- 사전 준비 작업 개선
- 더 철저한 계획
- 자신을 사랑하기
- 새로운 기회 잡기
- 자기 성장
- 개인 능력 증진

이런 일들은 모두 제2사분면에 포함되는 중요한 일이다. 하지만 많은 사람이 중요한 일이라고 말하면서도 좀처럼 실제로 행동하지는 않는다. 그 원인은 이런 일들이 당장 해야 할 정도로 급하다고 생각하지 않기 때문이다. 사실 이 일들은 반드시 미리미리 꾸준히 해둬야 삶을 개선하고 장기적인 이익을 가져다준다.

시간관리 사분면 이해하기

실제로는 일이 계층적인 모습을 보이기 때문에 대부분 경우 네 개의 사분면으로 뚜렷하게 구분하기 어렵다. 사실 각 사분면은 일종의 연속 상태에 있으며 서로 조금씩 겹치기도 한다. 다시 말해 각 사분면은 점진적 차이를 보인다. 우리는 이러한 점진적 차이를 바탕으로 시간관리 사분면의 구체적 문제 몇 가지를 짚어볼 필요가 있다.

① 제1사분면을 부정적으로 볼 필요 없다

중요하고 긴급한 일을 처리해야 하는 상황에 놓였다고 꼭 부정적으로 생각할 필요는 없다. 실제로 많은 사람이 제1사분면에서 한계에 봉착한 일을 처리하는 데 상당한 시간을 보낸다. 관건은 왜 당신이 이 사분면에 계속 놓이게 되는가이다. 일의 긴급함이 만든 상황인가, 아니면 중요성 때문인가? 전자일 경우 중요성이 점차 사라지면 제3사분면으로, 후자일 경우 긴급함이 사라지면 제2사분면으로 이동한다.

기억하자. 제1사분면과 제2사분면은 모두 매우 중요하지만, 시간 요소만 바뀐 것이다. 제3사분면과 제4사분면에 있는 경우만 시간관리에 문제가 있다.

② 제3사분면에서 시간을 내어 제2사분면의 일을 한다

많은 사람이 '중요하지만 급하지 않은 일'을 어떻게 처리해야 할지 모른다. 가장 이상적인 방법은 제3사분면에서 시간을 확보하는 것이다. 예를 들어 모임에 가거나 무의미한 전화를 받는 시간을 절약해서 제2사분면의 일들을 처리하는 것이다.

제1사분면의 일들은 급하고 중요하며 당연히 해야 할 일인 반면, 제4사분면의 일들은 애초에 할 일이 아니다. 다만 제3사분면의 일들은 중요하고 급한 일이라고 오인하기 쉽다. 따라서 '중요도가 첫 번째'라는 관점을 명확히 하고 오직 그에 따라 모든 일을 처리해야 한다. 이런 식으로 오해에 빠져 잃어버린 시간을 찾아서 제2사분면에 적용할 수 있다.

③ 제1사분면의 환경에서도 제2사분면을 중요하게 다루어야 한다

의료진, 경찰, 기자, 편집자처럼 급하고 중요한 상황을 다루는 사람들은 거의 제1사분면의 일을 처리한다. 만약 당신이 그중 한 명이라면 제2사분면을 파악해서 제1사분면을 더 잘 처리할 수 있도록 해야 한다. 이는 우리가 제2사분면에 더 많은 시간을 투자해야 하는 이유다. 제2사분면에 투자하는 시간은 우리의 행동능력을 향상해 시간 효과를 키울 것이다.

시간관리 사분면의 가장 큰 기능은 시간 조정이 '중요도'와 '긴급도'에 의해 어떠한 영향을 받는지 이해하여 자신이 대부분 시간을 어떻게 보내야 하는지를 깨닫게 하는 데 있다. 중요도와 긴급도는 시간관리 과정에서 대립하는 양면인 동시에 서로 보완한다.

인생을 바꾸는 제2사분면의 힘

인생의 다음 단계를 계획할 때 가장 먼저 할 일은 자신의 인생에서 가장 중요한 것이 무엇인지 탐구하는 것이어야 한다. 내 삶의 의미는 무엇인가? 이 질문은 삶에 대한 당신의 기대뿐 아니라 그 이면에 숨어 있는 원칙을 보여준다. 당신의 목표, 매일의 시간 계획이 모두 당신의 삶에 영향을 미치므로 이 질문에 대한 명확한 인식이 꼭 필요하다.

스티븐스 교수는 와튼스쿨 신입생들에게 다음과 같은 현실적 문제를 던졌다. "MBA에 합격하려면 공부할 시간이 필요한데 오늘 저녁에 여러분의 가장 친한 친구가 아주 성대한 파티를 연다고 합니다. 당신이라면 어떤 선택을 내리겠습니까?"

대부분 신입생이 파티에 가겠다고 선택하자 스티븐스 교수는 몇몇 사람에게 이유를 물었다. 학생들이 말한 이유는 거의 비슷했다. "제게 중요한 친구들이 모이니 당연히 가야죠!", "시험공부가 한 번에 되는 일도 아니고, 하룻밤 공부하지 않는다고 큰 영향이 있을 것 같지는 않습니다."

이에 스티븐스 교수는 정중하게 경고했다. "우리 중 상당수는 자신의 가장 소중한 자원인 시간을 선물 삼아 타인을 기쁘게 하는 데 쓰지만, 사실 그 선물을 자신에게 한다면 더 많은 혜택을 얻을 수 있습니다."

스티븐스 교수는 많은 사람이 시간관리 사분면에서 제3사분면에 중점을 두는 실수를 하지만, 사실 제1사분면의 일을 모두 처리하면 제2사분면으로 이동해야 한다고 여긴다.

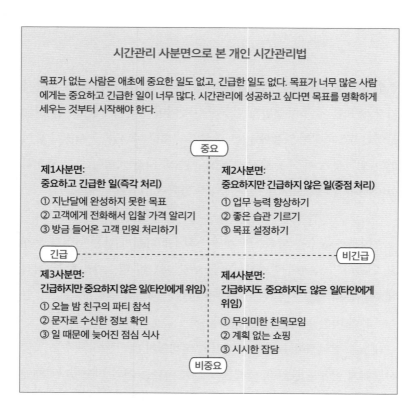

시간관리 사분면으로 본 개인 시간관리법

목표가 없는 사람은 애초에 중요한 일도 없고, 긴급한 일도 없다. 목표가 너무 많은 사람에게는 중요하고 긴급한 일이 너무 많다. 시간관리에 성공하고 싶다면 목표를 명확하게 세우는 것부터 시작해야 한다.

중요

제1사분면:
중요하고 긴급한 일(즉각 처리)
① 지난달에 완성하지 못한 목표
② 고객에게 전화해서 입찰 가격 알리기
③ 방금 들어온 고객 민원 처리하기

제2사분면:
중요하지만 긴급하지 않은 일(중점 처리)
① 업무 능력 향상하기
② 좋은 습관 기르기
③ 목표 설정하기

긴급 — — — — — — — — — — — 비긴급

제3사분면:
긴급하지만 중요하지 않은 일(타인에게 위임)
① 오늘 밤 친구의 파티 참석
② 문자로 수신한 정보 확인
③ 일 때문에 늦어진 점심 식사

제4사분면:
긴급하지도 중요하지도 않은 일(타인에게 위임)
① 무의미한 친목모임
② 계획 없는 쇼핑
③ 시시한 잡담

비중요

제2사분면의 일을 잘 처리할 수 있다면 급한 불 끄듯이 제1사분면의 일을 할 필요가 없게 된다. 당신의 시간 중 80퍼센트는 제1사분면과 제2사분면에 써야 한다. 제4분면의 일을 철저히 차단하고, 제3사분면의 일을 적절하게 조절한다.

안타깝게도 많은 사람이 제2사분면에 속하는 '중요하지만 긴급하지 않은 일'이 무엇인지 알지 못한다. 이를 명확하게 구분하려면 개인적 신념에 따라야 한다.

신념이 명확해야 제2사분면의 일을 제대로 처리한다

스티븐스 교수는 신념이 모든 것의 기초이자 제2사분면을 확립하는 첫 번째 단계라고 말한다. "당신의 삶에 도움이 되지 않는다면 왜 해야 하나요? 중요성에 기초한 개념과 구조를 확립하려면 자신의 신념을 깊게 이해해야 합니다." 개인의 신념은 개인의 성장, 존재의 의미, 가족의 친밀한 개인의 발전 등이 포함된다. 이러한 신념을 떠올릴 때마다 인생에서 '가장 중요한 것'이 더 명확하게 정의된다.

스티븐스 교수는 개인의 신념이 뚜렷하지 않다면 다음을 이용해 자신에게 가장 중요한 것을 알 수 있다고 제안한다.

- 당신의 삶에서 '가장 중요한 일'은 무엇입니까?(3~4개)
- 당신의 장기 목표는 무엇입니까?
- 당신의 삶에서 가장 중요한 인간관계는 무엇입니까?
- 당신은 어떤 공헌을 하기를 바랍니까?
- 안정, 신뢰, 쾌락, 공헌 중 당신이 가장 원하는 감정은 무엇입니까?

- 앞으로 6개월밖에 살지 못한다면 이번 주에 무엇을 하겠습니까?

이상의 질문들을 깊이 생각해보면, 개인의 신념이 시간관리 과정에서 얼마나 중요한지 이해하게 될 것이다.

자신의 역할을 인식한다

우리의 삶은 다양한 역할의 조합이다. 와튼인은 자기 역할을 인식하고 그에 따른 책임과 인간관계를 기반으로 시간을 배분하면 시간관리가 더 쉬워진다고 믿는다.

살면서 겪는 많은 고통은 모두 역할 분배의 불균형에서 비롯한다. 성공적인 사업가이지만, 좋은 남편이나 아버지는 아닐 수 있다. 고객의 요구를 충족하는 데는 능하지만, 개인적인 성장 및 계발은 부족할 수도 있다. 자신의 다양한 역할과 그 관계를 명확하게 이해한다면 자연스럽게 삶의 균형과 질서가 유지된다.

이 균형에 더 가까워지기 위해 우선 자신이 수행하는 각종 역할을 나열해보자. 역할을 나열하기 전에 역할이란 고정불변의 것이 아니라 나이와 상황에 따라 달라진다는 점을 알아야 한다. 예컨대 당신은 집 안에서 '아들'이자 '아버지'일 수 있다. 또 업무적 역할 역시 여러 개일 수 있어서 예를 들어 인사담당자인 동시에 직원 관리위원회의 회장일 수도 있다. 한 부서의 책임자는 다음과 같은 역할을 맡을 수 있다.

- 역할1: 남편 – 아버지
- 역할2: 관리자 – 신제품 개발 및 경영이론 연구
- 역할3: 직원 교육 담당자

- 역할4: 행정 책임자
- 역할5: 사교 모임의 회장

연구에 따르면 인간의 두뇌는 한 번에 최대 7가지 유형의 일을 처리할 수 있으며, 7가지를 넘으면 효율이 떨어진다고 한다. 따라서 개별 역할을 정의할 때, 행정과 재무, 인사관리와 팀워크 구축 등 유사한 항목을 결합하면 주의력을 하나의 범주 안에 집중하는 데 도움이 된다. 이제 자신의 역할을 나열하자.

전부 적었으면 이어서 다음을 생각해본다.

- 한두 가지 역할에 치중하느라 다른 역할에 더 많은 시간과 에너지를 투입하기 어려운가?
- 가장 많은 시간과 에너지를 소비하는 역할에 '가장 중요한 것'이 모두 포함되어 있는가?
- 나열한 역할들이 개인적 신념을 실현하는 데 긍정적으로 작용하는가?
- 일주일에 한 번씩, 자신의 역할들을 되돌아보고 활동의 균형을 맞추면 더 만족스러운 삶을 추구하는 데 도움이 될까?

역할 정의는 자기 삶에 대한 전체적인 시각을 갖게 해준다. 당신의 삶에 일, 가정, 혹은 어떤 감정만이 존재하지 않으며 모든 것이 복합적으로 존재한다는 사실을 깨닫게 될 것이다. 더불어 역할 정의는 간과하기 쉬운 '중요하지만 긴급하지 않은 일'의 구체적인 범위를 보여준다.

각 역할의 제2사분면 목표를 찾는다

자신이 맡은 여러 역할을 이해했으니 다음의 질문을 생각해보자. 이번 주에 내가 각 역할을 맡을 때, 가장 효과가 큰 것은 무엇일까? 이 문제에 대해 생각할 때는 감성과 이성의 목소리를 동시에 들어야 한다. 당신이 맡는 친구, 부모, 자녀, 직원 같은 역할에 가장 중대한 영향을 미치는 것은 무엇인가? 마음의 소리를 들어보자. 해답의 열쇠는 긴급성이 아니라 중요성에 있다.

예를 들어 당신의 어떤 역할이 자신의 개인적 발전과 관련이 있다면, 당신의 목표에는 자기반성, 정보 선택, 개인 능력 훈련 관련 정보 수집 등이 포함된다. 또 역할이 부모라면 당신의 목표는 자녀와 보내는 시간을 마련하는 것일 수 있고, 직원이라면 고객 방문, 부하직원 교육, 상사와의 공감대 형성 등이 목표가 될 수 있다.

각 역할은 목표가 여러 개일 수 있지만, 그중에서도 가장 중요한 목표를 한두 가지 정도 선택하면 행동의 중요성이 더 뚜렷해진다.

가장 중요한 목표를 결정할 때, 다음의 질문이 도움이 될 것이다.

- 다음 주에 이 목표들을 완료한다면 어떤 결과가 나올까?
- 목표의 일부만 완료한다면 어떤 결과가 나올까?
- 이러한 목표가 내 삶에 긍정적인 영향을 미칠까?
- 매주 계속하면 어떤 결과가 나올까?
- 이러한 목표를 달성하면 내 삶이 지금보다 나아질까?

의사 결정의 기반을 명확히 한다

제2사분면의 긍정적인 목표를 효과적으로 달성하려면 자신만의 의사 결정 기반이 있어야 한다. 대다수 사람의 삶은 제1사분면과 제3사분면의 일을 처리하느라 바쁜데 그러면서도 어떻게든 시간을 내어서 '진짜 가장 중요한 일'을 완성하고자 한다. 따라서 먼저 일의 경중을 확정한 후에 시간을 배정해야 한다.

만약 '가능한 많이'를 추구한다면 당신의 시간관리는 엉망이 될 것이 분명하다. 관건은 가장 중요한 것들만 먼저 하는 것이다. 이 목표를 달성하기 위해 주간 계획을 세우고 제2사분면의 목표를 채워 넣는다. 하루 중 하나의 시간대를 선택해 제2사분면의 목표를 실현하는 데 써야 한다.

구체적인 계획이 가장 효과적인 경우가 많다. 예를 들어 이번 주의 가장 중요한 목표가 장기 계획 확정, 운동, 대형 프레젠테이션 등이라면 각각 자신과 약속한 시간에 반드시 진행하도록 한다.

어떤 목표는 '가장 중요한 일'로 지정하면 더 나은 결과를 생성하는 경향이 있으므로 특정 시간대를 배치하는 것이 적합하지 않다. 예컨대 딸과의 관계를 개선하는 것이 목표라면 적절한 시간대를 예측하기 어려울 수 있다는 사실을 알아야 한다. 따라서 특정 시간대를 정하기보다 그날의 '가장 중요한 일'로 확정하고 초점을 관계 개선에 맞추는 것이 좋다. '가장 중요한 일'에 해당 내용을 쓰고, 가장 적절한 때가 오기를 기다리면 된다. 월요일 칸에 적어두었지만 적절한 때가 오지 않았다면 화요일 칸으로 옮겨야 한다. 여전히 적절한 기회를 잡지 못했다면 다시 수요일로 연장한다. 이런 식으로 가장 중요한 일이 당신의 일주일에 어떠한 영향을 미쳤는지 관찰할 수도 있다.

우리가 제2사분면을 공부하는 까닭은 엄격하고 흠 하나 없는 계획표를 만들기 위해서가 아니라 기본 태도를 확립하기 위해서다. 다시 말해 매번 어떤 일을 할 때마다 중요도가 원칙이라는 사실을 잊지 않게 하기 위함이다. 제2사분면에 시간을 투자하기 시작하면 다른 사분면에 쓰는 시간이 크게 줄어들 것이다. 계획, 준비, 인간관계 구축, 운동 등에 더 많은 힘을 쏟을 때, 제1사분면의 엉망진창 된 일들을 해치우거나 제3사분면의 긴급한 요구사항을 처리하느라 바쁘지 않게 된다. 대신 제1사분면과 제2사분면에서 가능한 한 많은 시간을 보내고 무게 중심을 제2사분면으로 천천히 이동해야 한다.

적게 일하면서도 성공하는 '빼기의 법칙'

'아직 ×××를 하지 않았고, ×××는 사지 않았다….' 바쁜 시대를 사는 우리는 이미 덧셈의 삶에 익숙해져 약간의 부족함과 공백이 보이면 어떻게든 메우려 하고, 자신의 모든 시간을 가득 채우려고 한다. 이렇게 해야 자신이 '유용한 사람'임을 증명한다고 생각하는 듯하다. 하지만 계속 이렇게 살다가는 일도 잘되지 않고, 지쳐 탈진하는 경우가 많다.

캐번 교수는 와튼스쿨 신입생을 대상으로 한 강의에서 "아무리 열심히 일해도 일이 끝나지 않는다"라고 말했다. 충격적인 사실이지만 사실 사회는 학교처럼 그렇게 단순하지 않다. 학교에는 중간고사와 기말고사가 있으며 몇 학기가 지나면 졸업하지만, 사회인으로서 출근은 도무지 끝나지 않는다. 한 가지 일을 마치면 세 가지 일이 파생된다. 일단 일을 시작하면 책임 범위는 끊임없이 확대, 재확대된다.

끊임없이 바쁜 상황 속에서 업무 효율과 삶의 질을 높이는 것은 공허한 이야기가 된다. 심리학에서는 인간의 내적 동기에 세 가지가 있다고 본다.

- 자기 삶에 책임을 지고 원하는 방향으로 이끄는 '자율성'
- 끝없는 노력이 아니라 점점 더 발전하는 기술로 어려움을 극복하는 '능수능란함'
- 자신의 이익뿐 아니라 사회적 의의를 지닌 '외부와의 연결'

캐번 교수는 이런 내적 동기를 현실화시켜 개인의 삶을 더 역동적이고 만족스럽게 만들고 싶다면 더 많이 일할 것이 아니라, '더 적게 일하려고' 노력해야 한다고 지적했다. 그래야만 진짜 중요한 일에 우리의 소중한 시간과 에너지를 쓸 수 있기 때문이다. 또 캐번 교수는 다른 측면에서 '적은 것이 많은 것'이라는 생각의 필요성을 지적했다. 그에 따르면 우리는 '빼기'를 이용해서 일과 생활을 배치해 불필요한 부담을 지우는 동시에 시간 수익이 가장 커지도록 해야 한다.

일은 시간 낭비를 줄이고 효율을 키운다

직장인이라면 일은 많아질 뿐 줄어들지 않고, 완전히 끝나는 시간은 절대 없음을 알 것이다. 이 때문에 캐번 교수는 '효율성'에 대한 정의를 바꾸어야 한다고 말한다. "효율은 '미완성된 작업을 줄이는 것'으로 정의되어야 합니다. 시간을 진짜 중요한 일에 쏟아부어야지, '모든 일을 전부 해내라'라고 자신을 압박해서는 안 됩니다." 이를 위해 우리는 적어도 세 가지 방법을 사용할 수 있다.

① 개인 업무 일정표를 간소화하다

꽉 채운 일정은 시간관리를 더 비효율적으로 만들 수 있다. 이와 관련해서 캐번 교수는 다음의 세 단계를 통해 목표를 쉽게 달성할 수 있다고 생각한다.

첫 번째 단계는 약속된 만남, 회의, 식사 시간 등 확정된 일정을 업무 일정표에 쓰고 남는 시간이 얼마나 되는지 계산하는 것이다.

두 번째 단계는 다음 날 해야 할 일의 목록을 작성하고 과거의 경험에 비추어 각 작업에 필요한 시간을 예측하는 것이다. 이 단계에서 우리는 자신의 능력을 과대평가하고 업무의 난이도를 과소평가하는 경향이 있다는 데 유의해야 한다. 캐번 교수도 실제 작업 시간은 예측한 시간의 두 배가 된다고 말했다. "시간을 계획할 때는 유연하게 조정할 수 있도록 더 느슨하게 계획해야 합니다."

세 번째 단계는 빈 시간에 업무들을 채울 수 있는 만큼 채워 넣는 것이다. 이 업무들은 다음 날 완성할 수 있는 작업 목록이 된다. 아직 쓰지 않은 다른 일들은 더 이상 생각할 필요 없다. 어차피 완성할 시간이 없기 때문이다.

② 시간을 충분히 들여 작업 목표를 확인한다

언뜻 들으면 '시간 낭비 줄이기'라는 원칙에 반하는 것처럼 보이지만, 사실 모든 것을 시간 절약 관점으로 봐야 하는 것은 아니다. 명확한 목표를 확인하는 데 시간을 들이지 않고 실행에 옮기면 오히려 더 많은 시간을 낭비할 수 있다.

목표의 의미는 마감일이나 성적을 숫자로 표현하는 것에 있지 않다. 대부분 사람은 업무 목표를 확인할 때 아주 중요한 관건을 잊는데 바로 "상사가 원하는 것은 무엇인가?"다.

예를 들어 올해 실적이 20퍼센트 증가한 것은 분명하지만, 새로운 고객을 한 명도 유치하지 못했다면 상사가 원하는 '신규 고객 개척'이라는 목표는 달성하지 못했음을 의미한다. 사전에 명확한 의사소통을 진행하면 이후의 불필요한 번거로움을 덜 수 있고, 작업 도중에 상사가 당신이 자신의 기대에 부응하지 않는다고 생각해서 모든 것을 처음부터 다시 하게 될 일도 없다.

③ 노트를 휴대한다

인간의 두뇌가 발휘할 수 있는 능력은 제한적이어서 자기 머리를 너무 믿었다가는 큰코다칠 일이 생길 수도 있다. 업무를 보다 효율적으로 만드는 가장 확실한 방법은 바로 '기록'이다.

실제로 성공한 많은 기업인은 메모를 쓰는 습관이 있다. 예를 들어 버진 그룹Virgin Group의 리처드 브랜슨Richard Branson은 그룹 내부를 시찰할 때마다 개선해야 할 부분을 노트에 적었는데 지금까지 무려 122권의 노트를 사용했다고 한다. 업무와 관련해서 개선할 수 있는 부분뿐 아니라 다음 내용들을 노트에 적어둘 수 있다.

- 새로운 아이디어 기록하기 아이디어는 필요할 때는 나타나지 않다가 전혀 기대하지 않은 순간에 뜬금없이 떠오르곤 한다. 그럴 때마다 재빨리 노트를 꺼내어 닥치는 대로 써야 한다. 필요할 때 이 노트를 뒤적이면서 영감을 자극할 수 있다.
- 고객 관리 정보 와튼스쿨 출신으로 일본 최대 여행그룹 JTB의 사장인 오츠카 마사키大家雅樹의 노트는 고객에 관한 중요한 정보로 가득하다. 그는 고객 한 사람, 한 사람에게 일정량의 노트 공간을 할당해서 약속 일정이나 고객의 연락처 정보, 요구사항, 자

신의 생각 등 여러 가지 중요한 정보를 모두 기록해서 잊지 않도록 한다.

- 업무 문제 해결 직장에서 해결하기 어려운 문제가 발생하면 즉각 노트와 펜을 들고 문제점을 기록한다. 와튼스쿨에서 제안하는 '다섯 가지 사고방식'은 전형적인 '종이 위 사고 활동'이라 할 수 있다.

질문: 이 협업이 완료되지 않은 이유는 무엇인가?

이유: 고객이 계약을 취소했음

질문: 고객이 계약을 취소한 이유는 무엇인가?

이유: 경쟁업체와 손잡음

……

이런 방식으로 문제의 이유를 다섯 번 정도 연이어서 자문해 문제의 근본 원인을 찾는다. 동시에 자기 생각을 적어두면 혼란을 없애는 데 도움이 되며 유사한 상황이 발생했을 때 참고 자료로 활용할 수 있다.

선택을 줄이고 시간을 절약한다

자신에게 맞는 시간관리 시스템을 구축한 후, 몇 가지 방법을 이용해 생활 속 선택을 줄일 수 있다. 선택을 줄이면서 절약된 시간이 점차 누적될 것이다.

① 주변 혹은 인터넷에서 전문가를 찾는다

매사에 적절한 정도를 파악해서 불필요한 일에 너무 많은 시간을 낭비하지 않아야 한다. 문제가 생기면 직접 분석하기보다 그 분야의 전문가에게 물어보면 시간이 훨씬 절약된다.

② 한발 앞선 결정으로 선택을 간소화한다

예를 들어 자신이 자주 사용하는 물건을 분석해서 한두 가지 선택으로 간소화하고 품질과 가격 면에서 균형을 찾는다. 가능한 한 대형 브랜드를 선택해서 필요할 때 바로 구매하고 한 번에 많이 살 수 있도록 한다.

③ 체크리스트를 이용해 시간을 절약한다

익숙해지면 이 방법으로 가장 많은 시간을 절약할 수 있다. 상황에 따라 각종 양식을 만들 수도 있다. 캐번 교수는 반드시 사전에 구매 체크리스트를 작성하고, 개장 직후나 폐점 직전처럼 사람이 별로 없을 때를 골라 마트에 간다. 체크리스트에 적힌 물건을 빠르게 선택하고 모든 항목에 체크하면 즉각 계산대로 향한다.

또 캐번 교수는 아내가 화장실을 깨끗하게 청소하지 않는다고 나무라자 아내의 기준에 따라 직접 체크리스트를 작성하고 그에 따라 청소를 완료해서 문제를 피할 수 있었다.

사실 모든 시간관리는 반드시 해야 할 일과 다른 사람에게 맡길 수 있는 일을 제거하는 뺄셈을 하고 남은 것은 스스로 해야 한다. 이 원칙에 따라 더 효율적으로 시간을 이용할 수 있다.

우선순위, 업무의 가치는 전부 다르다

우리의 목표는 일을 눈코 뜰 새 없이 바쁘게 하는 것이 아니라, 가장 적합하고 가치 있는 사람과 일을 찾아서 시간을 투자하는 것이다. 효과적인 시간관리에 익숙해졌을 때, 우선순위를 지정하지 않으면 아무것도 할 수 없음을 깨닫게 될 것이다.

다니엘 디킨스 교수는 강의에서 매우 상징적인 상황을 사례로 들었다. "여러분의 회사에서 매년 일정량의 신규 고객을 개발하기를 희망합니다. 이는 일정량의 잠재 고객을 만나야 한다는 의미입니다. 지금 여러분의 손에 136명의 잠재 고객 목록이 있습니다. 어디서부터 시작할까요? 가장 먼저 누구에게 전화를 걸까요?"

모든 잠재 고객을 방문할 수는 없음을 알고 있으므로 중요도에 따라 구체적인 우선순위를 정하고 중요한 잠재 고객에게 에너지를 집중해야 한다. 그렇다면 이제 '어떤 잠재 고객이 가장 중요하고 먼저 집중해야 하는가?'를 생각해야 한다.

생각을 시작하면 '내가 결정을 내리는 기준은 무엇인가?'라는 의문이 생겨난다. 잠재 고객의 규모에 따라 우선순위를 정해야 할까? 그들이 또 다른 잠재 고객에게 접근하는 정도를 기준으로 할까? 아니면 그냥 상대적으로 공략이 쉬운 잠재 고객에게 집중할까?

이제 우리는 대상을 똑같이 보지 않고 우선순위를 정하는 기본 원칙, 즉 '우선순위를 정하려면 기본 원칙을 세워야 한다'라는 사실을 이해해야 한다.

사실에 근거해서 우선순위 배정 원칙을 정한다

디킨스 교수는 원칙을 정할 때 자신이 처한 구체적인 현실을 고려하기를 제안했다. 고객의 업체 규모를 기준으로 할 때와 기존 고객과의 거리를 기준으로 할 때의 목록은 완전히 다르다.

따라서 더 효과적으로 우선순위를 지정하려면 가장 현명하고 현실적인 기준을 선택하는 것이 관건이다. 각 업무에 근거해서 질문을 하나 만들고 그에 대한 답을 내놓으면 그것이 곧 우선순위가 된다.

예를 들어 잠재 고객의 규모를 기준으로 우선순위를 지정한다면 "잠재 고객의 상대적인 규모는 어떠한가?"라고 질문할 수 있다. 또 기존 고객과의 거리를 기준으로 한다면 "기존 고객으로부터 3킬로미터 이내에 있는 잠재 고객은 누구인가?"라는 질문을 던질 수 있다.

이런 질문은 복잡할 필요 없이 간결하고 효과적이기만 하면 된다. 디킨스 교수가 제시하는 방법은 '어느 것이 나의 소득을 가장 많이 증가시킬 것인가?'를 기준으로 삼는 것이다. 이 질문을 '무엇에 먼저 집중할 것인가?'에 대한 현명한 결정을 내리는 데 도움이 된다.

'개인 소득 최대화'는 해당 업무로부터 얻을 수 있는 실질적인 혜택을 의미한다. 그렇다면 잠재 고객 목록에서 어떤 선택, 어떤 결정, 어떤 항목이 실제 수입으로 이어질 수 있을까? 그다음은 어느 것일까? 또 그다음은?… 이런 식으로 우선순위를 하나하나 확정할 수 있다.

ABC 시스템을 이용해서 대상을 등급화한다

장기, 중기 또는 단기의 모든 계획에서 두 가지를 꼭 해야 한다.

- 목록 작성하기
- 목록에 있는 항목의 우선순위 정하기

처음의 목록과 우선순위 목록은 당연히 달라진다. 디킨스 교수는 처음의 목록이 불완전하며 유효하지 않으므로 반드시 실제 상황에 근거해서 일의 순서를 정리해야 한다고 강조했다.

디킨스 교수는 '개인 소득 최대화'를 추구한다면 'ABC 시스템'을 기반으로 하는 것이 가장 효과적인 방법이라고 생각한다. 처음 목록을 받으면 가장 중요하다고 생각하는 항목의 왼쪽에 A, 일반적으로 중요한 항목의 왼쪽에 B, 가장 중요하지 않은 항목의 왼쪽에 C라고 쓴다. 이 과정은 오직 추측일 뿐이며 판단이 올바른지 확신할 수는 없다. 항목들을 서로 비교하면서 모든 항목에 A, B, C를 표기한다.

목록 중 A에 해당하는 항목은 개인 소득을 높일 수 있는 가장 중요한 활동이어야 하므로 대부분 시간을 A등급 항목에 소비하고, 차례로 B등급, C등급에 시간을 할애해야 한다. 개인에게 주어진 시간이 제한되어 있고, 항목마다 긴급도 다르므로 여기에서 더 세분화할 수도 있다. 예컨대 A등급 항목을 중요도에 따라 'A-1, A-2, A-3, A-4…'의 방식으로 세분화할 수 있다.

가치는 내가 결정한다

ABC 시스템에서 ABC 분류는 상대적일 뿐이며 전적으로 가치 기준에 따라 달라질 수 있다. 최종 결정을 내리는 사람은 본인임을 기억해야 한다. 특정 항목을 A등급으로 분류할 수도 있지만, 처리하는 과정에서 마음에 들지 않는다면 B등급으로 변경할 수도 있다.

자신의 판단에 의구심이 생길 수도 있지만, 설령 의심하더라도 내가 최고 결정권자라는 확신이 필요하다. 일 처리가 만족스럽지 않다면 정말 중요하다고 느끼는 것에 집중하기 위해 약간의 변화가 필요하다.

우선순위는 고정불변의 것이 아니다.

목록의 구체적인 내용에 근거해서 순서를 조정할 수 있다. A등급 항목은 보통 B등급이나 C등급 항목보다 훨씬 더 중요한 활동이다. 예술 작품에서 눈에 띄는 요소들, 예컨대 아름다운 색채와 뛰어난 디테일은 배경이 있어 더 두드러지는 것과 비슷하다.

또 시간이 흐르면서 우선순위도 바뀔 수 있는데 오늘은 A등급인 항목이 내일은 C등급이 될 수도 있고, 오늘 C등급인 항목이 내일은 A등급이 될 수도 있다. 지금 주어진 시간을 더 효과적으로 이용하려면 끊임없이 우선순위를 분석하며 조정해야 한다.

각 항목에 투입하기로 한 시간에 따라 순서도 변경될 수 있다. 예를 들어 상사에게 제출할 보고서를 작성하는 데 2시간이 걸린다고 하자.

이 업무는 당신에게 겨우 C등급에 불과하지만, 상사를 4시간 이상 기분 좋게 했다. 그러면 이 업무는 B등급이 된다. 또 만약 더 많은 문제를 찾아내고 10시간에 걸쳐 해결해냈다면 부서와 회사에 크게 기여한 것이다. 이때 이 업무는 A등급으로 바뀐다.

가치가 낮은 일에 너무 많은 에너지와 시간을 투자하는 것은 무의미하다. 개인의 소득을 증가시킬 수 있는 중요한 업무는 종종 더 많은 노력을 기울여야 한다. 바로 이런 이유로 우선순위 배정이 중요하다. 우선순위는 모든 일을 똑같이 보지 않음으로써 최소한의 시간에 최대한의 이익을 얻는 목표를 달성하게 해준다.

가장 가치 있는 일에 시간을 투자하라

가족과 친구, 취미, 열심히 일하기, 건강, 개인의 성장 등 인생에는 항상 많은 중요한 것들이 우리를 기다리고 있다. 그런데 사실 인생에서 가장 가치 있는 일에 시간을 내기가 매우 어렵다. 대부분 사람은 늘 시간이 부족하다고 생각하지만, '시간이 부족한 사람들'은 시간을 가장 가치 있는 일에 사용하지 않고 있다.

와튼스쿨은 연구를 통해 사람들이 사무실에 도착한 초반 몇 시간이 가장 생산적인 시간이라는 사실을 발견했다. 하지만 많은 사람이 이 소중한 시간을 전화 회신, 어제 완료하지 못한 작업 처리 혹은 동료나 부하직원과의 대화 같은 중요하지 않은 작업에 허비한다. 보통 이런 일들은 심신의 에너지가 떨어지는 오후에 해야 더 나은 결과를 얻을 수 있다.

와튼스쿨을 졸업한 크로프트는 개인 시간을 효율적으로 사용하는 법을 잘 알고 있다. 그는 종종 점심시간에 사장의 사무실로 간다. 사장이 점심시간에 외출하는 경우가 거의 없음을 알고 있기 때문이다. 두 사람은 함께 햄버거를 먹으면서 지금 진행하는 일에 관해 이야기를 나누는데 이 시간에는 찾아오는 사람이 거의 없어서 대화가 중단되지 않는다. 이런 방식으로 크로프트는 입사 2년 만에 부서장으로 승진했다.

시간관리를 배운 지 얼마 되지 않은 사람은 자신감이 생겨 모든 일을 일정 계획표에 욱여넣고, 모든 시간과 모든 일을 똑같이 다루는 모습을 보인다. 이런 방식은 당연히 큰 효과를 얻지 못한다. 다음은 가장 중요하고 가치 있는 일에 시간을 사용하는 방법이다.

가치 있는 일에 충분한 시간을 배정한다

일정 계획표나 주간 스케줄을 짤 때는 가장 큰 가치를 창출하는 일에 충분한 시간을 배정하고, 매주 정해진 시간(예를 들어 수요일, 목요일 아침)에 개인 소득, 능력과 관련 있는 일들을 배치한다. 그날 처리해야 할 사소한 일이 많더라도 가치가 높은 일을 처리할 수 있는 충분한 시간을 확보해야 한다.

이런 일을 처리할 시간을 더 많이 확보하고 싶다면 매일 일정한 시간을 부여하고 이때만큼은 단호하게 가치가 낮은 일을 무시하면 된다. 시간은 길지 않아도 된다. 예를 들어 처음에는 매일 15분을 할애하면서 적응한 후, 점차 시간을 연장할 수 있다.

동시에 가치가 높은 일을 '월요일부터 금요일까지 매일 오전 9시부터 오전 10시까지'처럼 수평으로 정렬할 수도 있고, '매주 목요일 오후 3시부터 5시까지'처럼 수직으로 정렬할 수도 있다.

어떤 사람들은 가장 효과적인 시간관리법으로 매시간 자신의 활동을 기록하는 것을 꼽는다. 하지만 와튼인은 이러한 접근 방식에 동의하지 않으며 오히려 시간을 낭비하고 엄청난 부담과 스트레스를 가져올 수 있다고 생각한다. 무엇보다 모든 것을 기록하는 사람일수록 쉽게 중도에 포기할 수 있다는 조사 결과도 있다. 그러므로 기록하기 위해 기록하지 말고, 자신의 시간 배정 상황을 선택적으로 기록하면서 시간관리 습관을 개선해야 한다.

시간관리 방식에 새로운 습관을 만든다

식습관을 바꿀 수 있듯이 시간관리 스타일도 바꿀 수 있다. 가족과 보내는 시간이 부족하다고 느낀다면 정시에 퇴근하는 습관을 들이는 것이 가장 좋다. 집안일에 너무 많은 시간을 할애해서 더 창의적인 일을 할 시간이 없다고 느낀다면, 아마 와튼인은 당신에게 가구에 먼지가 이틀 더 그대로 있어도 큰일이 아니라고 말할 것이다. 자신의 일거수일투족을 기록하는 것을 좋아하는 사람은 상당히 드물지만, 시간 계획을 시도해볼 수는 있다. 시간을 자세히 계획하면 더 많은 자유시간을 찾을 수 있다.

기억해야 할 점은 당신이 원하기만 하면 중요한 일을 할 시간을 찾을 수 있다는 사실이다. 세상에서 가장 바쁜 사람들도 자신을 위해 시간을 낸다. 그들이 평범한 사람들보다 시간이 많아서가 아니라 신중한 계획을 통해서 자신을 위해 더 많은 것을 '창조'할 수 있기 때문이다.

와튼인은 매일 같은 시간에 같은 일을 하면 따로 결정을 내리는 시간이 필요하지 않으므로 더 효율적일 수 있다고 생각한다. 습관의 힘은 엄청나다. 실제로 전화 걸기, 신문 읽기, 수업 참석, 식사 주문 같은 습관적인 일을 할 때, 항상 매우 효율적임이 입증되기도 했다.

두 종류의 골든타임을 활용한다

가장 가치 있는 일에 시간을 내려면 골든타임을 이해해야 한다. 와튼인은 모든 사람에게 두 종류의 골든타임이 있다고 생각한다.

① 내적 골든타임

이 시간대에 정신 상태가 가장 좋고 일의 능률이 높다. 내적 골든타임은 사람마다 달라서 아침에 정신 상태가 가장 좋은 사람이 있는가 하면 오후나 저녁인 사람도 있다.

내적 골든타임에는 에너지와 주의력이 가장 집중되는 시간으로 보통 두 시간가량이다. 생각해보자. 나는 하루 중 어느 시간대에 생각이 가장 또렷한가? 오전 10시에서 12시 사이? 아니면 오후 3시에서 오후 5시 사이?

내적 골든타임이 올바른지 확인하려면 2주 동안 자기 행동을 관찰하면서 어느 시간대에 가장 집중력과 효율이 높은지 살펴보면 된다. 내적 골든타임에는 가장 중요한 일을 배치한다.

② 외적 골든타임: 친목을 다지기에 가장 좋은 시간

외적 골든타임이란 외부 자원이나 인력이 가장 풍부해 결정을 내리고, 질문에 답하거나 정보를 제공할 수 있는 시간이다. 상사가 휴가를 가려고 사무실을 떠나기 전에 지시를 요청하거나 조언을 구하자. 이때가 바로 당신의 외적 골든타임이다.

상사와 이야기를 나눌 수 있는 또 다른 골든타임은 그가 사무실에

막 도착했을 때다. 가방을 내려놓고 코트를 거느라 아직 일에 몰두하지 않고 있기 때문이다.

영업 사원의 경우, 외적 골든타임은 대부분 오전 9시에서 오후 5시 사이다. 이 시간 동안 대부분 고객이 사무실에 있어서 직접 연락하기가 쉬워 대부분 경험 많은 영업 사원은 이 시간대에 마케팅 활동을 펼친다.

이런 방법들을 이용하면 기존의 패턴을 깨고 시간 이용에 관한 생각을 새롭게 할 수 있다. 이를 통해 진정으로 가치 있는 일에 시간을 할애하고, 나아가 시간을 이용해서 자신을 향상하는 목적을 달성할 수 있다.

시간 수익률을 올리는
시간관리 프로그램 3단계

정신없이 바쁘다고 느낄 때, 시간을 투입할 가치가 있는 제2사분면의 일을 하려면 더 바빠질 것이다. 이전의 많은 활동(쇼핑, 모임 참석 등)을 포기하고 싶지 않겠지만, 이제는 자신을 위한 더 많은 일(능력 향상을 위한 제2사분면의 일)을 떠올려야 한다. 이 문제를 해결하려면 잠시 원대한 목표를 제쳐두고, 시간을 마련하는 방법을 생각해보자. 오늘은 무엇을 해야 할까?

어느 날 채드 박사에게 한 여성이 찾아와 상사가 자신에게 맡긴 흥미로운 일을 할 시간이 없다고 불평했다. 채드 박사는 그녀와의 대화에서 진짜 문제를 찾아냈다. 비서로 일하는 이 여성은 매일 전화 받기, 기록하기, 문서 정리, 질문에 답하기, 사무용품 관리 등 일상적인 업무를 처리하는 데 거의 모든 시간을 할애하고 있었다. 출근 첫날에 상사가 여성에게 통상적인 업무를 맡겼는데 지금 거기에 거의 모든 시간이 빼앗긴 것이다. 그 결과, 그녀는 자기 성장에 도움이 되는 일은 할 시간이 없었다.

사례의 비서가 겪는 상황은 많은 주부의 고민과 일맥상통한다. 주부들은 가사로 온종일 바쁘게 일하지만, 그만한 성취감이나 보람이 없음을 깨닫는다.

채드 박사는 이런 종류의 '바쁘지만 충족되지 않는' 딜레마가 자신이 시간을 보내는 곳이 어디인지 제대로 깨닫지 못한 탓이라고 주장했다. 식사, 수면, 기상, 운전, 회의 참석 등의 일상 업무, 과거에 남은 일, 각종 예기치 못한 상황 등이 시간을 모두 차지한다. 하루가 이런 문제들에 얽혀 있으면 인생에서 목표를 실행할 충분한 시간을 찾는 것은 불가능하다.

이를 피할 수 있는 유일한 방법은 시간이 없다고 느낄수록 자신의 시간을 신중하게 계획하는 것뿐이다. 채드 박사는 매일의 일상 업무를 계획하는 것 자체가 시간관리의 효율성을 높이는 데 큰 의미가 있다고 생각한다. 업무 계획은 하루 업무의 핵심을 정확하게 이해하게 돕고 시간관리를 프로그램화한다.

아침 혹은 밤에 업무 계획을 세운다

계획은 아침에 일어났을 때나 밤에 자기 전에 세우는 것이 가장 좋다. 아침에 일어나서 하루의 업무 계획을 세우면 종일 활력을 유지하는 데 도움이 되고 모든 일을 하나씩 빠르게 완료할 수 있다. 무엇보다 모든 일의 순서가 명확하게 정리되면 이런저런 생각으로 방해받지 않는다.

밤에 계획을 세우는 것도 장점이 있다. 이때에는 낮에 하고 남은 업무에 대해 잘 알고 있으므로 다음날 업무를 선택적으로 계획할 수 있다. 또 밤에 계획을 세우면 잠재의식이 밤에도 계속 작동하므로 다음날 업무를 위한 좋은 해결책을 많이 떠올릴 수 있다. 이렇게 하면 최고의 정신 상태로 업무를 시작할 수 있다.

계획을 아침에 세우든 밤에 세우든 모두 각기 장점이 있으므로 상황에 따라 둘 중 하나를 선택하면 된다. 아니면 둘 다 해도 괜찮다.

그날 가장 중요한 업무로 일을 시작한다

하루를 가장 중요한 일로 시작한다면 이후의 일은 더 편하고 쉽게 느껴져 기분이 나아지고 자신감이 생길 것이다. 가장 중요한 일로 시작하기 어렵다면 3분 정도 마음을 다지고 컨디션을 끌어올릴 시간을 가진다. 만약 3분이 지났는데도 여전히 일을 시작하기 어렵다면 멈춘다. 실패나 포기로 보일 수도 있지만, 시간이 흐를수록 점점 더 나아질 것이다. 사실 '시작'이 가장 어려운 법이다. 시작이 쉬워지게 노력한다면 일 자체도 쉬워질 것이다.

3단계로 매일의 업무 계획을 프로그램화한다.

매일의 시간 계획이 단순한 목록이나 모호한 우선순위로 채워진다면 그 시간관리는 오래가지 못할 것이다. 우리의 시간관리는 무슨 일이 일어나더라도 반드시 고정적이고 지속적인 프로그램이 되어야 한다. 그래야만 어떠한 간섭이나 방해가 발생하더라도 에너지를 가장 중요한 일에 집중할 수 있다. 채드 박사는 하나의 목표를 달성하기 위해 다음의 세 단계를 따를 수 있다고 말했다.

① 근무 시작 전 5분 정도 하루의 업무 계획을 세운다

컴퓨터를 켜거나 정식 근무를 시작하기 전에 하루를 성공적으로 만들어 줄 수 있는 것이 무엇인지, 무엇을 성취할 수 있는지, 목표에 가까워졌다고 느끼는지를 종이에 적어본다. 그리고 매일 일과가 끝난 후에는 매우 효율적이고 성공적이라고 느꼈는지를 쓴다.

적은 내용을 업무 계획 중 적당한 부분에 집어넣고, 앞에서 이야기한 대로 가장 어렵고 가장 중요한 일을 하루의 시작에 매치한다. 만약 할 일 목록을 하루의 일정에 전부 넣을 수 없다면 우선순위를 새롭게 결정해야 한다. 무언가를 성취하고 싶다면 언제 어디서 실행할 것인지 명확히 해야 한다. 그렇지 않으면 할 일 목록에서 제거해야 한다.

② 시간당 1분 정도 느슨해졌다가 다시 집중한다

시계, 컴퓨터, 휴대폰 등을 이용해서 시간당 한 번씩 알람이 울리도록 설정하자. 알람이 울리면 크게 심호흡한 후, 업무 계획을 보고 자문한다. 지난 한 시간이 효율적이었나? 그런 후에 다시 업무 계획을 보면서 다음 시간을 어떻게 쓸 것인가에 관해 자신과 약속하라. 이처럼 시간별로 하루를 관리하면 시간관리의 구체적인 효과를 볼 수 있다.

③ 업무가 끝나면 5분 동안 하루를 점검한다

일을 마친 후, 하루를 점검하자. 어떤 일이 효과적이었는가? 어디에 에너지를 집중했는가? 왜 한눈을 팔았는가? 그 안에서 배우고 얻은 경험이 당신의 내일을 더욱 효과적으로 바꾸어줄 것이다.

시간관리를 프로그램화 하면 예측이 가능해진다. 같은 방식으로 같은 일을 반복하므로 프로그램화 한 결과도 예측할 수 있다. 더 중요한 것은 이런 고정된 프로그램이 큰 목표를 즉시 달성하는 데 도움이 되

지 않을 수도 있지만, 사무실을 떠날 때 효율성과 성공은 느낄 수 있게 해준다는 점이다. 이는 하루의 업무 계획 및 관리에 매우 중요하다.

아무리 바쁘더라도 매일 시간을 내어 하루의 업무 계획을 세우고 적절한 방법으로 시간 계획과 활용 자체를 프로그램화 한다면 몇 배의 보상을 받을 수 있다.

당신의 최종 목표는 무엇인가

: 목표 설정

와튼스쿨의 경영 교육은 시간관리 능력을 경영자의 기본 요건으로 간주한다. 경영자에게 시간관리 능력이 필요한 이유는 바로 그것이 목표 지향적이기 때문이다. 경영자의 목표가 명확하고 원하는 결과에 근거해서 전반적인 계획을 세울 때, 진정한 의미의 비전을 제시하고 계획을 실현할 수 있다.

당신의 업무에 질서를 세워라

와튼스쿨의 물리학자 베아 헌트라는 '엔트로피'가 '시스템의 혼란도를 묘사하고 특성화하는 함수'로 정의되며 그 자체로도 혼란도를 대변하는 무질서한 내부 구조의 총합이라고 말한다. 물리학에서 질서는 엔트로피의 반대로 이해되며 엔트로피와 질서는 무질서에서 질서로 가는 과정을 의미한다. 질서의 생성은 시간과 행위의 이중 작용을 끌어낸다.

우리는 엔트로피 증가가 불가피하고 질서가 무질서해지는 세계에서 살고 있으며 최종 결과는 종종 혼란만 남는다. 이런 상황에서 우리가 할 수 있는 유일한 일은 진행 속도를 늦추는 것이며 행동하지 않으면 개인의 무질서한 진화를 악화할 뿐이다. 어떤 일에 대해 무언가를 했을 때 그 결과가 바라는 것과 상반된다면 이는 문제의 핵심을 정확하게 파악하지 못했기 때문이다.

신입사원 라르스는 입사 첫 주부터 사소한 일의 늪에 빠지고 다른 부서에서 넘어온 일까지 모두 받아서 한 탓에 저녁 7~8시까지 퇴근하지 못했다. 그 바람에 정작 담당업무를 제때 완성하지 못했으며 이 때문에 상사의 심한 질타까지 받고 크게 상심했다. 라르스는 이 일로 괴로워하다가 금요일에 퇴사 의사를 밝혔다.

사유를 들은 상사는 라르스를 만류하며 자신만의 업무 수칙을 만들고 다른 부서에서 넘어온 업무는 심사숙고해서 수락하라고 조언했다. 새로운 주가 시작되었을 때, 라르스는 담당업무 외의 추가 업무에 대해 과감하게 "아니오! 당신을 도울 수 있다면 정말 기쁘겠지만, 제가 지금 무척 중요한 일이 두 가지 있습니다. 시간이 나면 다시 찾아오겠습니다"라고 말할 수 있게 되었다.

라르스는 너무 많은 사소한 업무와 임시 업무로 무질서한 상태였다. 이런 상황을 야근으로 해결하려고 해봤자 할 일만 점점 더 많아질 뿐이다. 그에게 진짜 필요한 해결책은 흐트러진 질서를 다시 세우는 것이다. 그는 자신이 잡역부도 아니고, 명령을 받는 사람도 아님을 깨달았다. 새로운 한 주 동안 라르스는 일에서 다시는 실수를 저지르지 않았으며 더 이상 야근할 필요도 없었다.

이 세상에서 유일하게 영원한 것이 '무질서'다. 아무것도 하지 않으면 무질서를 점점 더 악화시킬 뿐이니 새로운 질서를 세우고 싶다면 뭔가를 해야 한다. 주부는 매일 바닥을 쓸고 테이블을 닦아 집을 깨끗하게 한다. 컴퓨터는 일정 시간이 지나면 휴지통을 비워야 고속으로 작동할 수 있으며, 신선한 육류는 냉장고의 냉동실에 놔둬야 상하지 않는다. 이 무질서한 세상에서 우리는 고대 그리스 신화에서 끝없이 돌을 굴리는 시시포스처럼 끊임없이 무언가를 반복해야 무질서의 증가를 막을 수 있다.

혼잡한 판매 창구 앞에서는 질서정연하게 줄을 서야 물건을 더 빨리 살 수 있는 것처럼 무질서한 세상에서는 질서를 확립하는 것이 혼란을 줄이고 개인의 행동을 효율적으로 만드는 가장 좋은 방법이다. 그렇다면 어떻게 해야 자기 행동에 질서를 세울 수 있을까? 먼저 자신을 가다듬는 것부터 시작해야 한다.

정신적으로 성숙한 사람이 되어라

내가 누구인지, 내가 진정으로 원하는 것이 무엇인지 정확히 알고 실천하기 위해 시간을 보내야 의미 있는 일이 된다. 개인의 정신적 성숙도를 보여주는 중요한 지표 중 하나는 '자신을 얼마나 정확하게 인식하고 있는가'이다. 현재의 자신이 누구인지, 무엇을 추구하는지 명확히 파악하고 무엇을 해야 목표를 이룰 수 있는지 알아야 한다.

정신적 성숙도는 나이와 관계없다. 항상 문제를 무시하고 시간을 낭비하며 난관에 굴복하는 사람은 60세가 넘어도 여전히 미성숙하다. 자신을 제대로 알지 못하는 사람은 크게 세 유형으로 나눌 수 있다.

① 나만 안 된다

이런 사람들은 타인의 장점은 볼 수 있어도 자신의 장점은 보지 못하는 열등감이 있다. 자신이 원하는 것이 무엇인지 알지만 추구할 용기가 없다.

② 나만 된다

자만심이 강하고 일하면서 항상 이기적이며 올바르지 않아도 늘 같은 방법을 쓰기를 고집하는 사람들이다. 잘못되면 남 탓으로 일관하고 반성과 발전을 모른다.

③ 아무도 안 된다

이런 사람들은 질투심에 휩싸여 대부분 시간을 처지를 원망하는 데 쓴다.

정신적으로 성숙한 사람은 일을 처리할 때, '모두 할 수 있다'라는 태도로 한다. 그들은 문제를 다룰 때 항상 능동적이고 적극적으로 행동하여 최단 시간에 최상의 결과를 얻는다.

자신을 관찰하는 사람이 되어라

자신을 더 정확하게 알려면 다음의 질문들에 답해보자.

나를 알기 위한 질문들

- 나는 누구인가? 나는 어떤 사람인가?
- 나의 가치관은 무엇인가? 나는 무엇을 더 중요하게 생각하는가?
- 나의 장단점은 무엇인가?
- 나의 성격 특징은?
  나의 긍정적 측면을 다섯 단어로 표현한다면?
  나의 부정적 측면을 다섯 단어로 표현한다면?
- 내가 할 수 있고, 내게 어울리고, 내가 잘 해내며 좋아하는 일은 각각 무엇인가?
- 어떤 사람과 어울릴 때 즐거운가? 어떤 사람과 어울릴 때 불편한가?

질문에 대한 답을 찾기 시작하면서 스스로 '관찰자'가 되어 자신의 행동을 눈여겨보게 된다. 육체에서 빠져나와 마치 다른 사람처럼 자

신을 관찰하는 것이다. 체스를 두는 사람보다 옆에서 훈수 두는 사람이 수를 더 잘 본다는 말이 있다. 틀에서 벗어나지 않으면 자기 인식의 숲속에서 쉽게 길을 잃는다. 이 시간과 장소에서 더 멀어져야만 자신을 더 제대로 볼 수 있다.

스스로를 관찰하는 것은 자신을 아는 가장 좋은 방법이다. 과거의 성공과 실패로부터 자신을 더 잘 인식할 수 있다. 특히 실패의 고통은 가장 직접적이고 효과적으로 자신을 인식하는 도구다.

5W1H로 자신을 가다듬어라

'5W1H'를 이용하면 자신을 더 명확히 이해하는 데 도움이 된다.

5W1H, 육하원칙으로 나를 알아가기

Who   나는 누구인가? 타인의 눈에 나는 어떤 모습인가? 앞으로 나는 어떤 사람이 될 것인가?

Why   내가 그런 사람이 되고 싶은 이유는 무엇인가?

What   나는 지금 무엇을 하는가? 이전에 무엇을 했는가? 앞으로 무엇을 할 것인가?

Where 지금 나는 어디에 있는가? 앞으로 어디에 갈 것인가?

When   그것을 완성하는 데 얼마나 걸리는가? 언제 달성할 수 있는가?

How   어떻게 달성할 것인가? 이 과정에서 나는 어떤 변화와 개선이 필요한가? 달성하기 위해 어떤 조건과 지원이 필요한가?

5W1H에 대한 답은 미래로 가는 지도가 된다. 이 지도를 따라야만 우회하거나 처음부터 다시 시작해서 너무 많은 시간을 낭비하는 일을 피할 수 있다. 가장 대표적인 예는 직업을 자주 바꾸는 사람들이다. 여러 업종을 넘나들면서 직업을 쉽게 바꾸는 사람들은 미래가 모호하

고 현재를 회피하는 태도를 보인다. 이 문제가 근본적으로 해결되지 않으면 어떻게든 오류는 다시 발생한다.

우리는 자신을 시간관리의 주요 원칙으로 인식하고, 자신의 장단점에 따라 삶을 가다듬고 미래에 대한 비전을 일상 속에서 구현할 수 있다. 자신을 명확하게 인식하면 삶에 대한 생각과 논리가 점점 더 분명해진다. 그리고 지금 하는 모든 작은 일들은 미래를 위해 힘을 모으는 과정임을 알게 된다. 따라서 약간의 어려움이나 좌절을 겪어도 고통을 이겨낼 수 있는 힘을 얻을 수 있다.

목표지점에서 반대로 시간을 계산하라

시간과 노력을 들여 개인 관리 시스템을 구축했다면 당연히 그것이 정상적이고 효과적으로 작동하기를 기대하게 된다. 시스템이 정상적이고 효과적으로 작동하는 데 있어 가장 중요한 부분은 바로 '검토'다. 검토는 전체적인 관점으로 목표점에서 역방향으로 돌아보는 것을 의미한다. 이 과정을 통해 계획의 구체적인 현황을 확인할 수 있고, 더불어 계획을 더 효율적으로 조정할 수 있다. 쉽게 말해 검토는 계획 실행과 목표 실현을 위한 이중 보험이다.

와튼스쿨 교수 웨일스 리거는 자기만의 고유한 시간관리법을 소개하면서 그 핵심이 '주간 검토'라고 말했다. 매주 검토를 진행하면서 리거는 검토 목록과 유발 목록을 사용한다. 특별한 일이 없으면 매주 금요일 오후에 검토하는데 보통 한 시간 정도 걸린다.

- 0~15분 이메일과 메모를 비우고 회의록, 새로운 연락처 등 후속 조치가 필요한 것들은 모두 이메일로 보관한다. 그 가운데 1~2분 이내에 답할 수 있는 메시지가 있으면 답장하겠지만 그와 관련된 내용은 따로 살피지 않는다.
- 15~45분 리거가 시간을 가장 많이 할애하는 단계로 각종 아이디어, 프로젝트, 약속 등을 되돌아본다. 작은 노트에 기록해 둔 아이디어들을 탐색하면서 오래되었거나 완료한 것들은 정리하고 새로운 것은 추가한다. 실현할 수 있는 일이 있으면 날짜와 시간을 배정한다.
- 45~60분 브레인스토밍 단계다. 리거는 아이디어 노트를 보면서 글쓰기 준비, 연구해 볼 만한 아이디어 및 주의해야 할 개인적인 일들에 대해 브레인스토밍을 시작한다.

사람들이 검토를 싫어하는 이유는 시간을 많이 빼앗기기 때문이다. 많은 경우, 주간 검토에 2~3시간이 필요하고 도중에 여러 번 중단되기도 한다. 다른 할 일도 많으니 검토를 꺼리는 것이 딱히 놀랄 일도 아니다.

하지만 사실은 검토의 방법이 잘못되었기 때문에 너무 많이 시간이 들어가는 것이다. 다음은 이와 관련한 몇 가지 제안이다.

적절한 검토 시간을 선택하라

각자의 상황이 다르지만, 다음의 두 시간대에 검토하면 더 긍정적인 효과를 일으킬 수 있다.

① 매일 일을 시작할 때 검토한다

할 일 목록을 집으로 가져가는 접근 방식은 업무 스트레스를 생활에까지 확대하는 셈이니 현명한 선택이 아니다. 목록을 사무실에 두고 나오면서, 업무에 대한 감정도 두고 오자.

서랍이나 폴더처럼 잘 보이는 곳에 할 일 목록을 두고 수시로 확인하고 수정하는 방식이 가장 좋다. 매일 업무를 시작할 때, 당신이 가장 먼저 할 일은 마치 전투에 나서기 전에 갑옷을 입는 것처럼 이 목록을 살피는 것이다.

② 매주 정기적으로 검토한다

실제 상황에 따라 시간을 배정했겠지만, 반드시 일주일에 한 번은 검토해야 한다. 자신의 시간관리 현황을 매주 정기적으로 검토하면 생활 습관과 시간관리 습관을 돌아보고 시간 활용의 효율성을 높일 수 있다.

주간 검토는 일일 검토에 비해 개인의 목표 달성과 시간관리 효율성 향상에 더 큰 의미가 있으므로 주간 검토에 더 많은 시간과 에너지를 투자하기를 추천한다.

주간 검토의 역할을 이해하라

사람마다 일과 휴식 시간이 다르고 생활 습관도 다르므로 매주 금요일 오후, 토요일, 일요일 언제든 편한 시간을 선택하면 된다. 단 주간 검토는 반드시 주말 전에 해서 다음 주가 시작되기 전에 한 주를 돌아볼 수 있도록 한다.

① 지난 일주일 동안 한 일을 검토한다

지난주에 한 업무와 성과를 검토하고 손익을 따진다. 이는 주간 검토의 가장 기본적인 내용이다.

② 진행 상황을 확인한다

진도는 추적해야 쭉쭉 나가고, 계획은 감독해야 집행된다. 특정한 시간에 업무를 완성한다면 계획의 실행에 큰 도움이 된다. 주간 검토 체크리스트를 만들면 검토 효과를 높일 수 있다. 예를 들어 리거 교수는 매년 학술 논문 20편을 완성할 계획인데 이는 매주 평균 논문 한 편의 3분의 1을 완성해야 한다는 의미다. 만약 리거 교수가 매주 이만큼씩 해내지 못한다면 그의 연간 논문 계획은 무의미하다.

③ 시간관리를 새롭고 유연하게 만든다

새로운 해가 시작되면 사람들은 희망에 차서 올해 달성할 목표를 세운다. 그런데 알다시피 연초에는 1년이 아주 긴 것 같아도 금세 연말이 되면 너무 빨리 지난 것 같은 느낌이 든다. 매주 체크리스트를 만들어 시간관리가 늘 새롭고 유연하게 운영될 수 있도록 해야 한다.

주간 검토의 네 가지 측면을 확인하라

검토는 계획의 기초다. 이번 주의 검토를 바탕으로 다음 주 계획이 더 합리적이고 목표에 부합하게 되는 동시에 상대적으로 이성적으로 변화한다. 계획만 있고 결말이 나지 않으면 '억지로 하는' 느낌이 들 수밖에 없다. 주간 검토에는 다음 네 가지 측면의 내용이 포함된다.

① 이번 주 일지와 시간 일지 읽기

시간 일지를 쓰는 습관이 있다면 주간 검토로 통계를 내어서 이번 주 내내 시간을 어디에 썼는지 확인할 수 있다. 자신의 시간이 어디에, 어떤 사람과 무슨 일에 흘러갔는지 알면 이러한 데이터가 다음 단계의 행동을 효과적으로 안내할 수 있다.

만약 일기를 쓰는 습관이 있다면 주간 검토를 할 때, 자신이 이번 주에 쓴 일기를 보면 이번 주의 핵심 업무를 돌아보는 데 도움이 될 것이다.

② 자기 상태를 검토하고 따라야 한다

다음 내용을 중점으로 자기 상태를 검토한다.

• 일정 계획표

이번 주 매일의 일정과 다음 주 일정을 살펴보고 주요 사안에 관심을 기울인다. 어떤 시간을 써야 하고, 어느 시간을 자유롭게 조정할 수 있는지 파악하고 다음 주 일정을 계획표로 작성할 수 있다.

• 업무 목록 검토

매주 이번 달의 업무 목록 완료 상태를 확인한다. 당월 업무의 진행 상황을 파악하는 한편, 다음 주 계획을 이행하는 데도 도움이 될 것이다. 시간관리에서 '다음 행동'을 찾는 일은 매우 중요하다. 새로운 주가 시작되기 전에 각 업무에 해당하는 작업 목록을 명확하게 이해하면 개인의 시간을 좀 더 잘 조정할 수 있다.

• 완성된 계획

아마 당신의 월간 계획과 연간 계획에는 많은 내용이 포함되었을 가능성이 크다. 매주 완료하는 계획의 비율을 검토, 확인하면 다음 행동의 구체적인 방향을 조정하는 데 도움이 된다. 예를 들어 리거 교수는 매년 학술 논문 20편을 완성할 계획이지만, 1년 중 25주가 지났는

데도 채 10편을 채우지 못했다면 작업 속도나 계획을 적절하게 조절해야 한다는 것을 깨달을 것이다. 이는 개인의 계획이 합리적인지 아닌지를 검증하는 아주 좋은 방법이다.

③ 다음 주 계획을 진행한다

주간 검토에는 다음 주에 대한 계획도 포함되는데 이야말로 더 나은 시간관리의 시작점이다. 다음 주의 일정과 업무 목록을 논리적으로 정리하고 파악해 두어야 한다.

④ 미래를 생각한다

일주일, 즉 7일이면 한 해의 52분의 1에 해당하지만 이를 의식하는 사람은 극히 드물다. 한 주가 마무리될 때, 자신이 미래를 위해서 무엇을 할 수 있는지 생각한다면 커다란 동기 부여가 될 것이다.

• 1년 목표를 세운다

주말에 연간 계획을 살펴보면서 이 계획을 실현할 수 있는 다음 행동을 모색해보자. 만약 당신의 연간 계획 중 하나가 'IELTS 시험'이라면 이번 주말에 구체적인 준비를 위한 다음 행동, 예컨대 'IELTS 영역별 점수 향상을 위한 강의 찾기' 또는 'IELTS 말하기 강좌 수강' 같은 내용이 떠오를 것이다. 매주 이렇게 한다면 연간 계획을 더 빠르게 실현할 수 있다.

• '미래의 할 일 목록'을 준비한다

미래를 생각하고 전망하는 데 가장 좋은 방법이 '미래의 할 일 목록'이다. 이 목록은 1년 이상의 장기 계획을 세우는 데 기초로 사용될 수 있다. 물론 미래의 할 일 목록에 적힌 것들이 너무 원대하거나 불

확실할 수도 있지만 매주 꺼내어 보면서 수정하고 발전시키다 보면 자신의 미래가 어디로 향할지를 더 명확하게 알 수 있다.

몇 가지 고정된 업무는 주말에 한꺼번에 몰아서 해도 좋다. 이렇게 하고 비정기적으로 검토하면 이 일들을 언제 해야 하는지 고민할 필요가 없다. 몇 번 해보면 금세 습관이 돼서 일이 한결 수월해질 것이다. 예컨대 사무실 책상 정리, 인쇄용지 구입, 물품 반납, 사무용품 구매 등을 매주 주말에 하는 일거리로 정해놓고서 완성하는 것이다. 전체적인 상황을 조망하는 관점으로 계획을 검토한다면 업무 목록을 정리할 수 있을 뿐만 아니라 개인의 생활 역시 규칙적으로 바꿀 수 있다.

한 가지 일에만 집중하기

아마 대부분 사람은 이런 경험을 했을 것이다. 어떤 업무를 처리해야 하는데 아무리 서류를 들여다보고 생각해도 어떻게 처리해야 할지 모르겠을 때, 자기도 모르게 무의식적으로 생각이 다른 문제로 넘어갔던 경험 말이다. 첫 번째 업무가 아무리 까다롭고 짜증스럽더라도, 두 번째 업무가 아무리 확실하고 재밌더라도, 이런 종류의 주의 전환은 상당히 위험한 신호다. 하던 일을 내던지고 더 단순하고, 더 중요하거나 더 흥미로운 일을 시작한다면 그런 식으로 버려진 업무들이 책상 위로 차곡차곡 쌓일 것이다. 그렇게 쌓여 올라간 업무들이 아무 이유 없이 제 발로 사라지거나 자연 소멸할 리 없다. 어차피 당신이 처리해야 한다.

빌 게이츠Bill Gates는 1980년대부터 정기적으로 일주일 동안 명상하는 시간을 가졌다. 처음에는 어떠한 방해도 받지 않고 할머니와 조용히 일주일을 보내면서 읽고 싶은 책을 읽고 마이크로소프트의 구체적인 개발 전략을 구상했다. 이후 이러한 휴가 방식은 게이츠가 가장 중요한 문제에 집중하는 방법이 되었다.

게이츠는 특별히 태평양 북서쪽 연안에 평범한 목조 주택을 골랐다. 이 작은 집은 우아하고 고즈넉한 삼나무 숲에 자리 잡고 있으며 실내는 질서 정연하게 꾸며져 있다. 방이라고는 게이츠가 기거하는 작은 침실 하나뿐이다. 이 집에서 지내는 일주일 내내 게이츠는 두문불출했고 매일 두 차례 식사를 가져다주는 비서 한 명을 제외하고는 가족이든 마이크로소프트의 동료든 일절 그를 방해하지 않았다. 그는 이 7일 동안 군중에서 벗어나 IT 산업의 미래를 생각하는 데 전념했으며 다른 일은 전혀 하지 않았다.

와튼스쿨의 경영학 교수 리어 차든은 시간을 '쪼개서 쓰기'보다 '통째로 쓰기'를 더 선호한다. 그에 따르면 경영자, 특히 지적 노동자가 효율적이고 효과적으로 일하려면 반드시 시간을 통째로 사용해야 한다. 시간을 쪼개서 산발적으로 사용하면 같은 시간이라도 시간이 부족한 결과를 맞게 된다. '잠시 한 가지 일에만 집중하기'는 시간 분할을 피하고 통째로 쓰기를 제안하는 방법이다. 이렇게 하면 다른 일이 끼어들 가능성을 완전히 차단하고 주의력을 고도로 집중하면서 업무 수행 상태를 최고로 끌어 올릴 수 있다.

잠시 한 가지 일에만 집중하기를 시간관리의 원칙으로 삼았다면 설령 어떤 문제의 해결책을 찾지 못했더라도 한쪽으로 밀어 놓아서는 안 된다. 그렇다면 어떻게 해야 하는가? 이때 해야 하는 그 '한 가지 일'은 바로 '다음 행동' 찾기다.

업무와 행동 구분하기

커피 한 잔을 내리고 컴퓨터를 켜고 기획안 작성을 준비한다. 자료를 찾다가 인터넷에 떠도는 각종 뉴스에 잠시 정신이 팔렸다. 잠시 후에 다시 자료를 훑어보니 이번에 쓸 기획안이 여간 까다롭지 않았다. 한 시간이 지나도록 한 마디도 쓰지 못할 정도였다. 일하면서 흔히 있는 일이 않은가? 우리가 일하면서 각종 방해나 간섭에 대처하지 못하고 속수무책으로 당하면서 효율성이 떨어지는 이유 중 하나는 '업무'와 '행동'을 구분하지 못하기 때문이다.

- 업무란 '××기업에 대한 기획안 작성' 같은 것이다. 선이 점으로 구성되고, 면은 선으로 구성되는 것처럼 업무는 다수의 단일 행동으로 구성된다.
- 행동이란 실행 가능한 단계를 가리킨다. '기획안 작성'이라는 업무는 주제와 관련한 정보 찾기, 이 기획의 특성 정의, SWOT 분석 등의 단일 행동으로 실현될 수 있다.

업무와 행동을 구별한 후, '××기업에 대한 기획안'을 어떻게 작성해야 할지 막막했던 기억을 떠올려 보라. 그러면 정작 업무보다 '주제와 관련한 정보 찾기' 같은 행동에 더 많이 주목했음을 발견할 수 있다.

'다음 행동'은 무엇인가?

'다음 행동'이란 간단하게 말해서 이미 확정되었으며 해결 혹은 처리에 2분 이상 걸리는 행동을 가리킨다. 모든 복잡한 업무는 여러 개의 간단한 '다음 행동'으로 구성된다. 이런 의미에서 다음 행동이야말로 우리의 삶을 전진케 한다고 할 수 있다.

일하면서 끊임없이 '다음 행동이 무엇인지' 자문하면 더 많은 동력을 얻어 대형 업무를 여러 개의 행동으로 분해할 수 있다. 업무를 분산하고 나누어 완성하는 방법을 이용하면 계속 다음 행동을 찾으면서 순조롭게 진행될 수 있다.

'다음 행동'을 찾아내는 법

'상품의 브랜드 정의 찾기' 같은 것은 다음 행동으로 할 수 없다. 특별할 것도 없고 실행도 가능하지만, '단일 행동'이 아니기 때문이다. 다음 행동은 아래의 네 가지 조건을 만족해야 한다.

- 동사로 시작한다.
- 내용이 명확하다.
- 결과를 묘사한다.
- 시작 시간, 주기, 최종 결과를 설정한다.

스트레스와 공포에 대응하기

만약 '잠시 한 가지 일에만 집중하기'에 스트레스를 받거나 공포감마저 느껴진다면 스스로 이행력에 자신감이 없어서다. 만약 그렇다면 다음의 방법으로 해결할 수 있다.

① 목표를 설정한다

예컨대 '다음 행동을 완성하면 수입이 늘어난다' 같은 목표를 설정하자. 이 단계에서는 '오랫동안 사고 싶었던 물건을 살 수 있다'처럼 구체적인 보상을 마련해두면 효과적이다.

② 할 수 있는 부분을 선택한다

전부 완성할 수 없다면, 할 수 있는 부분을 완성하자! 이때 가장 중요한 핵심은 '한 가지 일'을 완수하는 것이 아니라 자신감을 얻는 것이다.

③ '한 가지 일'의 가장 큰 바윗덩이를 제거한다

자신의 '다음 행동'을 살펴보면서 가장 어렵고 힘들다고 생각하는 것을 찾아내 달성하기 위해 최선을 다해야 한다. 이렇게 하면 다른 것들은 더 이상 문제가 되지 않을 것이다.

대부분 사람은 자기가 하는 모든 일을 완수하기 위해 최선을 다하려고 한다. 하지만 종종 자기 능력과 통제의 범위를 벗어나는 일을 만나면 아무것도 하지 않고 다음 행동으로 시선을 돌리는데 이런 사고와 행동 양식은 이후에 이어지는 모든 행동에 반복되면서 그날의 효율을 완전히 무너뜨린다.

'잠시 한 가지 일에만 집중하기'는 효율성 향상에 매우 유용하다. 이 방법은 우리의 주의력 집중을 향상할 뿐 아니라 중요한 일을 할 때 에너지, 열정, 영감을 자극하며 개인의 자신감을 높인다. 이런 종류의 자제력을 통해 얻는 성취감은 하루의 모든 순간으로 확대되어 시간 활용의 효율성을 크게 향상할 수 있다.

당신만의 가치관을 발견하라

모든 성공한 사람들은 인생의 성공과 행복이 명확한 가치관에서 비롯된다는 사실을 안다. 이는 삶의 행복을 찾는 열쇠일 뿐 아니라 시간관리의 근본 요소이기도 하다. 사람은 자신의 가치관을 명확하게 알고 그에 따라 매 순간을 살 때, 원하는 삶을 살고자 하는 깊은 열망을 갖게 된다. 이런 사람은 내면의 긍정적인 목소리를 듣고 항상 강한 성취감을 느끼며 평온한 마음을 유지한다. 이 모든 것의 전제는 반드시 가치관이 무엇인지 분명히 알아야 한다는 것이다.

와튼스쿨을 졸업한 브라운은 업무에서 드러나는 구체적인 가치관인 직업적 가치관이 분명한 사람이다.

• 경영관리 일의 목적과 가치는 타인이나 어떤 사물에 대한 관리 지배권을 획득하는 데 있다. 특정 범위 내에서 사람과 사물을 지

시하거나 파견할 수 있다.

- **성취감** 일의 목적과 가치는 끊임없이 혁신하고 성취하며, 리더와 동료로부터 존중받고 원하는 바를 실현하는 데 있다.
- **사회적 교류** 일의 목적과 가치는 다양한 사람들과 소통하고 더넓은 범위의 사회적 연결과 관계를 구축하며 유명 인사와도 친분이 닿는 데 있다.

브라운은 직업적 가치관을 찾은 후에 직장에서 업무를 처리하는데 훨씬 편안해졌다. 예를 들어 동시에 처리해야 하는 두 가지 업무가있다면 우선순위를 더 잘 결정하게 되었다. 만약 회사의 누구도 할 수없는 기술적 난제를 해결하는 일과 새로운 프로젝트를 담당하는 두가지 업무가 있다면 브라운의 현재 가치관은 경영관리를 더 우선하므로 새로운 프로젝트를 담당해 진행할 것으로 보인다. 그는 10년 전이었다면 지금과 달리 성취감을 더욱 중요하게 보았으므로 기술적 난제를 해결하는 일에 열정을 보였을 거라고 말했다.

브라운의 사례에서 우리는 경험의 축적과 성장, 환경의 변화에 따라 가치가 끊임없이 조정된다는 사실을 알 수 있다. 분명한 가치관은브라운의 일과 생활에서 주도적인 역할을 했지만, 대부분 사람은 자신의 가치관이 무엇인지 모른다. 사실 가치관을 찾는 일은 그리 어렵지 않다. 다음의 '직업적 가치관 찾기'를 통해 자신의 가치관을 확인해보자.

물론 지금까지 직업적 가치관에 대해 전혀 모르고 관심도 없었을수 있다. 하지만 당신은 이미 분명히 그에 따라 행동해 왔다. 앞으로는 협업 파트너를 선정할 때 자신과 가치관이 비슷한 사람을 찾아 일한다면 업무 효율성을 극대화하는 동시에 의사소통이나 협력에 낭비되는 시간을 줄일 수 있다.

자신의 가치관을 명확히 파악하고 그것을 찾아낸 후 카드에 적는다. 잘 보이는 곳에 카드를 두고 지속적인 관심을 통해 필요할 때마다 수정하는 것이 중요하다.

직업적 가치관 찾기

아래 52개 문항을 읽고 실제 상황이나 생각에 근거해서 V표시한다
(A: 매우 그렇다, B: 비교적 그렇다, C: 보통이다, D: 별로 그렇지 않다, E: 그렇지 않다).

문항	평가				
	A	B	C	D	E
1. 나의 일은 늘 새로운 문제를 해결해야 한다.					
2. 나의 일은 사회에 가시적인 효과를 가져올 수 있다.					
3. 나의 일은 업무 보너스가 매우 높다.					
4. 나의 일은 업무 내용이 자주 바뀐다.					
5. 친구들이 나의 일을 부러워한다.					
6. 업무 범위 내에서 자유롭게 일할 수 있다.					
7. 나의 일은 예술적 특징이 있다.					
8. 나의 일은 내가 집단의 일원임을 분명히 보여준다.					
9. 성과나 실적과 무관하게 똑같이 월급이 오르고 승진도 된다.					
10. 나의 일은 근무처, 현장, 방식 등이 자주 변경된다.					
11. 직장에서 다양한 유형의 사람을 만날 수 있다.					

12. 출퇴근 시간이 자유롭다.					
13. 나는 일에서 꾸준히 성취감을 느끼고 있다.					
14. 나는 일하면서 타인의 위에 있다는 권력을 실감한다.					
15. 직장에서 새로운 아이디어를 시도해볼 수 있다.					
16. 직장에서 신체나 능력 등의 요소 때문에 무시당하지 않는다.					
17. 나는 성과를 통해 내가 잘하고 있음을 알 수 있다.					
18. 나는 자주 외출하며 다양한 모임과 활동에 참여한다.					
19. 한 번 이 일을 하면 다른 직장이나 업종으로 가고 싶지 않을 것이다.					
20. 나의 일은 세상을 더 아름답게 만든다.					
21. 일할 때, 나를 방해하는 사람은 없다.					
22. 열심히만 하면 동년배보다 높은 임금을 받고 인상될 가능성도 크다.					
23. 나의 일은 일종의 지적인 도전이다.					
24. 나는 일하면서 몇 가지 사무를 질서정연하게 관리해야 한다.					
25. 직장에 편안한 라운지, 탈의실, 욕실 및 기타 시설이 있다.					
26. 나는 일하면서 각계각층의 유명인을 만날 수 있다.					
27. 나는 직장에서 동료와 좋은 관계를 맺을 수 있다.					
28. 타인이 보기에 나의 일은 매우 중요하다.					
29. 나는 일하면서 새로운 무언가를 자주 접한다.					
30. 나의 일은 내가 사람들을 돕게 한다.					
31. 직장에서 직무를 자주 변경할 수 있다.					
32. 나의 업무 스타일은 존중받고 있다.					
33. 동료와 상사는 모두 성격이 좋고 편하게 지낸다.					
34. 나의 일은 많은 사람에게 나를 알린다.					

35. 나의 업무 공간은 조용하고 청결하며 적당한 조명과 항온항습 기능까지 갖추었다.					
36. 나는 직장에서 타인에게 봉사하고 그들을 만족시킨다. 나 역시 매우 기쁘다.					
37. 나의 일은 타인의 일을 계획하고 조직하는 것이다.					
38. 나의 일은 날카로운 사고가 필요하다.					
39. 나는 일하면서 추가 소득을 꽤 많이 올린다(예: 세일 상품 구매, 상품권 판매, 수입품 유통 등).					
40. 나는 누군가의 일을 위임 혹은 하청받지 않는다.					
41. 내가 한 일의 결과는 예술이지 보통의 상품이 아니다.					
42. 상사의 마음에 들지 않아 질타나 처분을 받을까 봐 걱정하지 않는다.					
43. 나는 일하면서 상사와 조화를 이룰 수 있다.					
44. 나는 열심히 일한 보람을 느낄 수 있다.					
45. 직장에서 새로운 아이디어를 더 많이 제출하라는 요청을 받는다.					
46. 나의 일에 감사하러 오는 사람이 많다.					
47. 일의 결과로 항상 상사나 동료, 사회의 인정을 받는다.					
48. 나는 업무 책임자가 될 수 있지만, 욕심은 없다.					
49. 나의 일은 종종 신문과 텔레비전에서 언급되어서 사람들에게 이미지가 좋다.					
50. 직장에서 상당히 많은 야근 수당, 초과근무 수당, 건강 및 영양 지원금이 나온다.					
51. 나의 일은 쉬운 편이고 긴장도도 그리 높지 않다.					
52. 나의 일은 영화, 텔레비전 드라마, 음악, 미술, 문학 등의 예술과 관련이 있다.					

점수 합산

이상의 52문항은 총 13가지 직업적 가치관을 반영한다.

A=5점, B=4점, C=3점, D=2점, E=1점

다음의 평가 양식을 참고해 각 문항 번호에서 얻은 점수를 더한다. 해당 칸에 총점을 쓴 후, 표 아래에 최고 점수와 최저 점수에 해당하는 가치관을 3개씩 쓴다.

총점	문항 번호	가치관	설명
	2, 30, 36, 46	이타주의	일의 목적과 가치는 대중의 행복과 이익에 직접 기여하는 것이다.
	7, 20, 41, 52	미적 감각	일의 목적과 가치는 끊임없이 아름다움을 추구하고, 미적 즐거움을 얻는 데 있다.
	1, 23, 38, 45	지적 자극	일의 목적과 가치는 끊임없이 생각하고 배우고 탐구하며 새로운 문제를 해결하는 데 있다.
	13, 17, 44, 47	성취감	업무의 목적과 가치는 끊임없이 혁신하고 성취하며, 리더와 동료로부터 존중받고 원하는 바를 실현하는 데 있다.
	5, 15, 21, 40	독립성	일의 목적과 가치는 자기 독립성과 능동성을 충분히 발휘하여 타인의 방해를 받지 않고 자신의 방식, 속도, 그리고 생각에 따라 행동하는 데 있다.
	6, 28, 32, 49	사회적 지위	일의 목적과 가치는 사람들이 생각하기에 높은 사회적 지위를 가지고 그 일을 함으로써 존경과 존중을 받는 데 있다.
	14, 24, 37, 48	경영관리	일의 목적과 가치는 타인이나 어떤 사물에 대한 관리 지배권을 획득하는 데 있다. 특정 범위 내에서 사람과 사물을 지시하거나 파견할 수 있다.
	3, 22, 39, 50	경제적 보상	일의 목적과 가치는 원하는 것을 얻을 수 있는 충분한 재원을 가지고 삶을 풍요롭게 하는 데 있다.
	11, 18, 26, 34	사회적 교류	일의 목적과 가치는 다양한 사람들과 소통하고 더 넓은 범위의 사회적 연결과 관계를 구축하며 유명 인사와도 친분이 닿는 데 있다.
	9, 16, 19, 42	안정감	능력과 관계없이 임금이나 수당, 전근, 훈계 등 조마조마하고 심란한 일이 없이 안정적으로 근무하기를 바란다.

	12, 25, 35, 51	편안함	일을 휴식처럼 즐기면서 쾌적하고 편리하며 자유로운 근무환경을 추구할 수 있기 바란다.
	8, 27, 33, 43	인간관계	함께 일하는 동료, 상사와 잘 어울리고 즐겁게 지내는 자체가 가치 있는 일이며 커다란 만족감을 얻는다.
	4, 10, 29, 31	변이성	업무 내용이 자주 바뀌어 일과 생활이 모두 단조롭거나 지루하지 않기를 바란다.

총점이 가장 높은 가치관:
총점이 가장 낮은 가치관:

총점이 가장 높거나 낮은 세 개 가치관에서 그 사람의 가치 경향을 엿볼 수 있다. 이는 업무 중 우선순위를 결정하는 기준으로 사용할 수 있다. 자신의 가치관을 명확히 파악하고 그것을 찾아낸 후 카드에 적는다. 잘 보이는 곳에 카드를 두고 지속적인 관심을 통해 필요할 때마다 수정하는 것이 중요하다.

체계적인 삶을 위한 5가지 원칙

개인의 업무 리듬과 일관성은 시간관리에서 매우 중요하게 작용하는 요소다. 생각보다 많은 사람이 일할 때, 상당히 비효율적이며 마음이 들떠 있는데 이는 그들이 아무 체계도 없이 여러 업무 사이를 왔다 갔다 하기 때문이다. 업무를 전환할 때마다 우리 뇌는 시간을 들여 다시 적응해야 하므로 그만큼 소중한 시간을 낭비하게 된다. 아마 컴퓨터 프로그래머라면 이런 종류의 시간 낭비에 대해 잘 알고 있을 것이다. 30분 동안 프로그래밍한 후, 20분 동안 통화하고 나서 다시 프로그래밍하면 결과가 만족스럽지 않다. 당연히 효율도 높지 않다.

1927년 러시아 심리학자 블루마 자이가르닉Bluma Zeigarnik은 실험 참가자들에게 22가지 유형의 서로 다른 작업을 주었다. 그런 후에 참가자를 두 그룹으로 나누고 한 그룹에는 끝까지 완성해내야 실험이 끝난다고 말했고, 다른 한 그룹에는 완료할 필요 없으며 도중에 그만

해도 된다고 말했다. 서로 다른 작업 유형은 완전히 무작위로 배열되었다.

실험이 끝난 후, 자이가르닉은 실험 참가자들에게 방금 한 작업을 회상해달라고 요청했다. 그 결과 미완성한 작업을 기억한 비율은 68퍼센트, 완성한 작업을 기억한 비율은 43퍼센트였다. 이처럼 완성한 작업보다 미완성한 작업에 대해 더 잘 기억하는 현상을 '자이가르닉 효과(Zeigarnik Effect)'라고 한다.

자이가르닉 효과는 '끝마치지 못한 일을 마음속에서 쉽게 지우지 못하는 현상'에 대한 것이다. 마치지 못한 일에 대한 잔상을 오래 가지고 가게 되면 다음 과제로 주의력이 온전히 옮겨지지 못하고 기억력과 집중력이 분산된다. 이미 앞에서 주의력 집중이 시간관리의 고효율, 고효과를 실현하는 전제이자 기초임을 설명한 바 있다.

현대인의 삶은 늘 급하고 서두르며 혼란스럽기 때문에 시간관리도 체계적으로 해야 더 효율적이다. 심리학에서는 불과 25퍼센트의 사람만 선천적으로 체계적인 삶을 산다고 본다. 만약 당신이 나머지 75퍼센트에 속한다면 어떻게 해야 할까? 무엇을 어떻게 바꾸어야 하는가? 체계적인 생활이 왜 그렇게 중요할까?

업무 체계성은 효율을 높이고 스트레스를 줄인다. 또 통제력을 강화하고 시공간, 에너지를 더 잘 배분해서 개인의 생활과 시간관리에 매우 중요하게 작용한다. 체계적으로 일할수록 자신을 위한 시간을 더 많이 확보할 수 있으며 자기만족과 내적 조화를 이루기 쉽다. 가장 중요한 점은 자신의 삶을 통제할 수 있는 사람이 된다는 것이다.

혼란은 성공, 건강, 행복, 부로부터 우리를 멀어지게 만들고 물질적, 정신적 장벽을 형성하므로 인생을 체계화할수록 더 많은 이점을 얻을 수 있다. 일을 더 세심하고 체계적으로 처리하면 개인 생활이 여유롭고 풍요로워진다. 하지만 이처럼 많은 이점에도 불구하고 실생활에서 체계화하는 방법을 모르는 사람들이 여전히 많다.

어떻게 해야 이 혼란스러운 세상에서 질서를 바로 세울 수 있을까? 와튼인은 이 목적을 이루고 싶다면 다음의 몇 가지 주요 원칙을 따르라고 조언한다.

마음먹기

대부분 사람은 변화를 거부하고 저항한다. 변화는 초기에 필연적으로 불편함을 동반하고 이 불편함은 무력감과 두려움으로 이어지기 때문이다. 하지만 마음을 바꾸지 않는 한 발전은 없다. 마음먹기는 개인의 삶을 체계적으로 만드는 과정에서 가장 어려운 부분이지만 동시에 가장 유용한 부분이기도 하다. 현재의 혼란스러운 삶을 바꾸고 체계적인 삶을 살겠다고 마음먹고 나면 그러한 변화가 가져온 불편함과 무력감이 서서히 나아질 것이다.

청소에 열정 쏟아붓기

우선 자신감을 높이기 위해 효과가 확연히 보이는 데서부터 체계적인 삶을 시작하는 것이 좋다. 업무 우선순위 목록에 '청소' 항목을 추가하고 당장 이사라도 하는 것처럼 사무실이나 집에 있는 물건들을 분류, 재활용, 기부, 보관, 수리하자.

가능하다면 모든 물건에 고정된 위치를 부여하고 필요한 경우 장치를 설치해야 한다. 물건에 고정된 위치가 생겼으니 '쓰고 난 후에는 제자리에 둔다'라는 생각을 스스로 강요해야 한다. 보이는 물건들을 모두 정리했다면 이제 서랍과 옷장 안 물건들을 정리하자.

모든 1분을 충실하게 쓰기

한 번에 이틀 동안 집을 대청소할 수는 없지만, 일하는 사이에 분명히 남는 시간이 있다. 체계적인 삶에는 이렇게 남는 시간에 가치를 부여하는 일도 포함된다. 남는 시간이 2분 남짓이라면 책상 위에 놓인 펜을 정리하고 더 이상 사용할 수 없는 펜은 버린다. 또 5분이 남는다면 유용한 전화를 걸고, 10분이 남는다면 아직 답장하지 않은 이메일에 회신할 수 있다.

이런 기교들을 시도해보고 효과를 확인해 보자. 훈련을 통해 숙련되면 이런 작은 행동이 큰 성취감을 가져다주고, 업무 환경이나 가정환경이 더 체계적으로 바뀐다. 이런 변화는 당신의 기분을 좋게 할 뿐아니라 업무 효율을 더욱 향상시킨다.

자신에게 엄격하기

체계적인 삶을 살려면 자신에게 엄격해야 한다. 예컨대 청소를 마친 후 집을 깔끔하고 정돈된 상태로 유지하고 싶을 때 가장 간단하면서도 비용 대비 효과적인 방법은 집을 나설 때 물건을 전부 제자리에 두는 것이다. 가위를 다 썼으면 다시 서랍에 넣고, 신문을 다 읽었으면 폐지함에 넣는다. 이 같은 '되돌리기' 기술은 단지 몇 초, 몇 걸음만에 할 수 있을 정도로 간단하지만, 작업대나 테이블, 의자가 널브러진 물건에 점령당하는 일을 피할 수 있게 해준다.

오랫동안 머무르며 책을 읽거나 중요한 일을 처리하고 싶을 정도로 깨끗하고 편안한 방으로 걸어 들어가는 당신의 모습을 상상해보라.

자신을 위한 목표 세우기

목표 설정의 중요성은 이미 여러 번 반복해서 강조했지만, 체계화를 위한 목표 설정의 중요성은 인지하지 못했을 수도 있다. 목표를 설정하고 기록하는 것이야말로 진행 상황을 확인하는 가장 좋은 방법이다. 시간을 할애해서 종합적 목표가 무엇이고 언제까지 도달할지를 결정해야 한다. 이때 단계를 세분화 할수록 좋다. 일정 시간이 지나면 '내가 목표를 달성했는가?'라고 자문해보고 남겨 체계화 한 삶을 위해 발전하는 자신의 모습을 기록으로 남길 수 있다.

또 목표 수행하는 자긍심을 바탕으로 체계화에 대한 자신감이 더 커질 것이다. 우리가 더 확고한 체계를 향해 내딛는 한 걸음, 한 걸음이 자유에 더 가깝게 만든다는 사실을 기억해야 한다.

방해받지 않는 시간의 힘

끊임없이 방해를 받는다는 것은 자다가 깨면 다시 처음부터 시작해서 깊은 수면 단계로 들어가야 하는 것처럼 매우 고통스러운 일이다. 가끔 아침 7시에 눈이 떠져서는 '자기는 했는데 잘 자지는 못했어'라고 생각할 때가 있다. 침대에 오르고 누웠지만 진짜로 깊이 잠들지는 못한 것이다. 알다시피 잠자리에 들었다고 해서 바로 잘 수 있는 것은 아니며 잠에 빠져드는 일을 조금씩 천천히 해야 하는데 자꾸 방해받는다면 잠이 오지 않는 것이 당연하다. 일도 마찬가지다.

휴렛 박사는 펜실베이니아대학교의 심리학 연구원으로 와튼스쿨에서 일부 경영자를 대상으로 연구한다. 그는 연구를 통해 사람들이 하나의 근무일을 여러 토막으로 나눈다는 사실을 발견했다. 이런 이유로 그는 근무일은 '일'이 아니라 '시간 단락'으로 계산해야 한다고 생각한다. 우리가 사무실에 들어가는 순간, 마치 과일이 믹서기로 빨려 들어가는 것처럼 하루가 잘게 난도질당한다. 잘린 조각은 15분짜리도 있고, 30분짜리도 있다.

직장에서 어떤 일을 하는 중에 먼저 처리해야 하는 다른 일들이 생길 수도 있다. 허둥지둥 돌아와서 다시 20분 동안 일에 집중했더니 벌써 곧 점심시간이다. 식사 후에는 또 해야 하는 다른 일을 다시 15분 동안 열심히 했다. 그랬더니 이번에는 누군가 뛰어와서 질문을 던진다. 대답해주다가 정신을 차려보면 퇴근 시간이 다 되어 간다. 이제야 '오늘 내가 뭘 했지?'라고 돌이켜보면 아무 일도 하지 않았음을 알아차리는 사람이 은근히 많다.

휴렛 박사는 작가나 디자이너 같은 창의적인 사람들은 생각을 멈추지 말아야 하므로 작업을 완료하는 데 연속적이고 방해받지 않는 시간이 필요하다고 여긴다. 그는 관리자와 크리에이터라는 두 가지 유형을 연구한 후, 시간관리의 효율성을 높이려면 일반인도 방해받지 않는 시간대를 설정해야 한다고 지적했다. 이 시간대가 바로 생산성을 배로 끌어 올리는 마법의 시간이다.

방해받지 않는 시간에 무슨 일을 할까?

방해받지 않는 시간은 다음과 같은 용도로 사용할 수 있다.

① 직업 계획, 인생 계획 등

이런 계획들은 개인의 미래에 중요한 의미가 있으므로 방해받지 않는 환경에서 신중하고 신중하게 생각해야 한다.

② 요약 및 검토

앞서 소개한 주간 검토는 방해받지 않는 시간에 해야 안성맞춤이다. 얼핏 보면 오히려 시간을 낭비하고 생산성도 없으며 업무 효율 향상에도 그다지 도움이 되지 않는 것처럼 보이지만, 사실 과거를 검토하지 않으면 더 나은 미래를 맞이할 수 없다. 긍정적인 요약 및 검토를 수행하면 경험을 축적하는 데 도움이 되므로 효율성을 개선하고 다음 업무를 더 잘 관리할 수 있다.

③ 기획

때로는 어떤 구체적인 업무에 대해서 위에서 아래로, 안에서 밖으로의 계획이 필요하다. 예컨대 당신이 담당하는 어떤 업무에 대해 기획을 하려면 반드시 충분한 시간을 통일된 계획과 배정에 써야 한다. 이런 일을 방해받으면서 할 수 있겠는가? 방해 없는 시간을 갖지 않고서는 온전하고 분명한 생각을 할 수 없다.

④ 독서

대부분 현대인은 책을 읽거나 공부할 시간이 없는 이유가 너무 바빠서라고 말하지만, 사실은 완전한 독서 시간이나 공부 시간을 계획하지 않아서다. 개인 능력의 향상을 중요하게 생각하는 사람이라면 책을 읽거나 공부할 수 있는 특별한 시간을 설정하는 것이 꼭 필요하다. 그런 시간을 정하면 중요하지 않은 오락과 약속은 자연스럽게 버리게 될 것이다.

⑤ 창의성

브레인스토밍에는 두 가지 형태가 있는데 하나는 집단 브레인스토밍, 다른 하나는 개인 브레인스토밍이다. 전자의 목적은 서로의 경험과 아이디어를 교환함으로써 발상의 폭을 확장하고 시야를 넓히는 데 있으며, 후자의 목적은 자신에 대한 통찰의 목적을 달성하기 위해 스스로 영혼과 능력을 탐구하는 데 있다. 두 가지 중 어느 쪽이든 방해받지 않는 시간에서만이 효과를 높일 수 있다.

나를 위한 시간으로 활용하라

일반적인 상황에서 방해받지 않는 시간은 30분 이상으로 설정해야 한다. 그렇지 않으면 제대로 집중하지도 못하고 서둘러 종료될 가능성이 크다. 개인의 생체시계에 따라 매일 고정 시간대에 방해받지 않도록 설정하면 더 빠르게 집중하는 습관을 기르고, 일정을 짜는 데 도움이 될 수 있다. 이를 위해 다음을 준비할 수 있다.

① 모든 준비 작업

모든 사람과 일의 방해를 받지 않기 위해 우리는 다음을 할 수 있다.

- 차나 커피 한 잔을 만들어서 도중에 갈증을 해소하느라 시간 낭비하는 일을 막는다.
- 편안한 자세를 취한다. 바닥에 앉거나 안락한 의자에 누워 눈을 감고 집중할 수 있다.
- 펜, 종이, 음성 녹음기 및 카메라 같은 녹음 장치를 손이 닿는 곳에 둔다.
- 당장 하고 싶은 일이 있는지 생각해보고, 만약 그렇다면 당장 하거나 아예 단념한다.

② 마음을 가라앉힌다

명상이나 요가를 하기 전에 준비하듯이 몸과 마음을 결합한 상태로 만든다. 자신을 진정시키는 과정에서 다음 행동을 하면 컨디션을 더 빨리 끌어올릴 수 있다.

- 머릿속에 있는 어떤 것이 방해된다면 그 내용을 종이에 적는다. 어떤 일이든 이렇게 적는 과정에서 느낌이 훨씬 좋아질 수 있다. 물론 아직 처리되지는 않았지만, 머릿속에서 종이로 옮겨갔으므로 우리의 뇌는 이 문제를 잊고 더 이상 스트레스를 받지 않는다.
- 새로운 정보를 받아들이는 경로를 차단해야 한다. 때로는 우리의 눈이 방해의 주요 원인이 되기도 한다. 예를 들어 켜져 있는 컴퓨터를 보면서 '이메일을 확인해야 할까?'라는 생각이 드는 식이다. 또 폴더를 보면서 아직 어떤 서류가 처리되지 않았음을 생각할 수도 있다. 눈으로 어떤 것을 보면 우리 뇌는 자동으로 그와 관련된 정보를 연상하며 이러한 시각적 간섭은 가장 주요한 방해물이 될 수 있다. 마음을 가라앉히거나 집중할 수 없다면 눈을 감아보는 것이 좋다.
- 만약 너무 조용한 환경이 싫다면 낮은 톤의 부드러운 배경 음악으로 컨디션을 끌어올릴 수 있다.

③ 브레인스토밍을 진행한다

브레인스토밍을 할 때는 기록의 시기와 방법에 각별히 주의해야 한다. 보이스펜을 사용하는 사람도 있지만, 이 방법은 생각나는 대로 말하는 브레인스토밍일 경우에만 가능하다. 하지만 이 방식은 영감을 얻으려고 할 때 다소 번거롭다는 단점이 있다.

종이와 펜을 이용해서 기록할 경우, 그 사람의 습관에 따라 달라지기도 한다. 예컨대 생각하는 대로 쓰는 것을 좋아하는 사람이 있지만,

그렇게 하면 기록이 생각 속도를 따라갈 수 없다. 물론 오랫동안 이 방법을 고수했다면 익숙해졌을 수도 있다.

어떤 사람들은 브레인스토밍으로 형성된 것을 좀 더 생각해서 기록하는 편을 선호하는데 한 단계 높은 수준이기는 하지만, 미처 형성되기도 전에 영감을 잃을 가능성이 있다는 단점이 있다.

요컨대 최선의 방법은 없으며 개인에게 가장 적합한 방법을 찾아야 한다. 실제로 여러 번 해보면서 자신에게 가장 적합한 방법을 찾고자 노력해야 한다.

④ 생각을 하나로 모은다

방해받지 않는 시간이 끝나갈 무렵, 기록 도구나 종이에는 다양한 영감과 아이디어로 가득 차 있을 것이다. 서둘러 그것들을 한데 모아 정리해서 생각을 하나로 만든다.

- 나는 어떤 문제를 고민했는가?
- 나는 어떤 아이디어를 얻었는가?
- 나는 어떤 행동이 가능할까?
- 실현 가능한 것은 무엇인가?
- 다음에는 어떻게 해야 할까?

방해받지 않는 저녁 시간

휴렛 박사는 방해받지 않은 시간으로 저녁 8시부터 8시 40분 사이를 설정할 것을 제안했다. 이 시간은 저녁에 하루의 일이 완료되어 사람이 가장 편안한 상태에 있을 때다. 또 40분은 보통 사람들이 집중을 유지하는 시간이다.

휴렛 박사는 다음의 몇 가지가 가능하다면 방해받지 않는 시간을 활용하는 효과가 훨씬 높아진다고 말했다.

- 사전에 가족들에게 저녁 8시부터 8시 40분까지는 방해하지 말라고 부탁한 후, 자신에게 집중한다.
- 컴퓨터, 전화 같은 모든 통신 도구를 끈다. 직장 때문에 24시간 휴대폰으로 켜두어야 한다면 음소거 모드로 설정한다.
- 방음이 충분하지 않으면, 예를 들어 외부 텔레비전 소리가 들리면 좀 더 차분한 음악으로 소음을 차단할 수 있다.
- 끝날 때까지 모든 잡념을 떨쳐버린다.

시간관리 과정에서 일과 생활의 균형을 추구하는 사람들에게 가장 중요한 것은 올바른 방향으로 올바른 일을 함으로써 목표를 달성하는 것이다. 이렇게 하지 않으면 힘만 들고 목표로부터 점점 더 멀어지기만 한다. 방해받지 않는 시간은 우리가 자신의 미래를 진지하게 생각하고 일과 생활 전체를 체계적으로 고려하는 동시에 당면한 일을 보다 효율적으로 수행할 수 있도록 돕는다. 사실 우리가 일과 생활을 더 체계적으로 할 수 있게 도와준다는 점만으로도 더 신중하게 접근해야 한다.

PDCA: 목표를 관리하는 전략

시간관리를 기반으로 삶의 질을 높이는 일은 마음만 먹으면 누구나 할 수 있는 일이다. 삶의 질을 향상하는 일은 100미터 달리기처럼 스퍼트를 내거나 장대높이뛰기처럼 하늘로 높이 날아올라서 한 번에 성공시키는 것이 아니며 오랫동안 호흡을 유지하며 달려야 하는 마라톤에 가깝다. 매일, 매주, 매달, 매년… 삶의 모든 단계에서 우리는 끊임없이 시간을 관리해야 한다. 하나의 관리주기가 끝나면 바로 다음 관리주기가 시작되어야 한다. 그렇게 오늘의 관리가 내일의 관리로, 이번 주의 관리가 다음 주의 관리로 계속해서 이어져야만 경험과 발전이 누적되어 시간 우위를 확보하고 목표를 달성할 수 있다.

와튼스쿨의 경영학 박사 레이 지이크는 사람들이 '입사든 동기부여든 처음 시작 단계에서는 항상 좋은 희망으로 가득찬다'라고 지적했다. 예를 들어 이제 막 대학을 졸업했다면 첫 직장을 동경할 것이다. 그중에 능력이 있는 사람은 자신감에 차서 자신의 잠재력을 발휘할 수 있는 좋은 직장을 찾을 것이다. 하지만 점점 지루하고 싫증이 나서 새로운 환경을 갈망하게 된다. 또 야심만만한 사람이라면 설령 실패하더라도 자신의 사업 계획을 추진할 것이다.

마이크로소프트의 빌 게이츠, 애플의 스티브 잡스Steve Jobs, 페이스북의 마크 저커버그Mark Zuckerberg는 모두 성공의 상징이다. IBM, 프록터앤갬블Procter&Gamble, 애플Apple 같은 곳은 고소득과 훌륭한 복지, 안정적이고 스트레스가 적은 업무 환경을 제공하는 꿈의 직장이다. 하지만 희망 섞인 목표를 진짜 현실로 바꾸는 법을 아는 사람은 극히 드물다.

명확한 목표를 가지고 세부적인 실행 계획이 있다면 이를 직접 기록해야 한다. 이 '기록'에서부터 '구현'에 이르는 과정에서 지속적으로 수정, 요약 및 검토를 반복할 필요가 있다. PDCA는 이 과정을 잘 수행하고, 목표 시스템이 잘 어우러질 수 있도록 도와주는 시스템이다.

PDCA는 경영 분야에서 낯설지 않은 품질 관리 활동 기법이다. PDCA는 단순히 어떤 업무에 대한 효과적이고 논리적인 작업 프로세스일 뿐만 아니라 계획, 실천, 확인, 개선 단계를 반복해 프로세스를 재정비하여 관리와 집행의 모든 단계를 완벽하게 수행한다. 이 개념은 시간관리 영역에서 목표 실현에도 적용할 수 있다.

실제로 PDCA를 시간관리에 도입하면 자기목표관리 활동이 PDCA를 벗어날 수 없고, 목표관리 과정의 문제점 개선과 해결, 목표 달성, 각 단계의 세부 목표 달성 등이 모두 PDCA의 과학적 프로세스를 따라야 한다는 것을 알 수 있다.

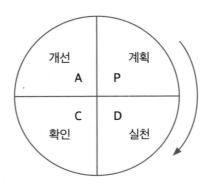

P(Plan): 계획

시간관리 여정을 시작하기 전, 먼저 반드시 목표가 있어야 한다. 목표를 세우면 자신이 무엇을 원하는지 명확하게 알 수 있다. 보장된 삶? 훌륭한 교육의 기회? 명성? 장기적인 사업? 더 많은 부의 축적?

무엇을 원하든 자신이 진짜 원하는 목표를 깨달았다면 이 목표를 위해 상세한 실행 계획을 세워야 한다. 계획이란 실제 작업 목표를 의미하며 일일 계획, 주간 계획, 월간 계획 등이 모두 가능하다. 아니면 특정 작업을 위한 구체적인 계획일 수도 있다. 예를 들어 1년 안에 무엇을 성취하고, 2년 안에 무엇을 이룰 것인지를 상기시켜주는 계획표를 만드는 것이다. 가능한 한 목표를 더 줄이고 시간은 더 정확하게 나누면 이어서 어떤 일을 해야 하는지 쉽게 알 수 있다.

D(Do): 실천

실천 단계에서는 특정 계획을 구현하기 전에 이전 단계에 계획된 내용, 예를 들면 분기 목표를 기반으로 한 행동 설계, 계획의 구체적인 집행 및 자체 역량 교육 등을 구현해야 한다. 계획에 따라 실행하기만 하면 된다.

와튼인은 실천력이 곱셈의 승수와 같다고 생각한다. 실천력이 약하면 승수가 아무리 크더라도 결과는 무의미하다. 많은 사람이 잘못된 실천으로 인해 실패한다. 그들은 목표관리에 관해 제대로 이해하지만, 실천 과정이 약해 목표가 제대로 뿌리내릴 수 없었다. 실천력을 높이려면 문제의 근원을 이해하고 올바른 사고방식을 형성하여 실천력의 건강한 성장을 보장해야 한다.

실천력 개발을 위한 질문들

① 왜 이런 조치를 해야 하는가?
② 어떤 목표를 달성해야 하는가?
③ 어디에서 수행할 것인가?
④ 어떻게 완성하는가?
⑤ 언제 완성되는가?
⑥ 어떻게 수행하는가?

C(Check): 확인

확인은 목표 실천 중이나 실천 이후의 행동 결과를 점검하는 것이다. 구체적으로는 목표 수행 결과와 계획을 비교해서 그 결과가 목표 수행 진행 상황과 일치하는지 확인하는 것을 말한다. 예상한 목표 결과와 차이가 있다면 해당 원인을 분석하여 찾아내야 한다.

자신의 운명을 바꾸려는 의지가 있는 사람은 일정 단계의 작업을 마치고, 자신이 오늘 한 일이 내일의 목표와 얼마나 떨어져 있는지 확인해야 한다. 타인의 경우를 참조하면 자신의 선택과 노력이 성공까지 이어질 수 있는지도 알아볼 수 있다. 자신의 현재와 과거를 비교하고, 자신과 타인을 비교하면서 현 상황과 목표를 비교하는 것이다. 어쩌면 비교의 결과가 당신을 고통스럽게 할 수도 있지만, 전진과 발전을 위해 없어서는 안 되는 일이다.

A(Act): 개선

개선 단계는 주로 확인 결과에 따른 해당 조치 계획을 세우거나 문제가 재발하지 않도록 목표를 새롭게 수정하는 것이다. 실천이 목표에서 벗어나면 반드시 수정이 필요하며, 목표가 실천에서 벗어나면 목표를 수정한다. 즉 첫 단계인 P로 돌아가서 원하는 목표를 달성할 때까지 다시 4단계를 반복해야 한다.

이 단계의 또 다른 기능은 이미 얻은 성과를 더 공고히 하고 성공적인 경험을 시간관리의 기준으로 삼는 것이다. 나머지 문제는 즉각 해결할 필요 없으며 다음 PDCA 주기로 넘어갈 수 있도록 한다. 예를 들어 실패한 목표를 확인하면 어떤 결론이 나올 것이다. 이 결론은 당신을 만족시키거나 실망하게 할 수 있다. 실망 속에서 일어서려면 얻은 경험과 교훈을 다음 PDCA로 가져가는 방법을 익혀야 한다.

PDCA 세부 단계

PDCA의 4단계는 다시 8단계로 세분화된다.

① 현재 상황을 분석, 평가하고 목표 달성 과정의 문제점을 지적한다.
② 개선 목표를 결정하고 다양한 수정 계획을 제안해 그중 가장 이상적인 하나를 선택한다.
③ 실천에 영향을 미치는 다양한 원인에서 주요 원인을 찾아내고

가능한 해결책을 모색한다.

④ 주된 원인에 따라 대응책을 개발하고, 모색한 해결책을 평가해 구체적으로 선택한다(D 실천 단계를 구체화했다).

⑤ 선택된 해결책을 실행하고 계획 수행 상황을 점검해 성과를 평가한다.

⑥ 분석, 평가한 구체적인 결과를 통해 실현 가능한 목표인지 확인하고, 발견한 문제점을 분석하여 문제가 발생한 원인을 파악한다.

⑦ 발생한 문제에 대한 해결책을 제시하고 채택 및 수정한 후, 성공적인 경험을 종합해 상응하는 기준을 마련한다.

⑧ 구체적인 결과를 검토하며 추가 개선의 기회가 있는지 확인하는 동시에 미해결 문제나 새로운 문제를 다음 PDCA 주기로 넘겨 해결한다.

옮긴이 | 송은진

한국외국어대학교 중국어과를 졸업하고 동 대학원에서 중국 정치학 석사 학위를 취득했다. 상하이 복단 대학과 베이징 대외경제무역대학에서 수학했다. 책임질 수 있는 번역을 위해 모든 작품에 최선을 다한다. 현재 중국어 통역가, 강사로 일하는 동시에 번역 에이전시 엔터스코리아에서 출판기획 및 중국어 전문 번역가로 활동하고 있다.

주요 역서로는 《하버드 스트레스 수업》, 《하버드 감정 수업》, 《모두에게 좋은 사람일 수 없다》, 《하버드 심리학 강의》, 《하버드 비즈니스 강의》, 《하버드 마케팅 강의》, 《퇴근길 심리학 공부》, 《영향력은 어떻게 만들어지는가》, 《위기를 경영하라》, 《하버드 인생특강》, 《스탠퍼드 대학의 디자인 씽킹 강의노트》 등이 있다.

당신의 1분은 얼마인가

초판 1쇄 발행 2021년 11월 30일
초판 3쇄 발행 2023년 3월 25일

지은이 | 무란
옮긴이 | 송은진

발행인 | 유영준
편집팀 | 한주희, 권민지
마케팅 | 이운섭
디자인 | 김윤남
인쇄 | 두성P&L
발행처 | 와이즈맵
출판신고 | 제2017-000130호(2017년 1월 11일)

주소 | 서울 강남구 봉은사로16길 14, 나우빌딩 4층 쉐어원오피스 (우편번호 06124)
전화 | (02)554-2948
팩스 | (02)554-2949
홈페이지 | www.wisemap.co.kr

ISBN 979-11-89328-55-9 (03190)